Estratégias de Marketing Digital e *E-Commerce*

O GEN | Grupo Editorial Nacional – maior plataforma editorial brasileira no segmento científico, técnico e profissional – publica conteúdos nas áreas de ciências sociais aplicadas, exatas, humanas, jurídicas e da saúde, além de prover serviços direcionados à educação continuada e à preparação para concursos.

As editoras que integram o GEN, das mais respeitadas no mercado editorial, construíram catálogos inigualáveis, com obras decisivas para a formação acadêmica e o aperfeiçoamento de várias gerações de profissionais e estudantes, tendo se tornado sinônimo de qualidade e seriedade.

A missão do GEN e dos núcleos de conteúdo que o compõem é prover a melhor informação científica e distribuí-la de maneira flexível e conveniente, a preços justos, gerando benefícios e servindo a autores, docentes, livreiros, funcionários, colaboradores e acionistas.

Nosso comportamento ético incondicional e nossa responsabilidade social e ambiental são reforçados pela natureza educacional de nossa atividade e dão sustentabilidade ao crescimento contínuo e à rentabilidade do grupo.

Sandra R. Turchi

Estratégias de Marketing Digital e *E-Commerce*

gen | atlas

Apesar dos melhores esforços da autora, do editor e dos revisores, é inevitável que surjam erros no texto. Assim, são bem-vindas as comunicações de usuários sobre correções ou sugestões referentes ao conteúdo ou ao nível pedagógico que auxiliem o aprimoramento de edições futuras. Os comentários dos leitores podem ser encaminhados à **Editora Atlas Ltda.** pelo e-mail editorialcsa@grupogen.com.br.

Rua Conselheiro Nébias, 1384
Campos Elísios, São Paulo, SP — CEP 01203-904
Tels.: 21-3543-0770/11-5080-0770
editorialcsa@grupogen.com.br
www.grupogen.com.br

Designer de capa: Leonardo Hermano

Composição: CriFer – Serviços em Textos

DADOS INTERNACIONAIS DE CATALOGAÇÃO NA PUBLICAÇÃO (CIP)
(CÂMARA BRASILEIRA DO LIVRO, SP, BRASIL)

Turchi, Sandra R.
Estratégias de marketing digital e E-commerce / Sandra R. Turchi – [10. Reimpr.] – São Paulo: Atlas, 2017.

Bibliografia.
ISBN 978-85-224-6935-2

1. Comércio eletrônico 2. Marketing digital 3. Planejamento estratégico I. Título

12-00778
CDU-658.8

Índice para catálogo sistemático:
1. Marketing digital e E-commerce : Administração 658.8

Para o meu filho Lucca,
minha maior realização,
com quem aprendo todos os dias

Sumário

Prefácio

Sou do tempo do telefone preto. Era um privilégio tê-lo – e os afortunados até o exibiam sobre um pedestal, atiçando a inveja dos 'sem-linha'. As ligações interurbanas, só com a ajuda da telefonista, podiam demorar seis horas ou mais, quando não ficavam para o dia seguinte. E ainda se falava aos gritos. Aí a vizinhança participava das alegrias e tristezas das conversas.

Também sou do tempo do estêncil. Quando o lembro em palestras a estudantes de jornalismo, é infalível a pergunta ao final, entre os que me rodeiam: "Tio, o que é estêncil?"

Passei pela lenta evolução da máquina de escrever, que hoje crianças acham "dez" porque já então vinham com "printer". Inaugurei a linha de telex Porto Alegre-São Paulo, repórter do Estadão. Virei um experto: sabia ler aquela fita amarela perfurada à medida que se datilografava um texto, preparada antes para economizar tempo na transmissão, via linha telefônica.

E cheguei à Era Digital. Viajava carregado de cabos, adaptadores de tomada e até uma chave de fenda, o horror dos hotéis em que a usava, sempre em último caso, para abrir circuitos telefônicos embutidos na parede, ligar fios com "jacaré" e iniciar a pescaria desesperada por um sinal de *modem*, mesmo que fosse em outros países, para então enviar um artigo ao jornal pela fascinante e imprevisível Internet. Era o máximo da modernidade. Ah, e tinha o *fax*.

Mas os tempos passam. Hoje esbocei este prefácio, como todos os textos que escrevo, no meu cérebro digital, o *software* PersonalBrain <www.thebrain.com>. E agora o digito num *smartphone*, blindado contra eventuais distrações, como *e-mail*, Twitter, Facebook, iGoogle, YouTube, del.icio.us, SlideShare, Wikis, LinkedIn, MySpace, *blogs*, *podcasts*, Flickr, Orkut, RSS, SMS e MMS.

Hoje, as inovações só não congestionam a *web* porque ela não tem limites. E cada dia fica mais difícil, ou impossível, manter-se atualizado. O mérito deste livro é o de flagrar, descrever e refletir o momento tecnológico que estamos vivendo. Cada um de seus capítulos surfa na crista da onda da atualidade, nas praias do marketing, *web* 2.0, blogosfera, interatividade, mídia social. E traz *cases*. É didático: mesmo quem veio do telefone preto consegue entender tudo. No final, o leitor terá avistado o horizonte em que já está surgindo o futuro, sempre renovador. E o receberá, preparado.

*Moises Rabinovici**

* Superintendente de Comunicação da Associação Comercial de São Paulo (ACSP) e do jornal *Diário do Comércio*. Iniciou no jornalismo em 1963. Enviado para Israel em 1977, atuou durante oito anos como correspondente de guerra. Em 1986, ano em que o Brasil proclamou a moratória, foi trabalhar como correspondente em Washington (EUA). Em 1997, trabalhou como correspondente na França e na África (para cobrir o avanço da AIDS) e na antiga Iugoslávia. Atuou em grandes jornais brasileiros, tais como *Última Hora* e *Diário de Minas* (MG); *Jornal da Tarde*, *O Estado de S. Paulo*, Agência Estado e Rádio Eldorado (onde trabalhou durante 40 anos); revista *Época* (em que ficou dois anos) e no *Diário do Comércio* (SP), onde ingressou em 2003 e permanece até hoje como diretor.

Agradecimentos

O projeto deste livro surgiu a partir da minha vontade de transferir para o papel uma parcela dos meus conhecimentos e experiências profissionais e também para atender aos pedidos de estudantes e profissionais que participam dos cursos e palestras que venho ministrando ao longo dos últimos anos.

Sua concretização só foi possível graças ao apoio e à colaboração de várias pessoas que me deram inspiração, confiança e determinação para seguir em frente.

Inicialmente, dedico um agradecimento especial à pessoa com quem compartilho minha vida, que me apoia em todos os projetos e que compreendeu minha ausência durante o processo de 'gestação' deste livro, meu grande companheiro, J. Roberto Memoli. Obrigada pela sua paciência e colaboração.

Agradeço muito à minha família, que é o meu porto seguro para onde volto sempre.

Ao Moises Rabinovici, ilustre jornalista, grande profissional e amigo, com vastíssima experiência em comunicação, que aceitou redigir o prefácio deste livro.

Agradeço também a parceria da jornalista Silvia Giurlani, que colaborou em sua organização geral, sem a qual este projeto não se tornaria realidade.

E, finalmente, sou especialmente grata aos empresários, professores, executivos e profissionais com os quais aprendo diariamente, que me apoiaram de múltiplas formas e, em particular, àqueles que compartilharam conteúdos aqui presentes, através de entrevistas e depoimentos, e indiretamente, por meio de suas obras.

Introdução

O mundo digital tem trazido mudanças profundas ao mercado e obrigado todos os profissionais a se readaptarem rapidamente diante dessa nova realidade. Tendo em vista essa necessidade e a escassez de bibliografia consolidada sobre os diversos temas que permeiam o universo digital, surgiu a inspiração para a realização deste projeto, pois são poucas as alternativas que atendam à necessidade de se observar, de forma mais ampla, o que está ocorrendo e que possibilitem captar as oportunidades existentes nesse momento, bem como atualizar os conhecimentos daqueles que atuam nas áreas de marketing, comunicação, entre outras.

A evolução da mídia tem se dado de forma cada vez mais veloz. Levou em torno de 400 anos entre o surgimento da primeira mídia de massa – a impressão – e a segunda, os fonogramas. Depois mais uns 100 anos até o surgimento do rádio e a partir de então as mudanças passaram a ocorrer em décadas. Hoje, porém, elas se sucedem em questão de dias, ou mesmo horas.

O advento da Internet trouxe alterações drásticas, pois mudou o mundo do entretenimento, da comunicação e do relacionamento – seja entre as pessoas ou entre estas e as empresas. Mudou a forma como fazemos negócios, trouxe grande participação dos internautas, ampliou o poder de barganha dos consumidores, enfim, alterou praticamente tudo. Mas, sem dúvida, a principal mudança ocorreu com os consumidores, na forma como passaram a ter um papel de grande importância, invertendo a relação de poder com as empresas como observávamos até então.

Além disso, com a convergência digital, em que todas as inovações têm migrado para os aparelhos móveis, a velocidade sentida é ainda maior, e a necessidade de adaptação, ainda mais urgente.

Essas mudanças se devem ao avanço tecnológico, à drástica redução de custos de aquisição de *hardware* e *software*, à *cloud computing*, à popularização do acesso à banda larga e à globalização, o que tem feito muitas pessoas se sentirem perplexas, principalmente aquelas que não pertencem ao grupo de "*web natives*", os nascidos na era da Internet, para os quais, certamente, não faz nenhum sentido o questionamento a respeito de sua exposição na *web*, se ela é excessiva ou não, se está certa ou errada, sobre ética ou mesmo sobre "invasão de privacidade". Para eles isso é simplesmente "normal", é a vida como ela é! Não há nenhum desconforto ou mesmo preocupação sobre isso.

Torna-se, assim, fundamental, para quem trabalha com marketing, propaganda, comunicação, entre muitas outras atividades, aprender a utilizar as estratégias e ferramentas de marketing digital para obter melhores resultados.

O objetivo deste livro é trazer uma visão abrangente do que tem sido feito em termos de estratégias digitais de marketing, comunicação e *e-commerce*, sem necessariamente prover ensinamentos técnicos a respeito dessas modalidades. O foco é apresentar diferentes alternativas, expor experiências bem-sucedidas, dados atuais e, principalmente, suas implicações para o futuro dos negócios.

Veremos os impactos do aumento de participação e interação, por parte do novo consumidor, devido ao uso das redes sociais e comunidades virtuais, bem como ao crescimento da população de baixa renda na *web*, em decorrência das facilidades para aquisição de computadores, e também pelo acesso sendo feito em *cyber* cafés e *lan houses*.

Serão abordados aspectos como a importância dos *blogs* na "democratização" da geração e disseminação de conteúdos; o crescimento vertiginoso do *e-commerce* e sua expansão entre as pequenas e médias empresas nacionais; bem como a necessidade de se gerar maior confiança no consumidor para as compras *online*; além de compreendermos os passos que estão sendo dados para sua internacionalização com o projeto Mercosul Digital.

O surgimento das ferramentas de busca é um ponto fundamental para entender o funcionamento atual da *web*. Será tratado também o crescimento do uso das ações de *mobile marketing* e a utilização crescente de estratégias de *entertainment* e *advergaming*.

A visão das agências e assessorias de imprensa sobre o uso da Internet para ações de relacionamento tem sua abordagem principalmente quanto às mudanças trazidas pela crescente utilização do Twitter, ferramenta que virou febre entre jornalistas devido à facilidade com que permite propagar informações e à agilidade que trouxe ao mundo das notícias.

Hoje observamos empresas que estão colhendo excelentes frutos pela sua ousadia, inovação e pioneirismo, pois efetivamente realizam boas práticas em negócios na *web*. São companhias que têm investido na criação e treinamento de equipes especiais, voltadas para conhecer e desenvolver ações específicas, além de utilizar de forma consciente todas as ferramentas de relacionamento, divulgação e acompanhamento disponíveis. Além disso, procuramos passar também uma visão sobre o uso da *web* na criação da inovação, através do *crowdsourcing*, que se utiliza do conhecimento coletivo para busca de soluções para lançamento de novos produtos ou mesmo revisão de processos.

A ampliação do uso de todo esse potencial só será possível por meio da expansão do conhecimento. Portanto, fica aqui a intenção de contribuir nesse sentido, através da criação deste projeto.

1 A Revolução Causada pela Internet

Nenhuma das facilidades de que dispomos na atualidade, como fazer compras, realizar operações bancárias, ter acesso a notícias, pesquisar diferentes assuntos, participar de jogos interativos e de fóruns de discussões, entre várias outras atividades que podem ser feitas tranquilamente por meio do computador sem sair de casa ou do trabalho, seria possível sem o surgimento e desenvolvimento da Internet. O crescimento deste ambiente digital, também chamado de *grande teia mundial* (*world wide web*), ocorreu de forma acelerada e mantêm-se em contínua evolução, tanto em número de usuários – acessam a rede cerca de 2 bilhões de pessoas, correspondendo a mais de 30% da população mundial segundo relatório da União Internacional de Telecomunicações (UIT), e calcula-se que mais de um milhão de novos adeptos engrossam esse contingente todos os dias – como também em possibilidades no que se refere à obtenção e oferta de entretenimento, cultura e informação, ampliação de relacionamentos e, principalmente, para realização de negócios.

O mundo corporativo, em particular, foi e continua sendo bastante impactado pelo crescimento rápido e contínuo da Internet, não só porque a rede abriu um novo canal para divulgação e comercialização de produtos e serviços para empresas de todos os tipos e portes, como as obrigou a repensar suas estratégias de marketing e a forma de se relacionarem com clientes e com parceiros de negócios – locais e do mundo todo. Não é mais possível ignorar o grande potencial oferecido pelo universo digital e as suas mais variadas opções de acesso, que hoje não se restringem apenas ao computador de mesa (*desktop*), mas englobam também os dispositivos móveis como *notebooks*, *netbooks*, iPads, iPods, celulares, *smartphones*, iPhones, entre tantos outros *gadgets*.

As empresas de menor porte, que ainda não estão atentando para isso, precisam despertar e começar a marcar sua presença na Internet de alguma forma, seja por meio de um *site* institucional ou *blog*, pela participação em redes sociais, ou por anúncios como *banners* em grandes portais, *links* patrocinados nos *sites* de busca, entre outras opções, ou ainda iniciar uma operação de *e-commerce* para realizar transações comerciais pela *web*. E a razão para isso é muito simples: porque os clientes convencionais e, principalmente, os potenciais estão lá, bem como as empresas concorrentes.

1.1 A Internet no Brasil

No Brasil, o crescimento da Internet tem sido impressionante, passando de 2,5 milhões de usuários em 1999, para mais de 85 milhões em 2011 (Figura 1.1).

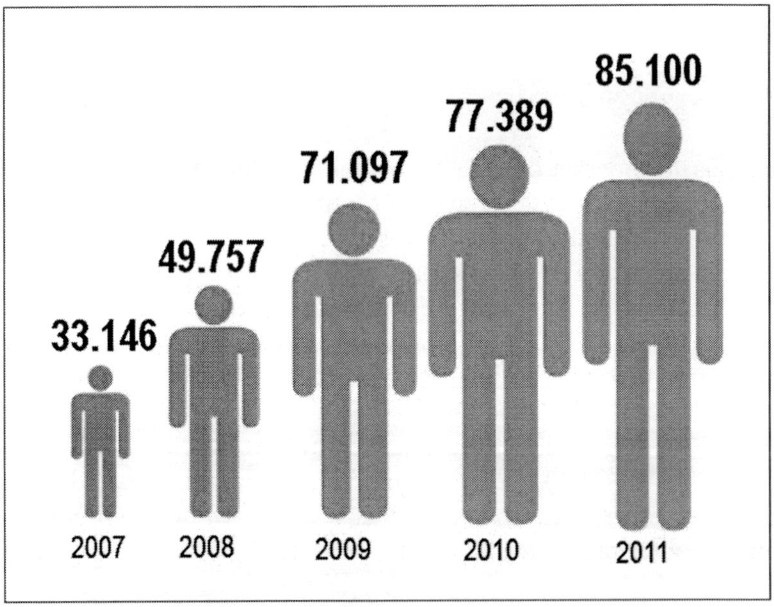

Fonte: IAB – 2011. Adaptada pelo autor.

Figura 1.1 *Crescimento do número de usuários de Internet no Brasil.*

Isso lhe assegurou a sétima colocação entre os países com maior número de internautas no mundo, segundo a consultoria comScore (2011).

Cerca de 52% do total de usuários brasileiros pertencem às classes C, D e E, o que comprova que este meio tem se popularizado. Outro dado interessante é que desde 2007 são vendidos mais computadores do que televisores no país, o que não deixa de ser algo óbvio, visto que a penetração de televisores nos lares brasileiros já é bem grande e a de computadores ainda não, gerando uma grande demanda por esses equipamentos, principalmente entre as camadas mais pobres da população, que veem no acesso à informática um grande instrumento de ascensão educacional, bem como uma forma de inclusão social. A base total de computadores no país deverá chegar a 100 milhões até 2012, segundo a FGV. Mais de 50 milhões de usuários acessam a rede atualmente de suas casas ou trabalho, 38 milhões somente de casa (Ibope NetRatings 2011), sendo que 35% o fazem em *lan houses* e 16% na escola. A existência de banda larga é um fator determinante para a melhoria da qualidade de acesso (ver Figura 1.2). Hoje é usada em 50% dos domicílios, cresceu 80 vezes na última década, lembrando que até bem pouco tempo a participação das *lan houses* e *cyber* cafés era superior a 50% do volume de acessos, devido à dificuldade na aquisição de computadores pelo público de baixa renda.

As *lan houses*, no início, eram vistas com certo preconceito, pois fundamentalmente reuniam jovens em busca de jogos virtuais para grupos. Em pouco tempo esses locais passaram a desempenhar um papel interessante também de inclusão digital, visto que são utilizados por diferentes públicos, incluindo micro e pequenas empresas locais. Para se ter uma ideia, apenas na favela da Rocinha, no Rio de Janeiro, em 2009 havia mais de 150 *lan houses*. Estima-se que no Brasil o número de *lan houses* supera a faixa de 110 mil em 2010. Hoje há empresários que investem na criação de míni-*lan houses* dentro de outros negócios, como salões de cabeleireiro, por exemplo, pois viram aí uma oportunidade de novas receitas, levando o acesso à rede a mais pessoas que não têm recursos para adquirir seus próprios equipamentos.

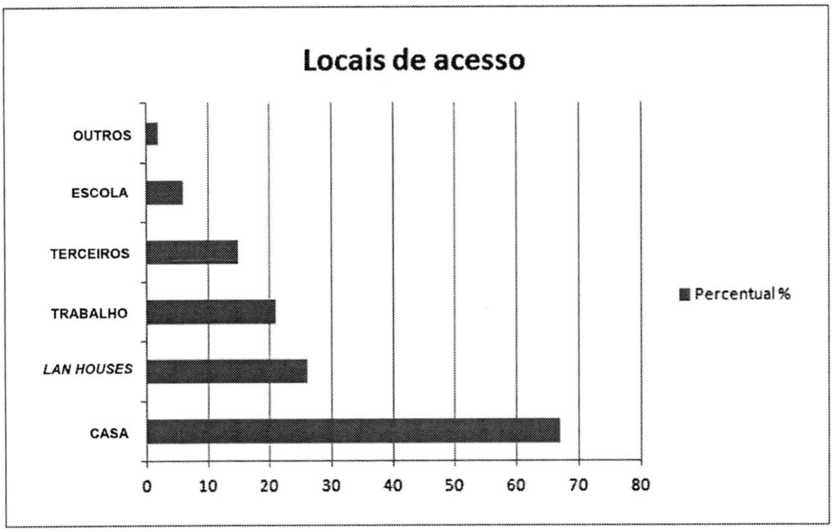

Fonte: IBOPE Midia 2010. Adaptada pelo autor.

Figura 1.2 *Locais de acesso à Internet no Brasil.*

Para as empresas é importante observar que a maioria da população *online* se enquadra numa faixa etária economicamente ativa – variando entre 18 e 64 anos (veja Figura 1.3). Com relação à formação superior, 90% dos brasileiros que navegam na Internet já são graduados ou estão cursando o ensino superior, o que demonstra ser um público bastante atrativo para quem pensa em fazer negócios na *web*.

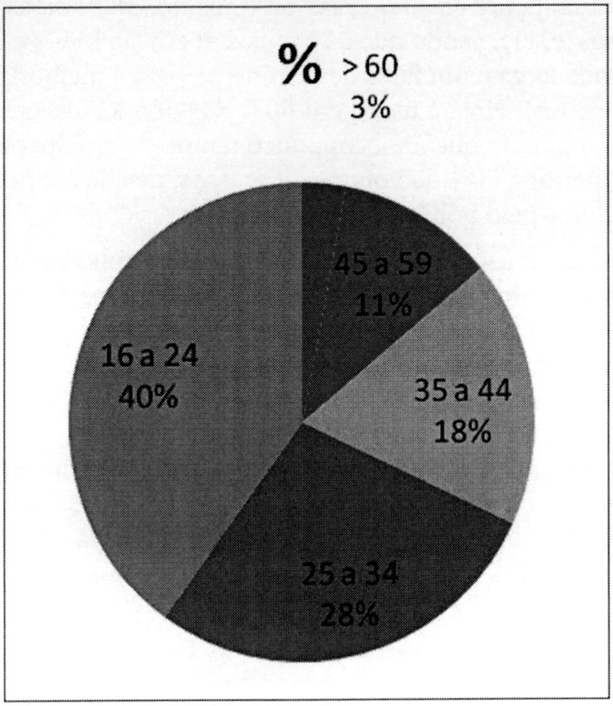

Fonte: DataFolha 2010. Adaptada pelo autor.

Figura 1.3 *Faixas etárias de acesso à Internet no Brasil.*

De acordo com a Pesquisa Nacional por Amostra de Domicílio (PNAD) divulgada em agosto de 2010 pelo Instituto Brasileiro de Geografia e Estatística (IBGE), 6,2 milhões de pessoas na faixa dos 50 anos, correspondendo a 15,2% do total de internautas, acessaram a rede mundial em 2009. No período entre 2005 e 2009 o aumento de usuários com esse perfil foi de 148,3%, o que representou um ritmo de crescimento superior ao registrado nas demais faixas etárias. A pesquisa revelou ainda que um total de aproximadamente 68 milhões de pessoas com mais de 10 anos de idade declararam ter acessado a Internet em 2009 – um acréscimo de 12 milhões em relação a 2008.

Em termos regionais, o Sudeste liderou o volume de acessos com 49% da sua população acessando a *web*, sendo seguido pelo Nordeste com 20%, Sul com 16,2%, Centro-Oeste, com 8%. O percentual menor foi registrado no Norte com 6,2%.

Outra pesquisa realizada pelo Ibope Nielsen em 41 países, e divulgada em junho de 2010, mostrou que o Brasil foi a nação que apresentou maior tempo médio de uso da Internet. Os internautas brasileiros passaram, em média, 48 horas por mês na rede, seguidos pelo Reino Unido, com 43 horas, e EUA, com 40 horas (Figura 1.4). Quanto a esse tópico, há muitas controvérsias, pois os mais céticos alegam que o brasileiro fica muito tempo *online* porque seu acesso é de pior qualidade. Com isso as pessoas ficam muito tempo aguardando as páginas serem carregadas. Independentemente dessa visão, podemos avaliar também que o brasileiro é um povo entusiasta pelas novas tecnologias, pois o mesmo se repete quando falamos de acesso à *web* via celular, no qual também há um recorde mundial em tempo de acesso, bem como do interesse por outras mídias.

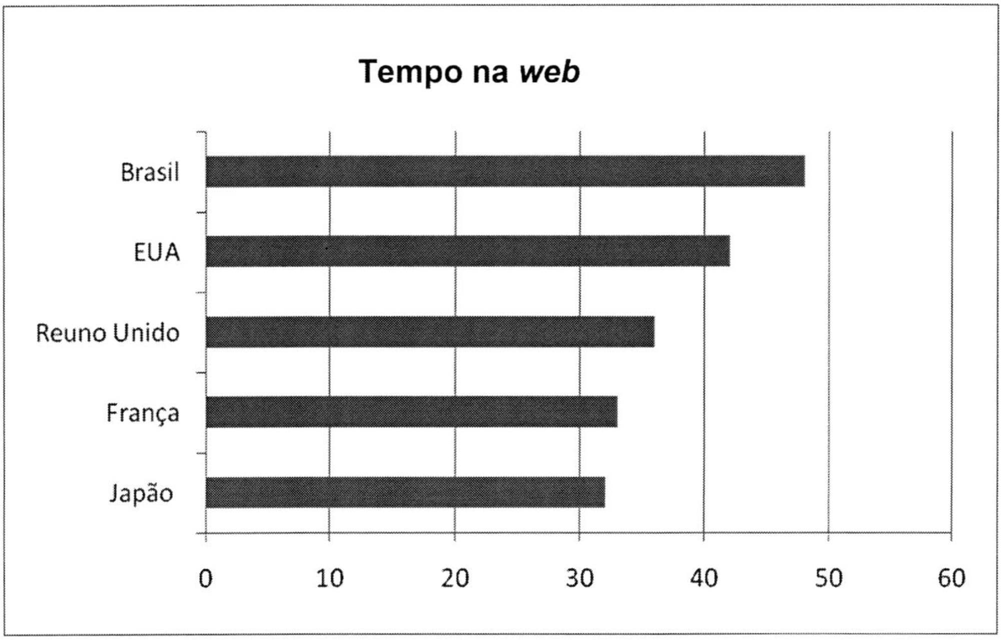

Fonte: Ibope Nielsen 2010. Adaptada pelo autor.

Figura 1.4 *Tempo médio por país gasto na rede mensalmente.*

Em termos de audiência *online* (acesso à rede), um estudo realizado pela empresa de pesquisas comScore revelou que em 2009 a América Latina se destacou como a região que apresentou crescimento mais rápido e que hoje representa 8% da audiência global. O Brasil teve crescimento de 23% (no período de fevereiro de 2009 a fevereiro de 2010) da base de usuários que acessam de casa ou trabalho, locais mais utilizados para compras *online*. Entre as categorias em destaque estão o setor automobilístico, viagens, classificados e varejo.

Os internautas brasileiros foram os que passaram mais tempo conectados (26,4 horas), seguidos pelo México (25,7 horas) e pela Argentina (22,9 horas), superando a média mundial que foi de 22,6 horas.

Sobre as atividades *online* na América Latina, as buscas (*search*) estão em primeiro lugar com 85,5% e o acesso às redes sociais em segundo, com 81,9%, seguidos por *e-mail*, entretenimento e mensagens instantâneas (veja Figura 1.5). A atividade de compras ficou em sexto lugar com 62,1%, que se equipara à média mundial, o que demonstra que o *e-commerce* na região ainda está em crescimento, se comparado aos EUA, com 83,6%. Outro dado interessante é que 98% das pessoas que visitaram *sites* de *e-commerce* também visitaram *sites* de buscas no mesmo período.

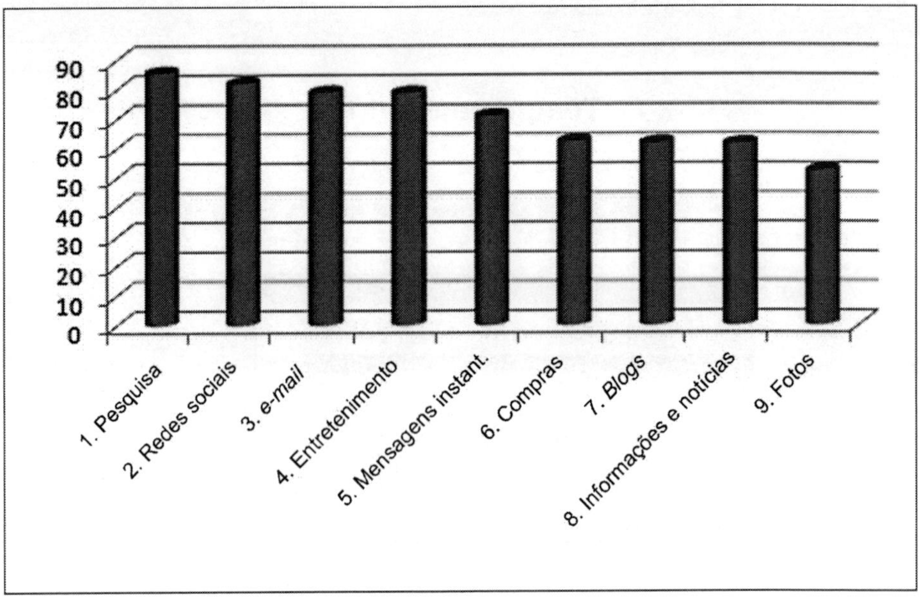

Fonte: ComScore 2010. Adaptada pelo autor.

Figura 1.5 *Principais atividades* online *na América Latina.*

A média de buscas feitas na América Latina supera todos os outros continentes, sendo que os campeões são Colômbia, México e Venezuela. O Google é a empresa com maior participação dos internautas, com uma média de 65%, em relação a 50% no restante do mundo. Comparação de preços é um item muito importante e na América Latina alcança a média de 21,5% das atividades, próximo à méida mundial de 23,7%. Nesse quesito, os americanos estão na frente com 39% e os brasileiros se destacam em segundo, com 33,8%, sendo o *site* BuscaPé líder nesse campo.

Todos os números e estatísticas relacionados ao mundo digital mudam a cada dia, mas o fundamental é entender o que esses estudos comprovam: trata-se de um caminho sem volta, que requer um aprendizado contínuo (na maior parte das vezes, empírico), bem como apresenta grandes desafios e obstáculos a serem vencidos, mas que, em contrapartida, oferece uma gama inesgotável de possibilidades e oportunidades que, se devidamente aproveitadas, podem render excelentes resultados.

1.2 O potencial da rede e as pequenas e médias empresas

Apesar de todas as inovações tecnológicas e da disponibilidade de ferramentas gratuitas na Internet, que estão contribuindo para mudar os relacionamentos interpessoais, comerciais e as formas de se fazerem negócios – movimento que se intensificou, sobretudo, a partir de 2008 –, a realidade tem demonstrado que uma parcela representativa de pequenas e médias empresas ainda não usufrui desses recursos como deveria (e poderia) e nem sequer está familiarizada com as terminologias relativas a essas atividades.

Uma pesquisa realizada pela Associação Comercial de São Paulo (ACSP) no início de 2010 revelou que 60% das PMEs paulistas têm *site* próprio, embora apenas 36% declararam que realizam negócios pela *web* (veja Figura 1.6).

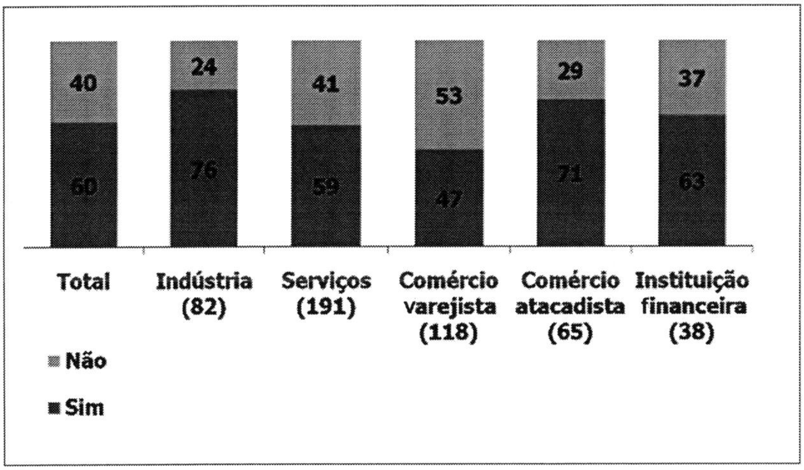

Fonte: Associação Comercial de São Paulo – 2010.
Figura 1.6 *PMEs que possuem* site *próprio em SP.*

Esses dados, somados a um levantamento do Comitê Gestor de Internet no Brasil (CGI-Brasil) que cita que 70% das micro e pequenas empresas têm acesso à rede, diante de 90% das grandes empresas, deixam claro que existem ainda muitas lacunas a serem preenchidas (Figura 1.7).

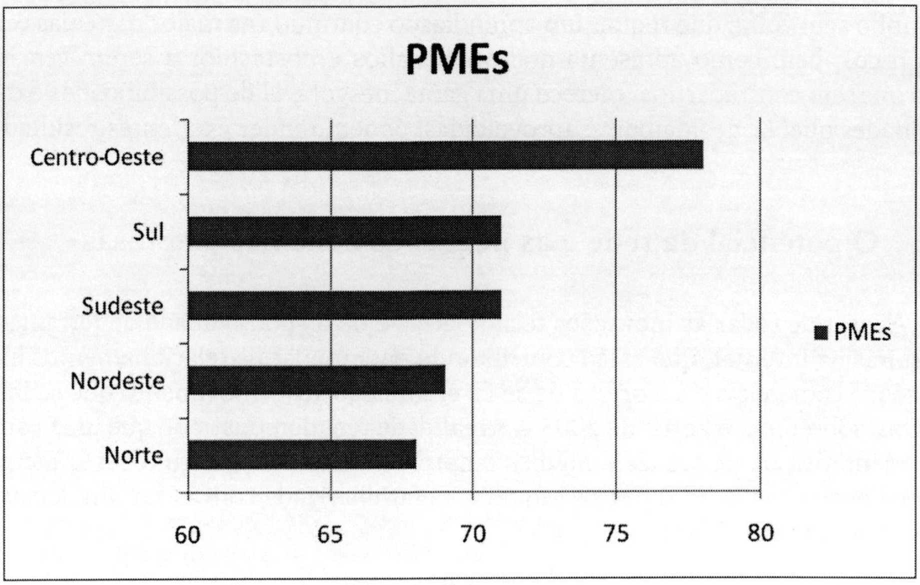

Fonte: Pesquisa TIC Empresas – 2008. Adaptada pelo autor.

Figura 1.7 *Participação das PMEs em acesso por região no Brasil.*

Quando analisamos outros pontos, como a publicidade na *web*, por exemplo, percebemos que menos de 30% das PMEs fazem uso das ferramentas disponíveis para divulgar suas empresas no mundo digital (veja Figura 1.8).

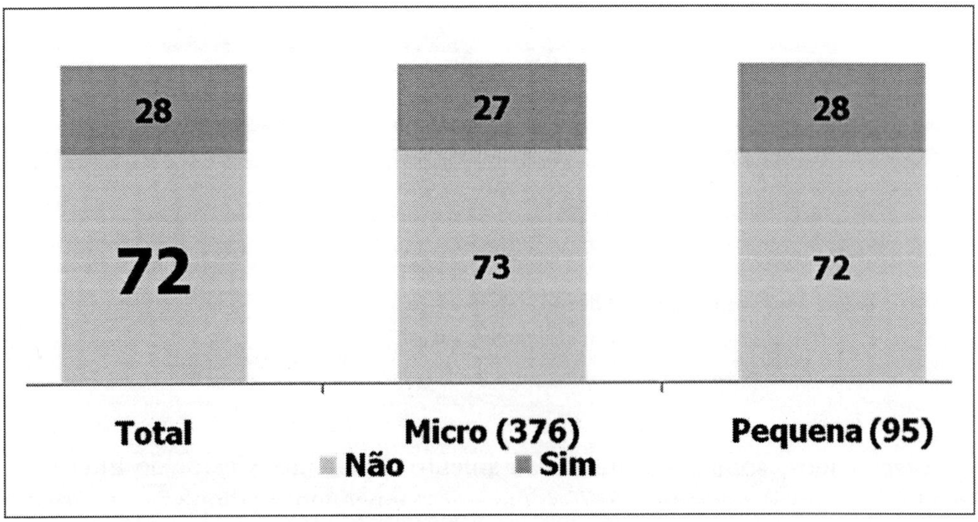

Fonte: Associação Comercial de São Paulo – 2010.

Figura 1.8 *Publicidade na web pelas PMEs em São Paulo.*

Além disso, apenas 17% delas tinham, naquele momento, perfis cadastrados em redes sociais, embora 40% tenham citado que monitoram o que é dito sobre suas empresas na Internet, mesmo que isso seja feito ainda de uma forma "caseira", ou seja, pouco profissional, conforme Figura 1.9.

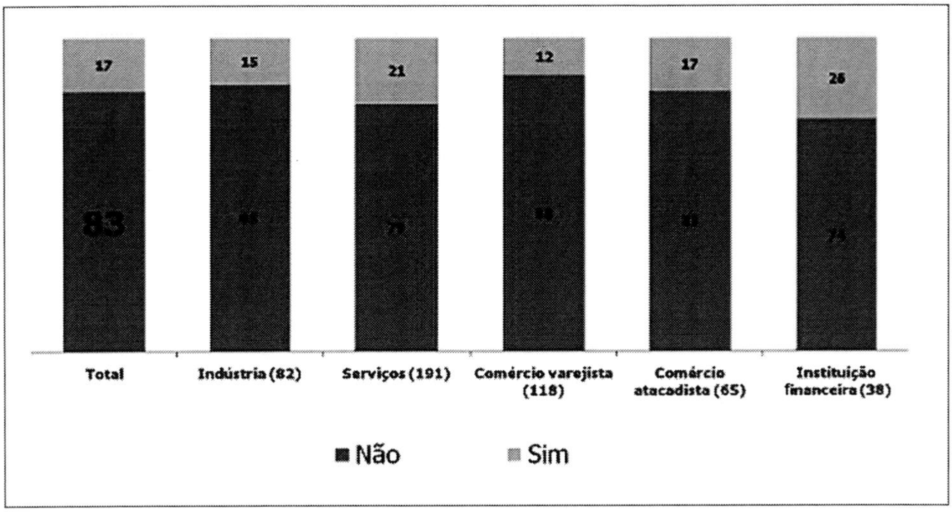

Fonte: Associação Comercial de São Paulo – 2010.

Figura 1.9 *Cadastro em redes sociais pelas PMEs em São Paulo.*

Esses estudos também nos levam a concluir que é necessário disponibilizar a essas empresas maior conhecimento e condições de produzirem riqueza, utilizando a *web* como plataforma para conquistar e reter clientes, aumentar vendas, fortalecer sua imagem e sua marca e divulgar produtos e serviços, entre outras opções. Uma das principais dificuldades alegadas pelos gestores das PMEs para usar a Internet de forma mais intensa é a falta de tempo, de foco para buscar soluções e de equipe dedicada, tendo em vista que, normalmente, os microempresários são os responsáveis por toda a operação das suas empresas, incluindo desde a compra dos produtos, negociações, pagamentos, vendas, enfim, a gestão geral do negócio, o que demanda obviamente muito tempo, pois precisam "jogar em todas as posições" dentro das suas empresas. Em geral, eles não possuem muitos recursos financeiros e tampouco equipes de marketing e de tecnologia, ou profissionais que possam contribuir com o desenvolvimento. Assim, a tarefa de buscar inovações e implantá-las acaba ficando em suas próprias mãos, ou, então, não sendo feita.

O ponto de partida deve ser mais bem esclarecido, para essas empresas; qual é o potencial da *web* e, em especial, do *e-commerce*, atividade que apenas no Brasil cresceu 1.000% nos últimos sete anos (de 2003 a 2010) e que abordaremos, com mais detalhes, no Capítulo 2.

Um pouco de história

A Internet começou a ser idealizada na década de 1960, quando o Departamento de Defesa dos Estados Unidos, por meio da ARPA (Advanced Research and Projects Agency), desenvolveu um projeto de rede de computadores batizado de Arpanet. A ideia era ligar pontos considerados estratégicos para o país, como bases militares e centros de pesquisa e de tecnologia, e impossibilitar a destruição da rede por possíveis ataques dos países inimigos. Na época era importante que a rede não se baseasse em um comando central, mas sim que todos os pontos (os nós da rede) tivessem a mesma importância, de forma que os dados fossem transmitidos em qualquer sentido, ou seja, sem uma ordem definida. Antes disso, já existia outra rede que ligava os departamentos de pesquisa e as bases militares, mas como os EUA estavam em plena guerra fria, e toda a comunicação desta rede passava por um computador central que se encontrava no Pentágono, sua comunicação era extremamente vulnerável e poderia ser cortada caso a antiga URSS (União das Repúblicas Socialistas Soviéticas) bombardeasse aquele local.

A Arpanet contava com um *backbone* (tronco principal da rede) subterrâneo, sem ter um centro definido ou mesmo uma rota única para as informações, tornando-se quase indestrutível. Pouco tempo depois, quatro universidades e outras instituições que faziam trabalhos relativos à defesa passaram a se conectar à rede e em 1975 eram contabilizados cerca de 100 *sites*. A troca de mensagens e de arquivos já era uma realidade. No mesmo ano foi criada a Telenet, o primeiro serviço comercial norte-americano de acesso à rede.

Em 1983, com a substituição do protocolo Network Control Protocol (NCP) pelo Transfer Control Protocol/Internet Protocol (TCP/IP) – a linguagem comum usada por todos os computadores conectados a ela até hoje –, houve grande crescimento da rede, que passou a se chamar Internet. Mas apenas em 1991 foi criado o sistema de hipertexto *world wide web* (www), o que facilitou substancialmente a navegação pela rede.

Naquele momento a Internet era composta por aproximadamente 50 mil redes internacionais, sendo que cerca de 50% delas estavam nos EUA. A partir de julho de 1995, mais de seis milhões de computadores estavam conectados à Internet, além de muitos sistemas portáteis e *desktops* que ficavam *online* por apenas alguns momentos. Iniciava-se, assim, a segunda geração da *web*.

Em 1994 é criado o Yahoo; em 1997, o Google; em 1998, o MSN e em 2009, o Bing.

No Brasil, a Internet começou a dar seus primeiros passos em 1989, quando uma rede conectou a Fapesp (Fundação de Amparo à Pesquisa de São Paulo) ao Fermilab (Laboratório de Física de Altas Tecnologias de Chicago/EUA), por meio da troca de arquivos e correio eletrônico, e o Instituto Brasileiro de Análises Sociais e Econômicas (Ibase) colocou no ar a rede Alternex. Em 1991, o Ibase e a Associação para o Progresso das Comunicações (APC) liberaram o uso da Internet para ONGs, além das universidades e entidades ligadas ao setor acadêmico. No mesmo ano o Ministério de Ciência e Tecnologia (MCT) inaugurou a Rede Nacional de Pesquisa (RNP), que teve um papel-chave na implantação da Internet no país, tanto no que se refere à infraestrutura tecnológica – organizou o *backbone* (tronco principal da rede) – e de capacitação de recursos humanos, quanto na formulação de políticas de preço, gestão e uso. Em dezembro de 1994 a Embratel lançou o serviço experimental de Internet comercial, mas somente em 1995 é que foi possível, pela iniciativa do Ministério das Telecomunicações e do Ministério da Ciência e Tecnologia, a abertura ao setor privado da Internet para exploração comercial. Naquele mesmo ano, a RNP redefiniu seu papel, deixando de disponibilizar o *backbone* apenas para o meio acadêmico, para estender seus serviços de acesso a todos os setores da sociedade.

Em pouco tempo, a Internet se expandiu, passando de 100 mil usuários, em 1996, para um milhão de pessoas, em 1998. No período de 10 anos o crescimento da rede no Brasil se intensificou, chegando a 67,5 milhões de usuários em 2009. No mundo todo, segundo o relatório anual da União Internacional de Telecomunicações (ITU), há 1,7 bilhão de internautas, ou seja, 26% da população. Até 2014, metade da população mundial deverá estar conectada à rede, segundo estima a entidade.

Atualmente estamos na terceira geração da Internet, que foi batizada de *web* 2.0 por Tim O'Reilly, entusiasta de movimentos de apoio ao *software* livre e diretor da O'Reilly Media Incorporated, editora de livros sobre tecnologia. Essa fase, iniciada após o ano 2000, se caracteriza pela proliferação de portais, *blogs*, *microblogs* e *sites* de relacionamento (também chamados de redes sociais) que permitem e estimulam maior interação e colaboração dos internautas por meio de computadores fixos e de dispositivos móveis. Se compararmos à fase anterior, em que éramos como espectadores diante dos conteúdos disponíveis, sem interferência, hoje somos todos criadores ou potenciais geradores de conteúdos, o que nos transforma, também, em mídia.

A chamada *web semântica* é a terceira etapa pela qual estamos começando a passar e em que as informações são trabalhadas pelos grandes líderes da *web*, como Google, que detém uma série de dados que são expostos pelos internautas ao se cadastrarem, permitindo o acesso aos mesmos e, ao navegarem por diversos *sites*, deixam seus rastros. Essas informações passam a ser utilizadas para apresentar ao internauta os resultados de buscas mais coerentes com o que ele realmente deseja e com aquilo que está pesquisando. Um exemplo disso é o de uma determinada pessoa que tem a intenção de viajar nas férias e comenta sobre isso na sua rede social preferida e na troca de *e-mails* com seus contatos. A partir de um tempo, essa pessoa começa a receber ofertas de agências de viagens. Aquilo que parece coincidência, na verdade, não é. Por isso é importante que os internautas leiam todos os contratos que constam nos *sites* em que se inscrevem antes de aceitá-los para que saibam o que será feito com os seus dados ali cadastrados. É o risco atual da superexposição.

Especula-se que a próxima geração da Internet (a quarta), que começa a ser delineada agora, será marcada pelo aumento de redes fechadas que, paradoxalmente, se encontram dentro da rede global, como Facebook e Orkut, só para citar as mais populares, e também pelo crescimento das restrições de uso, como já ocorre na China, Arábia Saudita e Egito, em que as pessoas não têm acesso à rede aberta, mas apenas ao que o governo dos respectivos países permite. A Internet também está começando a perder o seu caráter global para se tornar cada vez mais local. Um exemplo disso é o Hulu, *site* que exibe séries de TV e só é acessível nos EUA.

Outra tendência que começa a ganhar corpo é o aumento de portais e *sites* que deverão passar a cobrar para permitir o acesso a determinados conteúdos, como notícias, por exemplo. O uso de diferentes aplicativos para celulares e *tablets* (computadores com formato de *laptops* ou prancheta – os famosos *e-readers*, ou livros digitais) é outro elemento que poderá criar pequenos feudos dentro da Internet, como é o caso dos iPods, iPads e iPhones da Apple, e do Android do Google – todos fazem parte da *web* mas tudo é fechado e o acesso é restrito aos seus usuários.

2 A Evolução do *E-Business* e do *E-Commerce*

Com o desenvolvimento da Internet o ambiente digital passou a ser visto pelo setor corporativo como um terreno fértil a ser explorado e como uma forma de imprimir maior agilidade aos negócios. Na verdade, bem antes disso, na década de 1980, as grandes corporações, principalmente dos setores industrial e varejista, já realizavam transações comerciais pela via eletrônica, com uso de tecnologias específicas, como a *Electronic Data Interchange* (EDI – Troca Eletrônica de Documentos) e *Electronic Funds Transfer* (EFT – Transferência Eletrônica de Fundos) para envio de documentos (ordens de compra e de pagamentos), visando agilizar as operações de logística e da cadeia de suprimentos. Esses serviços eram disponibilizados por provedores especializados, como a Interchange (atual GXS Brasil) e Proceda, entre outras.

A partir do final dos anos 1990 e início de 2000, com a evolução da Internet e dos mecanismos de segurança, essas operações começaram a ser feitas também pela *web*. Mas o potencial oferecido pela Internet levou as empresas a pensar de forma mais ampla e a incluir em seus planejamentos de marketing as estratégias de *e-business* – um conceito abrangente que se refere a uma fusão complexa dos processos internos, aplicações empresariais e estrutura organizacional, com uso de tecnologia (*hardwares* e *softwares*), de modo a criar um modelo de negócios de alto desempenho.

Estavam lançadas as bases para o *e-commerce* – operações de compra e venda de produtos e de serviços pela Internet – e suas derivações atuais, tais como: *m-commerce* (*mobile commerce* – comércio por meio de dispositivos móveis), *t-commerce* (*tele-*

vision commerce – comércio por meio da televisão), o *social commerce* (comércio via redes sociais) e mais recentemente o *F-commerce* (sigla para designar o comércio via Facebook).

Em termos conceituais, o comércio eletrônico compreende as modalidades:

- ***B2C – Business to Consumer***: segmento dentro do comércio eletrônico que abrange qualquer transação em que uma companhia ou organização vende seus produtos ou serviços para consumidores que navegam pela Internet. Esse segmento se assemelha muito às lojas que fazem venda direta ao consumidor (varejo) através de catálogos e se apresenta tipicamente na *web* na forma de lojas virtuais. Também pertencem a essa categoria os leilões virtuais e os modelos de *shoppings* virtuais, que funcionam como os *shoppings* tradicionais, onde diferentes lojas vendem seus produtos e pagam taxa de condomínio;
- ***B2B – Business to Business***: abrange as transações comerciais – compra e venda de produtos e serviços – entre empresas ou entidades. Como exemplos, temos as indústrias que vendem para os atacados, os atacados que vendem para pequenas lojas de varejo, e assim por diante;
- ***B2G – Business to Govern***: define as atividades comerciais pela Internet entre empresas privadas e governamentais;
- ***B2I – Business to Institutions***: atividades comerciais pela via eletrônica entre empresas e instituições (educacionais, associações etc.);
- ***B2E – Business to Employee***: modelo de comércio eletrônico em que empresas vendem serviços ou produtos aos seus funcionários;
- ***E-Procurement***: modalidade de comércio eletrônico utilizado pelas empresas para compra de suprimentos (como materiais de escritório, higiene e limpeza etc.);
- ***CtoC – Consumer to Consumer***: comércio entre consumidores, feito de forma direta, por meio de *sites* apropriados, tais como Mercado Livre, ImovelWeb, Webmotors, ou seja, são pessoas anunciando para vender para outras pessoas.

2.1 O potencial do *e-commerce* no mundo

O B2C, mais comumente chamado de *e-commerce*, começou a deslanchar nos EUA por volta de 1995, com o surgimento da Amazon.com e de outras empresas pioneiras que decidiram apostar nesse novo modo de fazer negócios. Naquela época a Internet mostrava-se como altamente promissora e atraiu investimentos vultosos, com a promessa de retornos ainda mais vantajosos. No entanto, a chamada "bolha de oportunidade" acabou estourando no ano 2000, e muitas empresas e investidores que apostaram alto na *web*, talvez prematuramente, quebraram. Após esse acontecimento, as empresas que investiram no varejo virtual enfrentaram sérias dificuldades e muitas delas encerraram suas atividades. As que continuaram acreditando nesse novo canal de comercialização trabalharam forte no desenvolvimento de suas operações *online* e conseguiram se firmar e se destacar nesse segmento. Foi o caso da Amazon, nos Estados Unidos, e da Submarino (atual B2W, formada pela fusão da Submarino, com a Americanas.com e Shoptime), no Brasil, só para citar alguns exemplos.

No mundo todo, o comércio eletrônico manteve crescimento contínuo ao longo dos anos, em ritmo superior à expansão do varejo nas lojas físicas. Segundo pesquisa realizada em 2009, com 41 países, pela Everis, consultoria multinacional de negócios e tecnologia da informação, os EUA lideraram o *ranking* de vendas virtuais, com faturamento de US$ 134,9 bilhões, seguidos pelo Japão, com US$ 51,2 bilhões, e pela China, com US$ 36,9 bilhões. O Brasil atingiu a 13ª colocação em volume transacionado pela Internet, movimentando US$ 8,7 bilhões, superando em 10,3% o registrado em 2008. Com esse resultado o Brasil liderou as vendas no comércio eletrônico na América Latina em 2009, comprovando sua maturação nesse segmento. A pesquisa revelou, ainda, que no mundo todo o comércio eletrônico atingiu a marca de US$ 502,1 bilhões naquele ano, representando um crescimento de 4,5% em relação ao anterior.

Outro levantamento, feito pela eMarketer (empresa especializada em pesquisas e análises de mídia e de marketing digital), estima que, no período compreendido entre 2007 e 2012, o crescimento médio anual do comércio eletrônico no mundo como um todo será de 8,3%. Segundo essa análise, a América Latina apresenta maiores oportunidades de expansão, com crescimento anual médio da ordem de 11,7%, seguida de perto pela Ásia-Pacífico (11,4%). Por terem iniciado suas operações virtuais mais cedo em comparação às duas regiões anteriores, os Estados Unidos e a Europa já se encontram mais estabilizados, e consequentemente o crescimento tende a ser menor no período – cerca de 2,9% e 5,3%, respectivamente.

A *web* pode funcionar como veículo principal de acesso e venda de determinados produtos, ou como canal complementar de redes tradicionais. Para ilustrar essa tendência irreversível, das dez empresas de varejo mais premiadas em serviços na famosa feira NRF-2009 (*National Retail Federation* – que ocorre todos os anos em Nova York), oito delas são do varejo 'não loja', sendo quatro totalmente virtuais, e as duas redes do mundo real, que estão nessa lista, são pioneiras no varejo *online*.

2.2 O *e-commerce* no Brasil e na América Latina

No Brasil, o *e-commerce* vem se fortalecendo a cada ano, como comprovam os dados da e-bit, empresa especializada em estudos sobre comércio eletrônico (veja Figura 2.1). Em 2011, o faturamento do *e-commerce* no país ficou em torno de R$ 20 bilhões, de acordo com a e-bit e a Camara-e.net, representando um aumento nominal de 26% em relação ao ano anterior.

Em 2010, a 22ª edição do Relatório WebShoppers revelou que as vendas pelo meio virtual totalizaram, no primeiro semestre, R$ 6,7 bilhões, representando um aumento nominal de 40% em relação a igual período do ano anterior. As categorias de produtos mais vendidas foram: livros e assinaturas de revistas e jornais; eletrodomésticos; saúde, beleza e medicamentos; informática e eletrônicos, com tíquete médio de R$ 379,00 – a título de comparação o tíquete médio no mundo físico é algo próximo a R$ 50,00. Em 2010 o faturamento foi da ordem de R$ 14,8 bilhões, o que equivale a um crescimento de 35% sobre 2009. Esse montante não inclui a venda de passagens aéreas, leilões e automóveis, os quais, se somados aos demais itens, elevam o faturamento de 2010 para mais de R$ 24,9 bilhões. Apenas relembrando, em 2009 foram mais de 30 milhões de pedidos de compra e em 2010 foram mais de 40 milhões de pedidos, sendo que o estimado para 2011 é fechar com aproximadamente 54 milhões de pedidos, somente em bens de consumo. O Brasil é o sétimo país com participação de 3% do faturamento global, com a possibilidade de chegar à quarta posição em 2015, segundo pesquisa T-Index, realizada pelo Instituto Translated. Em 2011 o país é precedido por EUA, China, Japão, Alemanha, Reino Unido e França.

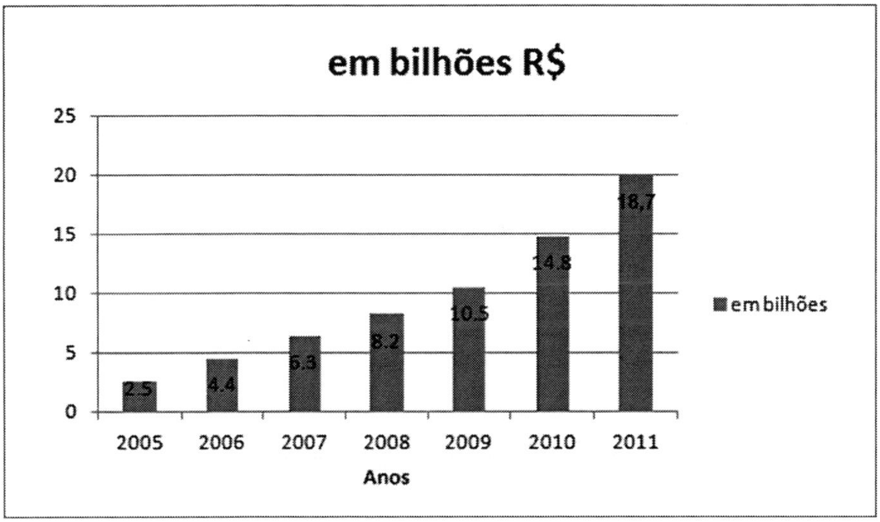

Fonte: Relatório WebShoppers – e-bit – 2011.

Figura 2.1 *Evolução do faturamento do* e-commerce *no Brasil.*

Entre os fatores que contribuíram para o fortalecimento do *e-commerce* no Brasil incluem-se a retomada do crédito ao consumidor, estimulando a inclusão das classes menos privilegiadas (C, D e E), que passaram a adquirir mais computadores, com os planos de financiamento de longo prazo, e a ter acesso à banda larga; aumento da confiança para realizar compras virtuais, devido ao aprimoramento das operações *online* e da prática de uso dos serviços financeiros; além da entrada de novos *players*, o que expande a oferta de produtos todos os dias, bem como a consolidação dos que já estavam operantes e da fusão de grandes grupos de varejo.

Também em 2011, o número de pessoas que fizeram pelo menos uma compra na Internet aumentou consideravelmente, o que, somado às que já possuíam esse hábito, totalizou um contingente aproximado de 32 milhões de *e*-consumidores (*e-buyers*), superando os 24 milhões registrados em 2010, segundo a e-bit.

Uma pesquisa feita pela comScore em 2009 mostrou que entre as categorias de compras em que o Brasil supera a média na América Latina estão livros, lojas de departamentos, esportes, filmes, cosméticos, perfumes e *shoppings*. E as que ficam abaixo são *hardware*, flores e presentes, música, *tickets*, brinquedos, joias e bens de luxo, o que demonstra oportunidades a serem exploradas nesses segmentos.

O Brasil também foi líder no *e-commerce* em 2009, embora com apenas 35% da audiência, contabilizando 61% dos gastos na região. Um fato interessante é que 95% dos *e-buyers* adquirem produtos de *sites* na própria América Latina, principalmente do Brasil. Comparando, por exemplo, com Porto Rico, em que 95% das compras são provenientes de fora da América Latina, podemos crer que nossa *performance* se deve a fatores não apenas comerciais, mas também culturais.

Esses dados também revelam outro ponto importante a ser considerado: que a população está perdendo o receio de efetuar compras pela via eletrônica, bem como foi constatado que aqueles que compram estão satisfeitos, como demonstra outro estudo, feito em 2011 pela empresa *e-bit* em parceria com o MIS-Movimento Internet Segura da Camara-e.net, em que o índice de satisfação dos consumidores foi de 86,5%.

2.3 Perfil do *e*-consumidor

Quem é o *e*-consumidor? Quais são suas preferências, faixa etária e quanto gastam em média? Para responder a essas e outras questões, o instituto de pesquisa Ibope Mídia realizou uma pesquisa com 2.500 internautas brasileiros que costumam fazer compras por meio da Internet. O levantamento foi realizado entre maio e junho de 2010, nos mercados de São Paulo (SP), Rio de Janeiro (RJ), Belo Horizonte (BH), Porto Alegre (RS), Curitiba (PR) e Distrito Federal (DF), além de Goiânia (GO), Nordeste, interior de São Paulo e cidades do interior das regiões Sul e Sudeste.

Batizado de TG.net, o estudo revelou que a maioria (61%) pertence às classes A e B, possui alto nível de escolaridade, tem preferência por adquirir produtos para uso pessoal e gasta mensalmente R$ 118,00 em média. A classe C comparece em segundo lugar (35%) entre os consumidores virtuais e as classes D e E em último lugar (4%), conforme Figura 2.2.

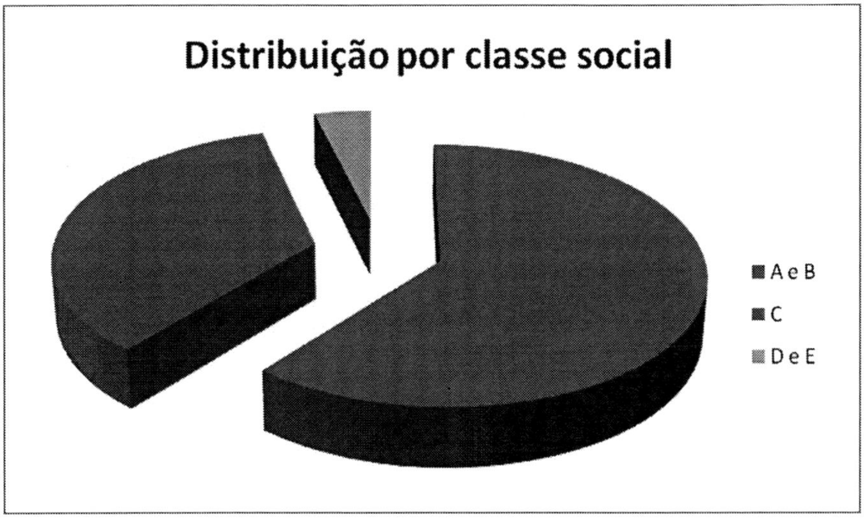

Fonte: Ibope Midia 2010. Adaptada pelo autor.

Figura 2.2 *Participação por classe social no* e-commerce *brasileiro.*

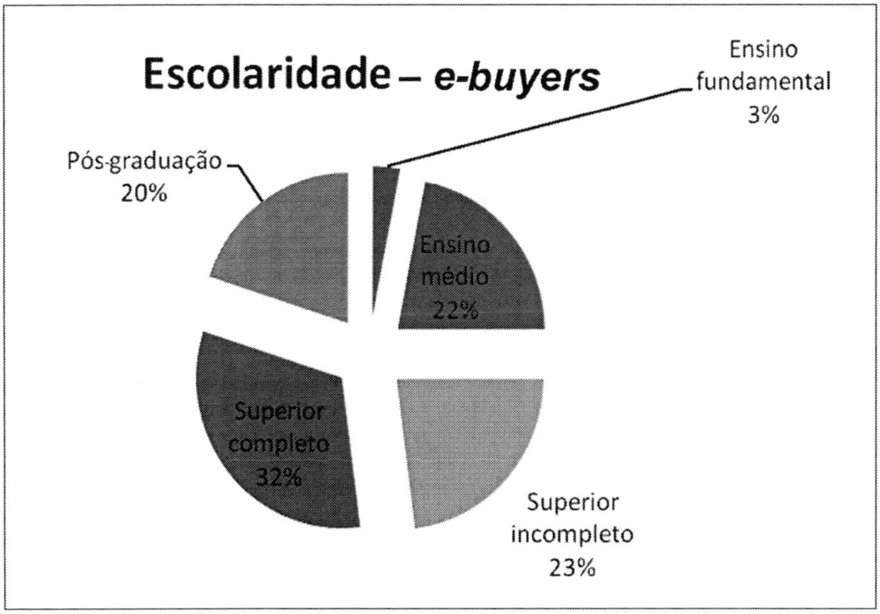

Fonte: Ibope Midia 2010. Adaptada pelo autor.

Figura 2.3 *Perfil* e-consumidor *por escolaridade × quantidade de transações.*

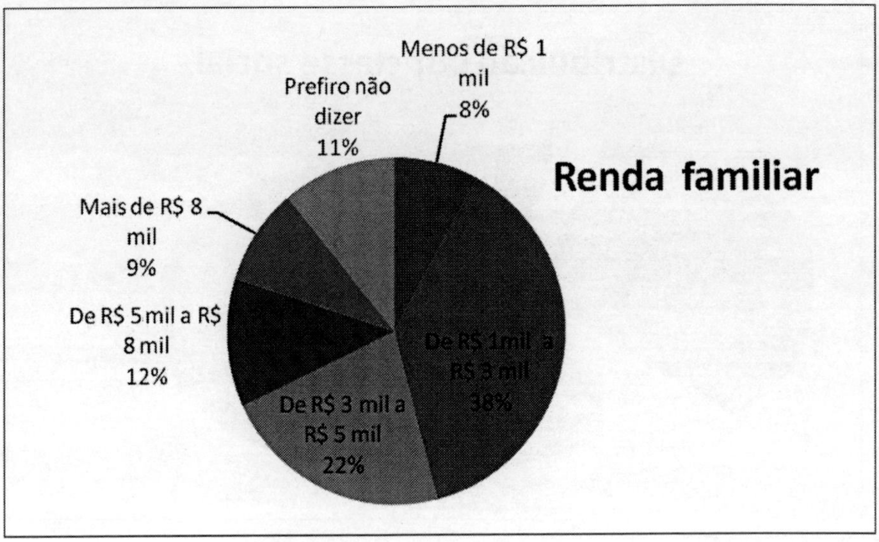

Fonte: Ibope Midia 2010. Adaptada pelo autor.

Figura 2.4 *Perfil* e-*consumidor: renda familiar × quantidade de transações.*

Quanto à idade, a maioria (4%) tem entre 25 e 44 anos de idade, 15% dos *e*-consumidores têm entre 15 e 19 anos e 17% entre 20 e 24 anos. As que menos consomem pela via virtual são as pessoas que têm entre 55 e 64 anos (6%) e entre 45 e 54 anos (13%) – veja Figura 2.5.

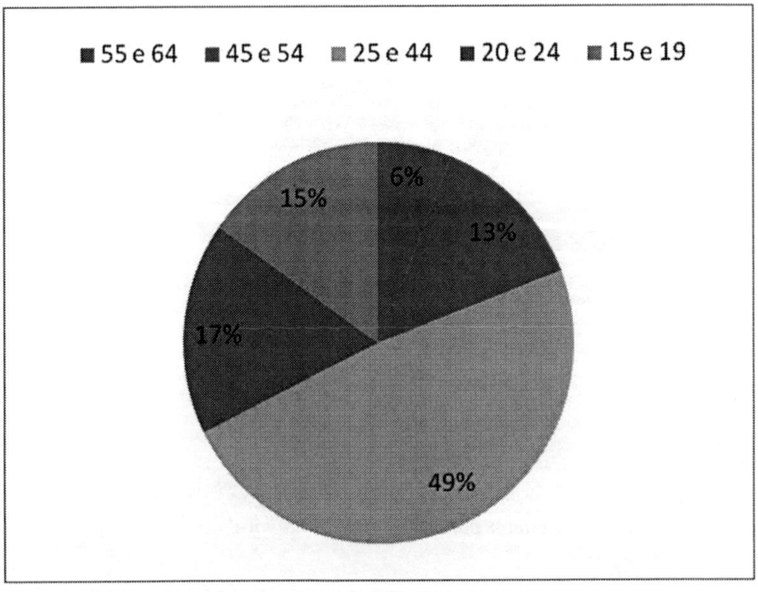

Fonte: Ibope Midia 2010. Adaptada pelo autor.

Figura 2.5 *Perfil* e-*consumidor por idade × quantidade de transações.*

A pesquisa também demonstrou que os homens estão mais habituados a comprar pela Internet (54%) em comparação às mulheres (46%) e que aproximadamente 80% dos internautas usam a *web* para comparar preços, 25% para pesquisar carros que desejam comprar e 18% realizam compras profissionais. Cerca de 43% dos internautas procuram informações na Internet antes de realizar compras.

Os itens mais adquiridos são: livros (30%), telefones e acessórios para celulares (20%), eletrodomésticos (18%) e produtos de tecnologia pessoal (17%) como câmeras digitais e leitores de MP3.

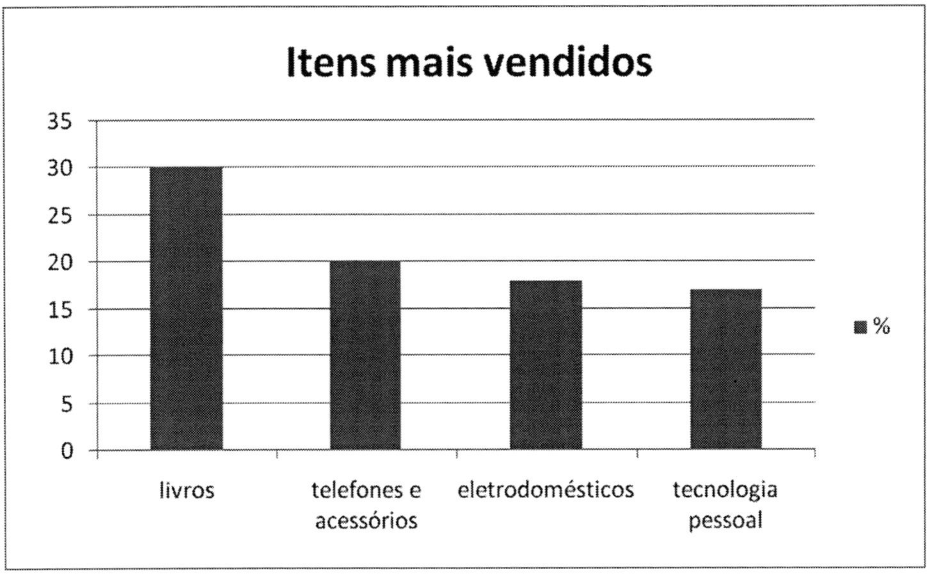

Fonte: Ibope Midia 2010. Adaptada pelo autor.

Figura 2.6 *Participação dos itens mais vendidos na* web *brasileira.*

2.4 Comércio eletrônico e as PMEs

Não restam dúvidas de que existem motivações suficientes para estimular os empresários, principalmente os das pequenas e médias empresas (PMEs), a começar a explorar todas as potencialidades oferecidas pelo *e-commerce*. No entanto, uma pesquisa realizada pela Associação Comercial de São Paulo (ACSP), no início de 2010, mostrou que 70% das PMEs do estado de São Paulo ainda não fazem sequer algum tipo de divulgação *online* dos seus produtos, bem como não disponibilizam canais virtuais de compra e venda. Os 30% que o fazem são principalmente dos setores de indústria e atacado. O motivo alegado por 47% das que ainda não realizam negócios pela *web* foi não haver necessidade e 19% disseram que falta estrutura ou conhecimento.

Quando observamos, na pesquisa da ACSP, essa alegação dos empresários que não realizam negócios *online* porque não veem necessidade, percebe-se outro ponto interessante: muitos, na verdade, não sabem ao certo o que a Internet pode lhes proporcionar. No entanto, quando notam que os concorrentes estão expandindo seus negócios por utilizar a *web*, passam a se interessar e ter essa "necessidade".

Também há grandes questionamentos quanto à capacidade das pequenas empresas de competir em igualdade de condições com as grandes da Internet. Na verdade, elas podem não só competir, como até se sobressair, mesmo com menor investimento, desde que saibam implantar as ações corretamente. Essas companhias poderão ser encontradas pelos consumidores que estiverem buscando aqueles produtos específicos e/ou serviços que elas oferecem, e na *web* isso é o que mais importa, ou seja, se as PMEs focarem sua atuação em nichos, buscando não atender a todos, mas atender a grupos específicos, com interesses próprios, haverá grandes chances de alcançarem sucesso em suas operações *online*.

No caso das PMEs, não é recomendável que façam uma divulgação para aqueles que não pertencem ao seu público-alvo ou não têm interesse pelo que elas comercializam. E normalmente, quando são feitas ações de mídia de massa, é isso que ocorre. Na *web*, ao contrário, é possível executar ações segmentadas e pagá-las com base nos resultados alcançados, como ocorre, por exemplo, quando fazem uso dos *links* patrocinados. Isso faz com que os custos sejam menores, pois só se paga quando o anúncio recebe um clique. Além disso, há ações que podem ser implantadas de forma mais rápida do que no mundo físico, como uma campanha de *e-mail* marketing *versus* o envio de mala-direta. A primeira pode trazer melhores resultados, com menor investimento do que a última opção, desde que feita de forma adequada, pois se a empresa se utilizar de técnicas e ferramentas para segmentar seu público, bem como buscar novos clientes dentro desse perfil, alcançará excelentes resultados. Além disso, as peças de *e-mail* marketing podem ser rapidamente alteradas para novos testes, o que, no caso das malas-diretas, não ocorre, visto que há altos custos envolvidos, como os de impressão e correio, por exemplo. Esses e outros pontos serão mais bem analisados no Capítulo 3, que focaliza as estratégias de marketing digital.

A união de dois fatores, como atendimento a nichos específicos de mercado e investimento em divulgação segmentada, já faz com que as PMEs possam competir de forma muito interessante na *web*. Não quer dizer, necessariamente, que elas "roubarão" mercado das grandes redes, mas sim que hoje elas podem figurar entre as opções de compra do consumidor. Como exemplo, podemos citar o caso de alguém que busca acessórios para instalar uma TV em sua casa. Numa pesquisa na *web*, com certeza, serão encontradas opções de lojas diferentes das marcas já conhecidas. Muito provavelmente o consumidor irá se deparar com quem é especializado no assunto. O mesmo pode ocorrer quando se busca por fabricantes de móveis infantojuvenis em determinada cidade do sul do país, entre diversas outras situações. Isso demonstra que produtos ou locais mais específicos podem ser atendidos por determinadas empresas especializadas, ou regionais, e não unicamente pelas grandes redes, e é aí que está o "pulo do gato" para as PMEs.

2.5 Vantagens da loja virtual e passos a seguir

Para as PMEs investir em uma loja virtual pode ser muito vantajoso, por representar mais uma forma de conquistar novos clientes, além de ser uma fonte alternativa de receita e, inclusive, de ampliar a visibilidade da sua marca. Os custos também são menores, se considerarmos que a loja virtual não requer a contratação de vendedores, nem local físico, o que dispensa pagamento de aluguel ou de luva pelo ponto comercial, funciona 24 horas, sem horário de pico, e não apresenta nenhuma barreira física, nem regional.

Planejamento

Assim como no mundo físico, atuar no ambiente digital requer planejamento, estudo do mercado, análise sobre o que já é oferecido pela concorrência, entre várias outras questões. Durante o processo de desenvolvimento da loja virtual não se pode negligenciar a decisão sobre o público-alvo, pois na Internet tudo pode ser muito segmentado. É o famoso conceito da "cauda longa" – do inglês *long tail* – criado por Chris Anderson, editor da revista *Wired*. (Veja boxe sobre A cauda longa).

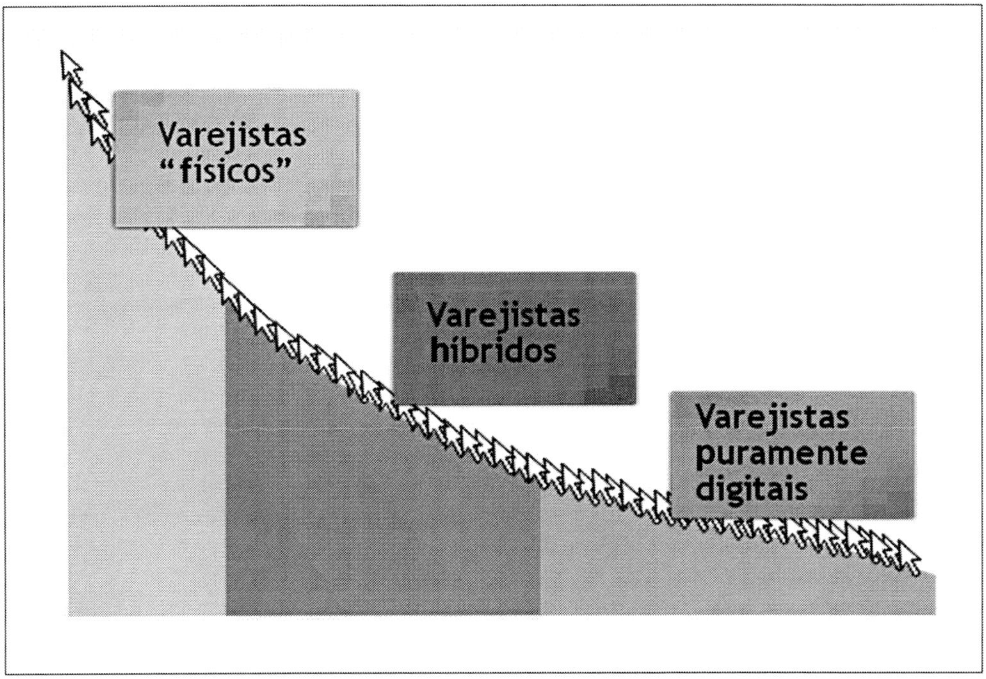

Fonte: Livro *A cauda longa*, Chris Anderson.

Figura 2.7 *Ilustração da teoria da cauda longa.*

A teoria da Cauda Longa

O jornalista Chris Anderson, graduado em Física e editor-chefe da revista *Wired* (EUA), desenvolveu uma teoria que foi mais bem descrita em seu livro intitulado *A Cauda Longa (Long Tail)*, publicado pela Campus/Elsevier em 2006. O conceito se baseou na curva estatística de Pareto, a qual supõe que 80% da receita das empresas provêm de 20% dos produtos. Na impossibilidade de colocar todos os produtos existentes em suas prateleiras, o que exigiria altos custos, espaço físico, entre outros elementos, as empresas acabavam optando por vender apenas os itens mais lucrativos. Isso levou a uma economia baseada em *hits*, ou seja, em produtos muito populares e campeões de venda, oferecidos por poucos concorrentes. Assim, na representação gráfica da distribuição estatística dos produtos, o eixo horizontal é muito mais largo do que o vertical, o que originou o nome Cauda Longa.

Anderson partiu da observação de que, com a Internet, a cultura e a economia começaram a mudar de foco de forma muito rápida, saindo dos chamados *hits*, ou seja, pouca quantidade de produtos, campeões de venda, que estão no topo da demanda, e voltando-se para uma grande quantidade de produtos de nichos específicos, que se encontram na cauda. A ideia é que com a queda de custo de produção e de distribuição, especialmente nas transações *online*, tornou-se desnecessário massificar produtos em um único formato e tamanho para os consumidores, mas sim oferecer várias opções. Em um ambiente virtual em que não há mais problema de espaço nas prateleiras e sem gargalos de distribuição, produtos e serviços segmentados podem ser economicamente viáveis e tão atrativos quanto os de massa. Assim, os produtos de nicho, quando considerados em conjunto, passam a ter grande potencial de lucro para as empresas. O desafio é saber explorar melhor esses nichos. Anderson recomenda a oferta de maior variedade de produtos possível, realização de promoções (descontos), e disponibilização de mecanismos de busca para que os clientes possam encontrar o que estão procurando, ou mesmo ter acesso a novas opções que eram até então desconhecidas.

Muitas empresas receberam bem essa teoria porque, segundo Chris Anderson, ela nada mais é do que uma figura de linguagem que descreve, de forma simples, um fenômeno complexo como o da Internet e as mudanças que ela provocou na economia. No século XX havia os *hits* ou nada (a "era da escassez"), no século XXI temos os *hits* e os nichos ("era da abundância"). Em consequência os mercados tornaram-se mais diversificados e cada vez menos concentrados, havendo maiores oportunidades para empresas de menor porte oferecerem produtos e serviços voltados para determinados perfis de consumidores.

Na visão de Pedro Guasti, diretor geral da *e-bit*, a teoria da Cauda Longa contribuiu para que se entendesse o valor da relativização:

"Diversos nichos da indústria e do comércio que trabalhavam com a Internet tiveram a chance de perceber que, mais importante do que a grande audiência, o segredo do sucesso estava em estabelecer um relacionamento estreito com o consumidor, oferecendo a ele um produto ou serviço que se adequasse especificamente a cada uma das suas necessidades. Muito mais do que uma simples explicação filosófica, a teoria cooperou efetivamente para que se entendesse a fase de transformação pela qual o mercado passava. Entre os exemplos mais emblemáticos citados pelo autor, estava o caso do e-Bay, site *de vendas norte-americano que acumulava 60 milhões de usuários ativos vendendo ou comprando mais de 30 milhões de itens, transformando-o em um dos maiores varejistas do mundo."*

Já no Brasil, onde o comércio eletrônico começou a se desenvolver somente no final da década de 1990, cerca de cinco anos mais tarde em relação aos principais mercados mundiais, é possível perceber que o movimento estabelecido pela Cauda Longa somente agora dá os primeiros sinais de relevância. A participação no mercado do *e-commerce* só começa a sofrer mudanças a partir do surgimento de empresas de tecnologia especializadas, que passam a garantir a infraestrutura necessária a preços viáveis para os pequenos. Em alguns casos, até mesmo gratuitamente.

Outro ponto de relevância nessa movimentação fica por conta da crescente audiência dos buscadores e comparadores de preço que, de maneira democrática, alinham as ofertas de grandes e pequenos, possibilitando que o *e*-consumidor tome sempre a melhor decisão de compra. Para se ter uma ideia da audiência que esses canais possuem, somente o líder em comparação de preços dentro da América Latina, o BuscaPé, acumula mais de 30 milhões de visitas por mês. É preciso citar ainda a segurança proporcionada pelos meios de pagamento digitais (conforme será exposto adiante), bem como o fato de os consumidores se sentirem cada vez mais confiantes para realizarem negócios via Internet, quando as lojas apresentam selos de certificação.

O *site* deve ser construído com as características adequadas para que ele seja capturado pelos buscadores, pois se o seu negócio não é encontrado, ele simplesmente não existe. Outro ponto fundamental é que tenha uma boa navegabilidade e seja simples, pois as pessoas não dispõem de tempo, nem de paciência, para visitar *sites* complexos e lentos, o que em geral leva ao abandono do carrinho de compras.

A escolha do nome da loja é outro ponto relevante. Deve ser claro, sonoro e estar de acordo com os produtos e/ou serviços que serão disponibilizados para que a loja possa ser facilmente encontrada pelos consumidores e para que apareça com maior destaque nos buscadores como Google, MSN, Yahoo, entre outros. É necessário fazer uma pesquisa para saber se o nome escolhido, que também deve constar no domínio (endereço da loja na Internet, como por exemplo www.sualoja.com.br), está disponível. Essa consulta pode ser feita no *site* www.registro.br, da Fundação de Amparo à Pesquisa (Fapesp), órgão governamental responsável pela liberação, administração e registro dos domínios com final ".br".

Alternativas de plataformas de e-commerce

Para iniciar as suas operações *online* a empresa tem algumas possibilidades. A primeira é desenvolver tudo internamente e contratar uma equipe de profissionais especializados em *design* e programação para criar o *site*, integrar os meios de pagamento, tabelas para cálculo de frete, carrinhos de compras, criptografia das páginas, entre outros detalhes – processo que requer um bom investimento de tempo (cerca de 10 meses a um ano) e de capital.

A segunda opção é contratar uma plataforma de comércio eletrônico. Há vários fornecedores desse tipo de serviço com custos e modelos comerciais variados. Muitas empresas que decidem iniciar seus negócios *online* selecionam a plataforma pelo menor preço, porém, nem sempre essa é a melhor forma de decidir, visto que, muitas vezes, migrar de plataforma posteriormente pode ser bastante complexo.

Por isso, indica-se uma pesquisa prévia para que essa seleção seja feita de forma correta. Um dos pontos mais relevantes a ser observado é se a plataforma é de fácil customização para se adequar às necessidades de cada empresa. O ideal é escolher plataformas que ofereçam soluções completas, para que a empresa não tenha necessidade de agregar mais fornecedores, principalmente no caso das PMEs. A maioria das plataformas contempla: módulos de pagamento, cálculo de frete, criação de promoções, inserção e retirada de produtos de forma prática, como exportação de lista de produtos já cadastrados, fotos e vídeos de produtos, indexação das páginas nos buscadores, entre outros.

Outros cuidados referem-se à contratação de um provedor para hospedagem do *site* que tenha capacidade para guardar arquivos pesados, como vídeos e imagens em alta resolução e o cuidado com a questão da segurança.

Há ainda a alternativa de montar sua loja num modelo de *shopping virtual*, no qual tudo já está estruturado, bastando inserir os produtos da sua loja e pagar uma espécie de condomínio ao gestor do *shopping*. Essa alternativa, em alguns casos, permite que se tenha um domínio (endereço do *site*) independente, mas nem sempre isso ocorre; de qualquer forma pode ser uma boa experiência para aqueles que desejam experimentar o mundo *online*, sem grandes investimentos iniciais.

Módulo de pagamento

Os cartões de crédito são o meio mais utilizado pelos consumidores *online* para adquirir produtos, segundo pesquisas do *e-bit*, aproximadamente 75% das compras são feitas por esse meio, embora quando se trata de PMEs a alternativa mais utilizada sejam boletos bancários, segundo pesquisa da Associação Comercial de São Paulo (ACSP) de 2010.

De qualquer maneira, a loja deve estar preparada para oferecer diversas alternativas aos seus clientes, para que estes possam escolher a forma que melhor lhes convier e aquela com que se sintam mais seguros para fazer suas transações.

Há a opção de meios de pagamentos seguros para os clientes e que também previnem, do lado do lojista, problemas quanto a fraudes (veja o item 2.6 sobre fraudes). Uma boa opção é o uso de plataformas de pagamentos oferecidas por prestadores de serviços como o PayPal (pertencente ao *eBay*), PagSeguro (do UOL), Pagamento Digital (do BuscaPé Financial Services), Ipagare, entre outras, que fazem a intermediação entre comprador e vendedor. Esse serviço oferece vantagens, tais como: aceitação de todas as formas de pagamento de uma só vez (a loja fica apta a trabalhar com todas as bandeiras de cartão de crédito; recebimento antecipado (os repasses de pagamento ao lojista são feitos em 14 dias, contra os 30 dias das administradoras de cartões); análise de risco (o módulo de pagamento analisa cada transação antes de aprovar a compra); armazenamento dos dados financeiros dos clientes; recebimento de parcelas, entre outras.

A loja também pode, obviamente, optar por uma operação independente, na qual desenvolve sua própria análise de crédito. Ela mesma poderá contatar diretamente as operadoras de cartões, bem como implantar o sistema de boleto bancário. A única questão é que nesse modelo ela assume todos os riscos inerentes à operação, sejam riscos de fraudes, ou de não conseguir uma boa negociação com as bandeiras de cartões de crédito.

Divulgação

Não basta ao lojista identificar uma boa plataforma de comércio eletrônico, oferecer meios de pagamentos adequados, inserir seu *mix* de produtos etc. se não se preocupar em divulgar a existência de sua operação na *web*. Isso é fundamental para que sua loja se torne acessível àqueles que desejam comprar os produtos que a loja tem a oferecer.

Para as PMEs, que em geral não possuem equipes dedicadas, é recomendável a contratação de uma agência especializada em Internet para cuidar do *design* da loja virtual e que seja capaz de auxiliar, no futuro, na criação de campanhas de vendas e promoções, publicidade, divulgação, análise de resultados, entre outras questões. Devem ser utilizados diversos formatos promocionais que complementam as ações de buscas orgânicas nos buscadores, além de adequar as formas de pagamento – pois na *web* existe um padrão que deve ser seguido, que é o parcelamento em várias vezes. Um desses formatos são as promoções sazonais, que pressupõem a realização de campanhas específicas para determinadas datas, como Natal, Carnaval, Páscoa, dia das mães, dia dos pais, dia das crianças etc., mas que também podem ser feitas durante os dias normais do ano, utilizando outros atrativos, como descontos para compras com pagamento a vista, ou frete grátis para valores iguais ou superiores a determinada quantia, e coisas do tipo.

Além disso, devem-se oferecer diferentes opções de formas de pagamento, como já mencionado, bem como disponibilizar a possibilidade de pagamento parcelado, que é quase um padrão nas operações de *e-commerce*.

O detalhamento das diversas possibilidades de ações promocionais será apresentado no Capítulo 3, que tratará especificamente de Estratégias de Marketing Digital.

Outro recurso que pode ser empregado para dinamizar as vendas são os vídeos explicativos ou de demonstração, que mostram ao consumidor como fazer a compra na loja virtual, como acompanhar o *status* do pedido, ou mesmo para fornecer mais detalhes sobre produtos e serviços.

Quanto mais canais de contato, melhor

Para as empresas que ingressam no *e-commerce* é importante, ainda, oferecer vários canais de comunicação como números de telefones, seja para compras ou de

SAC (serviço de atendimento ao consumidor) para contato, uma vez que muitos consumidores, especialmente os que são pouco familiarizados com a Internet, gostam de tirar dúvidas ou obter mais informações por esse meio; endereço de *e-mail* e *chat online*, que podem ser muito úteis para os clientes que estão em outros estados ou cidades e que precisam de explicações mais detalhadas sobre produtos, formas de pagamento, garantias, entre outras questões. Esses são apenas alguns exemplos das aplicações possíveis e voltadas a fomentar as vendas *online*.

Finalmente é bom ter em mente que não basta apenas ter um *site* de *e-commerce*. Esse é só o começo da história. É imprescindível buscar apoio de fornecedores especializados em marketing digital, que deem suporte depois que a loja estiver no ar, pois as ações *online* requerem dedicação e muito trabalho de acompanhamento e mensuração. Tudo isso é muito novo e mais complexo do que era fazer marketing no passado, quando a loja simplesmente anunciava no jornal do bairro ou distribuía tabloides com suas ofertas.

2.6 Fraudes no comércio eletrônico

Segurança na Internet é um tema que interessa a todos que navegam pela rede em razão dos inúmeros riscos existentes, tais como acesso a conteúdos inapropriados (especialmente por crianças e adolescentes), riscos de assédio sexual, golpes dos mais diversos tipos, entre outras questões pertinentes. Especificamente com relação ao comércio eletrônico, o fator mais preocupante refere-se a fraudes, cujo índice mundial gira em torno de 1,2% do total das receitas do setor. Esse número já foi maior e vem apresentando queda nos últimos anos. No cenário internacional, há países que evitam transacionar com outros, segundo pesquisa da empresa americana CyberSource, devido à alta incidência de fraudes. Há, inclusive, um *ranking* de países menos seguros, liderado pela Nigéria, no qual o Brasil figura em sétimo lugar.

Em termos de valores, as fraudes no mundo, segundo essa pesquisa, estão em torno de US$ 10 bilhões ao ano e, no Brasil, representam aproximadamente US$ 500 milhões. Os comerciantes no mundo físico já lidam com fraudes no seu dia a dia, tais como cheques e cartões de crédito roubados, cheques sem fundo, cheques com valores adulterados etc. No caso do comércio virtual, somam-se a esses riscos alguns outros, porque não há como ter certeza sobre a identidade do comprador e a veracidade das informações fornecidas. Esse é o tipo de fraude mais comum, ou seja, a compra de um bem ou serviço através de um meio de pagamento (principalmente cartões de crédito) fraudulento. O curioso é que, enquanto os pagamentos que se concretizam em transações legais têm um gasto médio de US$ 115 dólares por compra, os criminosos tentam extrair em média US$ 200.

Para dirimir esses problemas, o comerciante da loja virtual deverá considerar o risco como parte do negócio e, tendo consciência disso, precisará mensurar qual será o provável índice de perda e verificar a possibilidade de incluir esse percentual no seu custo. Por outro lado, obviamente, deverá lançar mão de estratégias que reduzam esse risco e suas perdas.

Para isso, há alguns caminhos possíveis. Um mais prático é terceirizar toda operação para empresas especializadas atuantes no setor, que são os agregadores, ou seja, oferecem soluções completas de meios de pagamento (Gateway, abertura comercial com bandeiras e bancos, análise antifraude e *scrow* – segurança de recebimento de mercadoria). Isso gera maior segurança para quem compra e para quem vende, proporcionando menor perda de vendas. Exemplos desse tipo de serviço: PagSeguro (UOL), Pagamento Digital, Pagamento Seguro, Mercado Pago, PayPal, Moip, Ipagare, entre outras. Essa opção é a ideal para as pequenas empresas, com pouca ou nenhuma estrutura interna disponível. O ponto negativo a ressaltar nesse modelo é que em geral essas empresas podem cancelar ou negar um número maior de pedidos por suspeitas de fraude, o que reduzirá as vendas do lojista. Este cancelamento maior acontece porque os agregadores têm como diferencial o pagamento de fraudes contra o lojista, caso as mesmas aconteçam.

Outro formato é a empresa criar uma estrutura própria de análise de crédito. Dependendo do porte da operação, esse é o melhor caminho. Para isso, deverá focar na identificação do comprador e de suas fontes de pagamento. Além disso, esse processo de análise e liberação de crédito não poderá ser demorado e pressupõe o uso de ferramentas automáticas de *scoring* (escoragem – o que pode ser entendido como um *ranking* que aponta se há maior ou menor risco em vender para aquele consumidor) ou de detecção de sinais de fraudes. Em caso de suspeitas, algumas medidas serão necessárias:

- validação do nome e CPF do comprador, bastando verificar o comprovante de inscrição e de situação cadastral do referido CPF, disponível no *site* da Receita Federal;
- conferência se o endereço é mesmo aquele que foi informado e consultar o CEP no *site* dos correios para verificar se confere com o endereço informado;
- validação dos dados junto a sistemas de proteção ao crédito (no Brasil temos como exemplo empresas como Serasa Experian e Boa Vista Serviços – SCPC+Equifax);
- validações ativas, quando se entra em contato direto com os clientes;
- verificar o endereço IP (Internet Protocol) da conexão, por meio do qual se pode saber qual estado, cidade e em alguns casos até o bairro de onde foi feito o pedido usando os serviços de geolocalização;
- endereços de difícil acesso ou em locais de nível de renda incompatíveis com o produto pedido também podem indicar uma tentativa de fraude.

Os comerciantes de lojas virtuais também podem empregar ferramentas de prevenção e informação que são oferecidas por empresas como Crivo <http://www.cri-

vo.com.br>, FControl <http://www.fcontrol.com.br> e Clearsale <http://www.clearsale.com.br>, entre outras que empregam tecnologias sofisticadas como redes neurais e inteligência artificial para identificar fraudes em tempo real.

Essas empresas identificam comportamentos suspeitos, cruzam dados e informações de diversas fontes, inclusive que apontam problemas em compras anteriores feitas por essas pessoas. Isso tudo indicará o grau de risco daquela venda, e quem decide é o próprio lojista, com base nesses índices, ou *scores*, se deverá prosseguir ou não.

Principais fragilidades dos meios de pagamentos

Para tentar prevenir-se de eventuais golpes ou fraudes, o lojista virtual precisa estar atento a alguns fatores. No caso de o comprador optar pelo pagamento com cartão de crédito, o risco é de o fraudador utilizar dados de um cartão que foi clonado ou roubado. Alguns criminosos mais experientes chegam a ter o cadastro completo do verdadeiro titular do cartão, o que os habilita a responder a qualquer pergunta de verificação que possa ser feita.

Há também casos de fraudes feitas pelo titular do cartão de crédito que nega ter efetuado a compra que ele, de fato, realizou. São os chamados BNP (bens não presentes) que são difíceis de serem comprovados como fraudes porque não há um sistema que permita verificá-las. Quando o comprador não reconhece e exige o cancelamento, isso é chamado de *chargeback*. E muitas vezes é o lojista que arca com o prejuízo.

Nas compras feitas em *sites* de leilões, em que as operações são realizadas com certa rapidez, é comum o pagamento ser feito com cheques. Por isso, há grande chance deste ter sido roubado. Como a fraude pode ser identificada em menos tempo do que se fosse feita com um cartão de crédito, esse tipo de engodo costuma ser usado em operações rápidas nas quais a vítima deve enviar a mercadoria logo após receber o pagamento. O correto seria esperar a compensação do cheque antes de entregar o produto em questão.

No caso do fraudador que faz o pagamento através de transferência eletrônica entre contas, usando uma conta bancária invadida (obtida com uso da técnica de *fishing*, na qual *hackers* enviam mensagens falsas para o *e-mail* das pessoas solicitando seus dados bancários, simulando mensagens dos bancos), o objetivo pretendido tanto pode ser comprar mercadorias e/ou serviços para uso próprio, como revender esses produtos posteriormente (os itens mais visados são aqueles que podem ser revendidos facilmente como CDs, joias, livros, eletrônicos e eletroportáteis).

Outro golpe comum, em pagamentos via boleto bancário, é o fraudador digitar um valor inferior ao do boleto original – por exemplo, ao invés de R$ 50,00, ele digitar R$ 5,00 – uma vez que a formação do código de barras é pública. Para se precaver disso é importante o lojista verificar o número do pedido e o valor original do produto em questão.

Fraudes no m-commerce (mobile commerce – *comércio via celular)*

Com o crescimento do uso de dispositivos móveis como celulares, iPads etc., aumentam também os riscos de fraudes nas negociações feitas por esses canais. Segundo a consultoria norte-americana Gartner Group, em 2014 cerca de 12% de todas as transações do comércio eletrônico serão feitas por meio de *smartphones* ou de outros dispositivos. A questão é que as ferramentas atuais não funcionam bem nos aparelhos existentes no mercado, o que exigirá das companhias maiores investimentos nesse sentido.

Um dos métodos de proteção usados atualmente se baseia em um servidor em que o usuário precisa se 'logar'/cadastrar por meio de um programa em Java. Dessa forma, o *script* consegue capturar as informações sobre o navegador e o telefone do usuário, podendo recolher também o número serial do dispositivo e número da placa de rede, e transmite tudo isso às empresas de *e-commerce*. Outra opção para prevenir fraudes é utilizar as informações de localização do *smartphone*, sendo que a compra apenas é efetivada se esses dados forem fornecidos pelo usuário. Usar as informações de geolocalização, em sinergia com outros sistemas, pode ajudar as empresas a autenticar o cliente.

2.7 Formatos de lojas virtuais

Shoppings virtuais

Os empreendedores digitais contam hoje com diferentes formatos para iniciar suas atividades *online*. Um deles são os *shoppings virtuais*, nos quais a loja pode ser inserida de forma rápida e econômica, passando a ofertar uma gama menor de produtos, juntamente com outros lojistas. Nesse modelo não há muitas possibilidades de customização, ou seja, a loja deverá se enquadrar em um padrão preexistente, comum aos outros lojistas. Em alguns casos poderá ter um domínio (endereço na *web*) independente e também ser acessado apenas pelo portal do *shopping*. Em outros casos, não há essa possibilidade – a loja é acessada unicamente pelo endereço do *shopping*.

Esse formato se aplica bem àqueles lojistas que ainda não sabem ao certo o que devem fazer e, por isso, não desejam investir uma soma maior em um desenvolvimento próprio, mas também para aqueles que desejam estar em vários pontos de contato com os clientes. Há vantagens e desvantagens. Algumas vantagens são o custo reduzido, a agilidade, a divulgação conjunta e a possibilidade de aprendizado. Entre as desvantagens estão a não customização, a dificuldade para gerir muitas categorias de produtos e a falta de controle sobre a política de divulgação do portal.

Lojas customizadas

As lojas customizadas, por sua vez, oferecem a possibilidade de um desenvolvimento mais adequado aos anseios do empresário e às estratégias por ele estabelecidas. Isso dependerá muito de quais são os objetivos dessa nova empreitada. Em geral, o investimento é maior, tanto no desenvolvimento como na manutenção do *site*. Após entrar em operação, no entanto, pode-se selecionar com quais fornecedores se deseja trabalhar, quais serão os meios de pagamento utilizados, os canais de atendimento, quantidade de produtos praticamente ilimitada, em quais portais ou redes sociais focar as ações de marketing e assim por diante.

O mais indicado é que o empresário faça uma etapa anterior de planejamento para definir melhor qual rumo tomar, e somente a partir de então buscar os parceiros e fornecedores adequados, por meio de indicações e de muitas pesquisas e, sempre que possível, deve frequentar cursos e seminários sobre o tema, como os realizados por entidades como as Associações Comerciais e Câmaras de Lojistas em cada cidade, Camara-e.net, Sebrae, entre outras, que visam apoiar empreendedores e empresários nessa busca por conhecimento, evitando eventuais fracassos.

Sites *de compras coletivas e clubes de compras*

Além dessas opções de formatos de lojas, há outra possibilidade, mais promocional, que pode ser utilizada também por empresas que estão fora da *web*, mas que, com isso, poderão sentir seu potencial. São os *sites* de compras coletivas, que têm feito grande sucesso na atualidade. Temos exemplos como o "Peixe Urbano", "Clube Urbano", "ClickOn", Urbanautas, Groupália entre muitos outros, nos quais o consumidor tem que se cadastrar para ter acesso a promoções com até 90% de desconto. Esse modelo de negócios oferece uma promoção por dia, com um desconto imbatível, e costuma vender em quantidade limitada. Sendo assim, o consumidor tem um tempo restrito para decidir pela compra. Esse modelo tem sido muito mais utilizado para venda de serviços, pois não envolve uma logística complexa de entrega de produtos, e sim a impressão de *vouchers* para a utilização do desconto no local indicado. São restaurantes, salões de beleza, entre diversas outras opções à disposição dos clientes. Muitas empresas estão percebendo o poder da *web* apenas por utilizar esse tipo de promoção. Há, ainda, *sites* que centralizam as ofertas de todos os *sites* de compras coletivas, como, por exemplo, o "Saveme".

Essa modalidade cresceu tanto que em menos de um ano o mercado passou a ter mais de 1.200 *sites* desse tipo, chegando a uma saturação com tantas promoções similares e levando a uma revisão do setor, que aposta cada vez mais em segmentação. Por isso a tendência é que passemos a receber ofertas de determinados *sites* focadas em alguns setores, como é o exemplo do *site* ViajarBarato, focado no setor de turismo, bem como *sites* focados em estética, em gastronomia, e assim por diante.

Fonte: Disponível em: <www.clickon.com.br>. Acesso em: 25 set. 2011.
Figura 2.8 *Exemplo de* site *de compras coletivas.*

Outro formato que ganhou terreno e caiu no gosto dos brasileiros são os clubes exclusivos de compras, onde o consumidor deve ser convidado por outro integrante para se cadastrar e ter acesso a diversos produtos de grifes com até 90% de desconto. Entre os exemplos podemos citar o "Privália", o "Superexclusivo", o "Brandsclub" e o "Coquelux", cada um deles com milhares de participantes que lutam e esperam ansiosamente por ofertas apresentadas em quantidades limitadas. Veja alguns deles nas imagens a seguir.

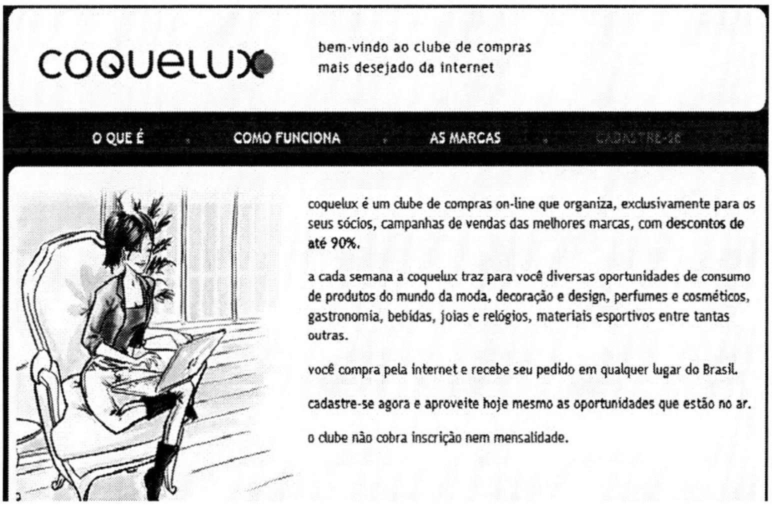

Fonte: Disponível em: <www.coquelux.com.br>. Acesso em: 25 set. 2011.
Figura 2.9 Site *do Clube de compras Coquelux.*

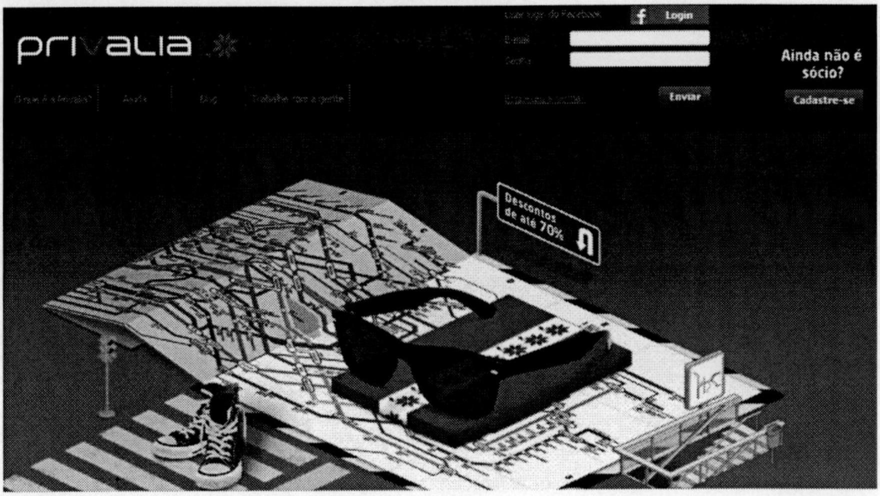

Fonte: Disponível em: <br.privalia.com/public>. Acesso em: 25 set. 2011.
Figura 2.10 Site *do Clube de compras Privália.*

2.8 *E-commerce* em operações B2B, franquias e atacados

Uma dúvida frequente dos empreendedores é saber qual o melhor formato de *e-commerce* quando se trata de franquias, de operações atacadistas e do mercado B2B (*business to business*), para que não haja conflitos. No caso das franquias, em geral, a intenção de iniciar uma operação de *e-commerce* parte do franqueador, mas o dilema em questão é que isso pode ser visto como mais um "concorrente" pelos seus franqueados. No caso dos atacadistas, o questionamento é outro, pois se trata do seu interesse em iniciar vendas diretas ao consumidor, o que obviamente seria visto como um atravessamento por parte dos seus clientes, os varejistas. E quando de trata de vendas B2B, em que uma indústria, por exemplo, deseja vender diretamente aos pequenos varejistas, sem ter que passar pelos atacadistas, mais uma vez se estabelece um conflito potencial.

São todos chamados de conflitos de canal, pois o risco que existe é de haver uma ruptura na cadeia de distribuição já estabelecida. Ainda não há respostas conclusivas sobre como proceder em todos esses casos, mas já são praticadas iniciativas no sentido de não "agredir" o parceiro do canal. Uma solução, por exemplo, tem sido o repasse de um comissionamento para o membro do canal que seria, supostamente, "prejudicado" por essa nova operação. O valor a ser empregado nesses casos, por sua vez, tem uma complexidade que está relacionada à questão da delimitação de território ou da área de influência da loja.

Porém é fundamental encontrar uma solução, pois acima de quaisquer disputas deve estar o consumidor. E este é cada vez mais multicanal, ou seja, ele deseja cada vez mais opções onde possa consumir com maior comodidade.

Uma pesquisa que demonstra essa realidade foi feita pelo Instituto iProspect, em julho de 2010, nos EUA, sobre o processo de compra de produtos eletrônicos e computadores, em que o consumidor leva, na sua grande maioria, de uma a quatro semanas para definir sua compra. Antes disso ele visita o *site* do varejista, o *site* do fabricante, faz outras pesquisas e quer saber a opinião de outros internautas. Feito isso, no caso de computadores e produtos relacionados, 47% deles finalizam suas compras numa loja física; 29%, nos *websites* dos varejistas; e no caso de produtos eletrônicos 47% deles finalizam suas compras na loja física e 43% nos *websites* dos varejistas. A maioria deles alega que não teria adquirido aquele produto se não tivesse realizado essas etapas anteriores de pesquisas com o apoio da *web*. E as razões apresentadas para usar a Internet nessa fase anterior são: facilidade de comparação de produtos, agilidade na pesquisa e conveniência.

É sempre bom lembrar que o consumidor ora deseja comprar na loja física, ora deseja praticidade para solucionar um problema, o que é atendido pelo comércio eletrônico; e se nesse momento não encontrar a loja em que está habituado a comprar, poderá fazer uma troca por outra que o atenda e, com isso, a loja original corre sérios riscos de perder não apenas uma venda, mas sim um cliente e suas futuras compras. Deve-se, então, avaliar quais são os investimentos adicionais necessários para solucionar esses conflitos de canais ou ter o custo, muito maior, de perder um cliente.

2.9 Casos de sucesso

Em menos de duas décadas o comércio eletrônico cresceu e se fortaleceu, passando a ser visto pelos consumidores como uma forma cômoda, prática e segura de escolher e adquirir bens e serviços através de um simples *click* no *mouse*. Por outro lado também conquistou grande número de empresas dispostas a investir nesse canal de negócios.

Hoje existem muitos exemplos, no mundo todo e no Brasil, de companhias que surgiram e se mantiveram unicamente no ambiente digital e tantas outras que já tinham atuação consolidada no mundo físico e que apostaram na loja virtual para oferecer a seus clientes mais um canal de compras e também de informação e de interação. A seguir, analisamos algumas dessas companhias – como surgiram, quais estratégias empregaram e quais os resultados obtidos.

Grandes players *internacionais*

Amazon.com – Um dos mais famosos casos do *e-commerce* internacional, sem dúvida, é o da Amazon.com, criada nos EUA por Jeff Bezos em 1994. Naquela época, muita gente duvidava que o comércio pela Internet pudesse ser rentável. Tudo começou a partir de um estudo sobre o hábito de compras dos norte-americanos. Jeff concluiu que os livros figuravam como o segundo item mais comprado pelos consumidores, mas que, curiosamente, não eram vendidos pelo correio porque não havia como enviar catálogos que abrangessem os mais variados interesses das pessoas. Um catálogo desses seria tão pesado que tornaria inviável seu envio pelo correio. Assim, ele teve a ideia de comercializar esses produtos pela Internet, considerando que, além de não haver limitação de peso ou tamanho no ambiente digital, o catálogo de livros também poderia ficar disponível para os possíveis compradores 24 horas por dia. E foi assim que começou a maior empresa de *e-commerce* do mundo. A Amazon é um exemplo de varejo puramente virtual.

Disposto a apostar no novo negócio, Jeff abandonou seu emprego em uma famosa empresa de Wall Street, mudou-se para Seattle junto com a esposa, levantou capital de US$ 1 milhão entre amigos e investidores, e um ano depois, em julho de 1995, lançou sua loja virtual com um milhão de títulos. Sem contar com recursos para publicidade ou assessoria de imprensa, ele optou pelo boca a boca para divulgar a Amazon.com. Para isso, convidou 300 pessoas entre amigos e conhecidos para testar o novo *site* e pediu para que eles o indicassem a outros possíveis interessados. A estratégia funcionou e em apenas 30 dias a loja virtual enviou encomendas para 50 estados americanos e 45 países. Apesar do sucesso de público, o negócio só obteve lucro quase 10 anos depois do início de suas atividades, quando a loja virtual passou a vender também DVDs, CDs, brinquedos, entre outros produtos. Hoje a Amazon.com comercializa mais de 20 milhões de produtos para mais de 160 países, contando com cerca de 50 milhões de clientes. O faturamento anual é da ordem de US$ 15 bilhões, a empresa dispõe de mais de 20 centros de distribuição espalhados pelo mundo e emprega diretamente 13,9 mil funcionários. Uma das principais estratégias que fizeram o sucesso da Amazon foi o uso inteligente dos dados capturados dos clientes e visitantes do *site* para fazer recomendações de produtos de acordo com o perfil de cada um.

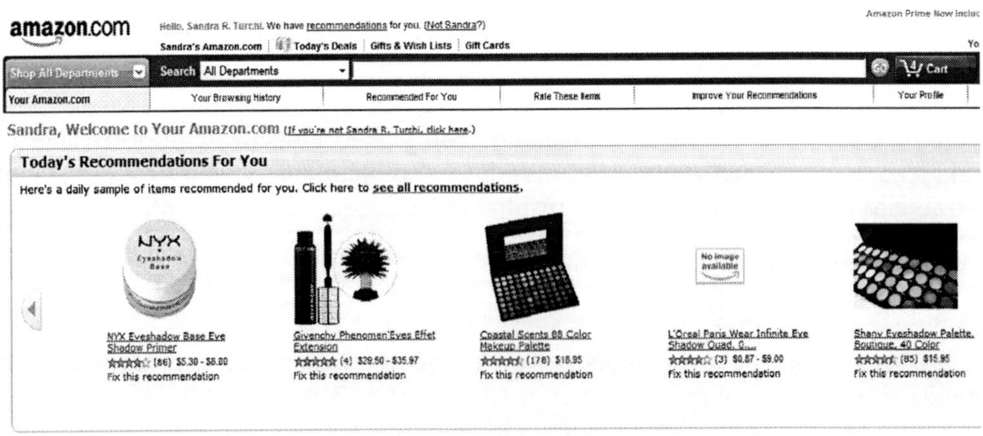

Fonte: Disponível em: <www.amazon.com>. Acesso em: 23 mar. 2011.
Figura 2.11 Site *da Amazon.*

Zappos.com – Outro exemplo de sucesso é o da Zappos.com, originalmente focada na venda de calçados, criada em 1999 por Tony Hsieh, um jovem descendente de chineses e um dos mais brilhantes e criativos empreendedores dos Estados Unidos, que graças à sua forma inovadora de lidar com os consumidores, primando pelo bom atendimento, e por oferecer sapatos de tamanhos e formatos difíceis de encontrar no varejo tradicional, cresceu de forma vertiginosa em pouco tempo. A implantação de práticas de gestão e de liderança pouco usuais também foram outros fatores que contribuíram para atrair novos consumidores e consolidar a imagem de excelência no atendimento aos clientes. Uma das estratégias, por exemplo, foi a de não cobrar pelo frete na ida e na volta, ou seja, quando o comprador não gosta do produto adquirido, pode devolvê-lo sem custo e em até 365 dias.

Um dos canais mais usados para conversar com os clientes é o telefone e os funcionários não têm roteiro para seguir, prática que é comum em qualquer *call center*, inclusive nos EUA. Certa vez, uma ligação chegou a durar quatro horas para ajudar um consumidor que tinha problema de sensibilidade nos pés a escolher um tênis ideal. A opção da empresa em ser transparente e tocar o seu negócio baseada em valores, e não apenas em dinheiro e lucro, funcionou muito bem. A política de contratação de pessoas também fugiu a qualquer padrão, uma vez que o objetivo principal não se baseou na escolha de candidatos capazes tecnicamente, mas sim daqueles que tivessem maior chance de se adaptar aos valores da empresa. Outro canal de comunicação usado pela Zappos com clientes e funcionários é o Twitter, que é a forma que a empresa encontrou não para fazer promoções, mas sim para criar relacionamentos e conexões pessoais, o que demonstra que entendeu e aplicou os princípios que regem as redes sociais.

Para divulgação, a empresa escolheu trabalhar apenas com *links* patrocinados e de inteligência de busca, investindo numa comunicação mais voltada à sua base de clientes. A empresa também apostou em ações locais e pontuais, como, por exemplo, o patrocínio da Maratona e do Campeonato Estudantil Nacional de Basquete em Las Vegas. Mais de 12 milhões de americanos já adquiriram algum item no *site*. Em dia normal, 75% das vendas são para consumidores que já fizeram alguma compra anterior. A empresa conta com um centro de distribuição com capacidade para mais de quatro milhões de produtos, de mil marcas diferentes. Em 2009 a Zappos, que já incluía em seu catálogo outros produtos como roupas e acessórios, foi adquirida pela Amazon, por US$ 1,2 bilhão em ações. Nenhum dos 1.600 empregados foi demitido e os executivos permaneceram em seus cargos, incluindo o CEO, Hsieh. A Zappos figura também como um exemplo de varejo puramente virtual.

Fonte: Disponível em: <www.zapps.com>. Acesso em: 23 mar. 2011.
Figura 2.12 Site *da Zappos.*

Macys.com – É um exemplo de varejo virtual com origem no varejo físico. A mais tradicional loja de departamentos norte-americana que vende roupas, artigos domésticos, acessórios e cosméticos sofisticados foi fundada na cidade de Nova York em 1858 por Rowland Hussey Macy, um ex-baleiro. Batizada com o nome de R.H. Macy and Company, a empresa sempre se caracterizou por apostar na inovação.

Foi a primeira loja a ter uma mulher, Margaret Getchell, ocupando um cargo executivo; a primeira a vender itens com o mesmo preço para todos os consumidores e a anunciar preços específicos para alguns produtos no jornal; a primeira loja do segmento a conseguir licença para vender licores e bebidas na cidade de Nova York; e a primeira a introduzir toalhas de banho coloridas, entre outras novidades.

A empresa começou na época em que nem sequer havia eletricidade no mundo e cresceu muito durante os últimos 151 anos até se transformar no conglomerado atual de 810 lojas Macy's e 40 lojas Bloomingdale's, contando também com uma presença significativa na Internet.

A loja virtual passou a operar em 1996. Seu maior desafio foi integrar, da melhor maneira possível, as operações *off-line* da Macy's com as operações *online* naquilo que foi batizado de Macy's 3.0, estratégia que tem como objetivo oferecer uma experiência de compras extremamente dinâmica para o cliente. A Internet é considerada tanto como um canal de marketing quanto como uma ferramenta de vendas.

Além de comprar produtos pela *web*, os clientes podem usar a loja virtual da Macy's para localizar informações sobre as lojas físicas, horário de funcionamento, pagar contas e acessar o catálogo de produtos. Confiando na habilidade da *web* em direcionar negócios para as lojas físicas, a empresa investiu mais de US$ 300 milhões na operação eletrônica, incluindo centros de distribuição, tecnologia e pessoas.

Há, por exemplo, funcionalidades como "Encontre na Loja", e "Encontre e Envie", por meio das quais os funcionários das lojas podem localizar produtos para os clientes e enviá-los pelo correio gratuitamente. A Macy's é hoje um dos melhores exemplos de operação multicanal do varejo, conforme apresentado na NRF (National Retail Federation – Feira de Varejo que ocorre anualmente nos EUA e já está em sua 100ª edição).

A empresa também optou por utilizar o Twitter e o Facebook nas suas operações de *e-commerce*. Apenas no Facebook conquistou 75 mil fãs após 60 dias do lançamento da comunidade. A Macy's também tem planos para o *e-commerce* via celular e pretende lançar em breve um robusto e sofisticado aplicativo para *iPhone*.

O uso da *web* como ferramenta de marketing foi evidenciado em duas campanhas recentes que a Macy's colocou no ar: o Macy's Make Over America, uma parceria com Clinton Kelly do "What Not to Wear", pelo qual foram escolhidas 15 mulheres em 15 cidades para fazer um *makeover*. Mais de 30 mil mulheres se cadastraram e a empresa publicou na *web* os *makeovers* que aconteceram, além de lançar um *blog* sobre estilos e transmitir ao vivo vídeos dos *shows* que aconteceram em todas as cidades.

Na segunda campanha (em 2009), enquanto mais de cinco milhões de pessoas assistiram ao tradicional desfile organizado pela Macy's no dia de Ação de Graças nas ruas de Nova York, mais de 800.000 pessoas visitaram o *web site* do evento, que ofereceu informações, jogos e a possibilidade de fazer *upload* das imagens que foram capturadas durante o evento. Naquele ano a empresa faturou US$ 23,4 bilhões e respondeu por 161.000 empregos diretos.

Fonte: Disponível em: <www1.macys.com>. Acesso em: 25 set. 2011.

Figura 2.13 Site *da Macy's*.

É recomendável conhecer também outros grandes exemplos, como o das lojas norte-americanas Target, Toy'R'us e Babies'R'us, Best Buy e de lojas europeias como Tesco, ou japonesas como a Uniqlo, entre tantos outros *cases* de ótima utilização do canal digital para venda e promoção de produtos

Grandes casos brasileiros

Grupo B2W – Criado em novembro de 2006, com sede no Rio de Janeiro e faturamento da ordem de R$ 5,6 bilhões (em 2009), a Business to World ou apenas 'B2W', como costuma ser chamada (http://www.b2winc.com), é atualmente a maior empresa de *e-commerce* do setor varejista da América Latina, resultante da fusão entre a Americanas.com, Submarino.com e Shoptime, além das subsidiárias Ingresso.com, B2W Viagens e Submarino Finance, incluindo ainda o controle das operações da Blockbuster no Brasil. Essa união de empresas possibilitou a criação de um grupo de varejo com atuação por meio de diversos canais de distribuição, tais como: televendas, televisão, catálogos, quiosques e Internet.

O modelo de negócio adotado possibilitou ao grupo obter vantagens de custos em relação aos varejistas tradicionais, uma vez que passaram a atender a uma base de clientes dispersa, operando de um único local e usando tecnologia de forma intensiva. Em relação a outras empresas brasileiras de varejo *online*, a escala da B2W permite maiores investimentos em infraestrutura de logística e em outras tecnologias que são utilizadas no comércio eletrônico, refletindo-se em vantagens nos custos operacionais.

O grupo caracteriza-se por oferecer a mais extensa variedade de produtos, composta de mais de 700.000 itens, em mais de 30 categorias, incluindo livros, CDs, DVDs, eletrônicos, computadores, *hardwares*, câmeras e telefones celulares. São oferecidos, ainda, serviços *online* adicionais, incluindo viagens, ingressos para entretenimento e revelação de fotos digitais.

Entre as prioridades estratégicas da B2W incluem-se o uso das sinergias advindas da fusão entre Americanas.com e Submarino; comercialização de novos produtos e serviços e oportunidades de vendas cruzadas entre as marcas e os benefícios naturais oriundos do aumento de escala, preservando a agressividade comercial e qualidade de atendimento. A receita anual por cliente ativo tem aumentado de maneira expressiva no decorrer dos últimos anos, tendo como principais motivadores uma ampliação do sortimento e a concentração de vendas em produtos com maior valor unitário.

Existe um grande potencial ainda de crescimento significativo da frequência de compras através da criação de oportunidades para estímulo mediante a utilização de *data mining* em *e-mails* promocionais e páginas personalizadas. Da mesma forma, as iniciativas de financiamento ao consumidor contribuem para fidelizar, aumentar o poder de consumo dos clientes, além de gerar receitas financeiras.

A margem de lucro bruto tem obtido incrementos de maneira consistente nos últimos anos, como resultado do aumento de escala e consequente melhoria do poder de barganha com fornecedores. As despesas de vendas, gerais e administrativas foram igualmente beneficiadas pelo aumento de escala.

Fonte: Disponível em: <www.americanas.com.br>. Acesso em: 25 set. 2011.
Figura 2.14 Site *da Americanas.com do grupo B2W.*

Casas Bahia – A Casas Bahia, uma das mais tradicionais redes de venda de eletroeletrônicos, eletrodomésticos e móveis e líder nacional nesses segmentos, também acabou se rendendo aos encantos do *e-commerce*. A empresa estreou no ambiente digital em fevereiro de 2009, com a expectativa de que em seu primeiro ano de atuação a loja virtual correspondesse a 2% do faturamento da rede, que em valores representava R$ 280 milhões.

O projeto inteligente procurou unir o melhor dos dois mundos, na medida em que usou sua operação física para alavancar a loja virtual, oferecendo as mesmas ofertas e produtos a preços mais vantajosos, além de disponibilizar, via youTube (*site* que hospeda vídeos gratuitamente), uma série de vídeos explicativos sobre as funcionalidades das mercadorias, bem como sobre como funciona o processo de compras.

Para bem atender sua clientela, formada basicamente pelas classes C, D e E, a empresa treinou operadores para que, por meio de *chat*, pudessem auxiliar os internautas sobre o funcionamento do *site* e sobre operações de compra, explicações que também são dadas por telefone. O interessante é que a operação *online* não conflita com a física. Ao contrário, ambas são complementares. E é na retaguarda que essa complementaridade se torna visível, por meio da unificação da gestão de estoques e das metas de vendas por produto, por categoria e por região – informações que são consolidadas no *mainframe* da rede.

Também é dada para o cliente a opção de comprar no *site* e retirar o produto na loja física mais próxima à sua casa, reforçando a ideia de que a loja virtual é, de fato, uma extensão da loja física. Isso está de acordo como modelo de multicanalidade, apresentado neste livro.

Fonte: Disponível em: <www.casasbahia.com.br>. Acesso em: 25 set. 2011.

Figura 2.15 Site *da Casas Bahia.*

Com a fusão da Casas Bahia com a rede Pão de Açúcar, em dezembro de 2009, foi criada uma nova empresa de comércio eletrônico, batizada de Nova PontoCom, reunindo todas as atividades de *e-commerce* dos dois grupos, com faturamento de R$ 2 bilhões em 2010. Pela negociação, a Casas Bahia passou a ter 23,5% do capital da nova companhia, que reúne ainda as operações de *e-commerce* do Pão de Açúcar: *Ponto Frio.com, Extra.com, Ponto Frio Atacado* e *Casas Bahia.com.*

Aumentar a presença no segmento de *e-commerce* foi um dos fatores que motivou a realização do negócio. Como benefícios da sinergia, foram integradas as operações de comércio eletrônico, tecnologia da informação e logística.

BuscaPé – Criado em 1998 pelos universitários Romero Rodrigues, Rodrigo Borges e Ronaldo Takahashi, que cursavam engenharia elétrica na POLI-USP, o BuscaPé, tornou-se a maior ferramenta da América Latina para ajudar o consumidor a fazer a melhor compra de um produto ou serviço através de rápida comparação entre preços, lojas, serviços e produtos. Sua utilização é gratuita e o internauta não perde tempo entrando e saindo de lojas (físicas ou na Internet) para procurar informações.

Estas são fornecidas pelo *site*, que reúne, em apenas uma página da *web*, todas as lojas de comércio eletrônico mais importantes, exibindo os preços, facilidades de pagamento, endereço e contato das lojas, filtros de busca etc., para que o usuário busque e pesquise o menor preço. É um serviço onde os usuários podem avaliar produtos e empresas, assistir a vídeos demonstrativos de produtos, receber alertas de preços mais baixos por *e-mail* ou celular, receber *newsletters* informativas de promoções, ler fichas técnicas de produtos e ainda permite a comparação de produtos lado a lado, para que, na hora da decisão da compra, o cliente obtenha um resultado satisfatório.

Pioneiro nesse tipo de negócio, o BuscaPé caracterizou-se por renovar continuamente as ferramentas de interação com os usuários, para garantir que a informação fosse 100% segura. Tudo isso foi possível graças ao *software* desenvolvido pelos criadores da empresa, que percorre produtos e preços das lojas e traz todas as informações para o banco de dados. A receita da empresa é gerada pela quantidade de cliques em produtos e pela conversão feita após o clique do consumidor na loja ou então pela publicidade do *site* que viabiliza o serviço ao consumidor (ações de *branding*, *banners* em *sites* afiliados, *banners* de promoções em canais como os grandes portais de informação).

A idealização do BuscaPé começou quando Rodrigo, um dos sócios, queria comprar uma impressora e após fazer uma busca na Internet constatou que todos os *sites* traziam muita informação, mas em nenhum constava o preço dos produtos. Assim os amigos tiveram a ideia de desenvolver um *site* que ajudasse a responder as questões típicas de decisão de compra. O pai de Romero, por ser também um empreendedor, incentivou o negócio ao presentear o filho com um computador de última geração. Um ano depois (1999), com investimentos mensais médios de R$ 300,00, o *site* entrou no ar com 35 lojas cadastradas e 30 mil produtos disponíveis, que 10 anos depois passaram para 600 mil lojas cadastradas e 11,7 milhões de ofertas disponíveis, atendendo a 62 milhões de usuários por mês.

Em 2000 houve uma associação com o fundo americano Merrill Lynch, do qual receberam aporte de US$ 3 milhões e permaneceram sócios até 2005. Naquele ano, entrou outro acionista, o Great Hill Partners, que realizou um novo aporte de capital. Anos depois o BuscaPé fundiu-se ao seu maior concorrente, o Bondfaro, do carioca Rodrigo Guarino, e criou novas marcas, entre as quais a Pagamento Digital, plataforma para intermediar compras *online*. Em 2009 o BuscaPé foi vendido por US$ 342 milhões para o grupo Sul-Africano Naspers.

Em 2010, a empresa adquiriu o ZipMe – criado por Guilherme Wroclawski e Heitor Chaves, dois jovens publicitários que continuam detentores de 25% da empresa –, que é um agregador de ofertas de *sites* de vendas coletivas, como Peixe Urbano, Clickon, Citybest, entre outros. O produto, agora com destaque na *home* do BuscaPé, passou a ser chamado de SaveMe e vai seguir na mesma linha de negócios de centralizar todas as ofertas em um só lugar, com venda de anúncios por CPC (Custo por Clique) e CPA (Custo por Aquisição).

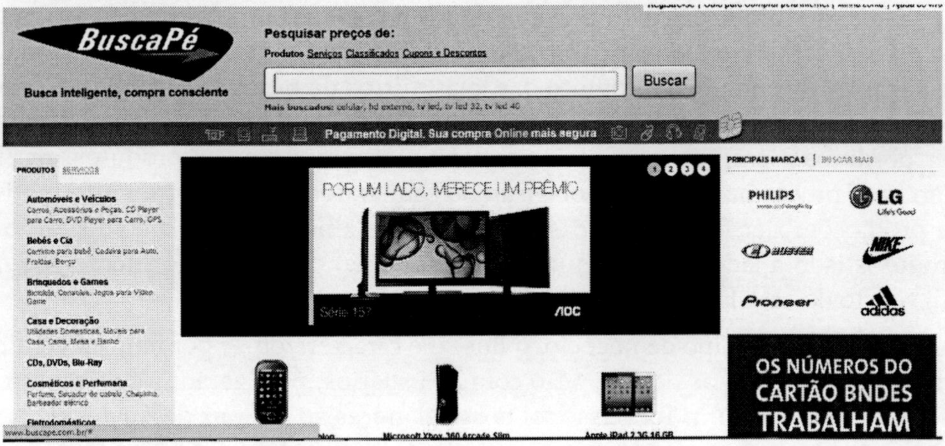

Fonte: Disponível em: <www.buscape.com.br>. Acesso em: 25 set. 2011.
Figura 2.16 Site *do Buscapé*.

Flores Online – Criada em 1998, em menos de 10 anos a empresa tornou-se líder de vendas no segmento de flores e presentes pela Internet. Atualmente são oferecidos mais de 400 arranjos florais para todos os tipos de ocasião e mais de 150 itens que podem ser adicionados, resultando em uma infinidade de possibilidades para presentear. Da sua sede em São Paulo, a empresa realiza entregas de qualquer pedido, em qualquer cidade do Brasil, em no máximo dois dias. Os produtos se caracterizam pelo *design* e estilo diferenciado e alto padrão de qualidade.

A loja Flores Online não trabalha com floriculturas conveniadas, como ocorre com a maioria das suas concorrentes. Todos os pedidos são montados e enviados do galpão próprio da empresa, em São Paulo, assegurando, assim, seu diferencial. Sua equipe foi treinada para atender às necessidades dos clientes, sem burocracia e sem se valer de respostas automáticas. Pioneira nesse segmento, também inovou por entregar em todo o Brasil com data marcada, confirmação de entrega via celular, envio de foto com o arranjo, carrinho de pedidos com possibilidade de atender a vários destinatários diferentes dentro de uma só fatura, possibilidade de o cliente montar sua própria cesta, soluções corporativas para empresas e muitos outros produtos e serviços que passaram a ser rapidamente copiados pela concorrência.

Os pedidos também podem ser feitos por telefone e, para as entregas na Grande São Paulo, ainda é possível optar por receber uma mensagem SMS, sem custo adicional, avisando em tempo real o horário da entrega e o nome da pessoa que recebeu o presente. Outro serviço inovador, oferecido pelo *site* Flores Online, é a possibilidade de envio de uma foto junto com o presente. Para isso, o cliente deve enviar uma foto digital que será impressa em uma impressora profissional e entregue junto com o pedido. Doze anos após sua fundação a empresa respondia por 100 empregos diretos e faturamento anual da ordem de R$ 15 milhões, recebendo uma média de 600 visitantes únicos por mês.

Fonte: Disponível em: <www.floresonline.com>. Acesso em: 14 fev. 2011.

Figura 2.17 Site *Flores Online*.

Sack's – Com mais de 25 anos de atuação no mercado de perfumes e cosméticos, a Sack's iniciou suas operações de *e-commerce* em outubro de 2000, quando seus fundadores, Carlos André Montenegro e Marcelo Franco, então jovens empreendedores com apenas 22 anos, pediram aos seus pais um empréstimo de R$ 100 mil para lançar a primeira versão do *site* (www.sacks.com.br). No início, a loja virtual funcionou de forma quase amadora. Era o próprio Montenegro quem retirava os produtos e os levava até os Correios. Não demorou muito para a operação *online* da empresa se tornar mais profissional e se destacar pela excelência na prestação de serviços com entrega rápida e garantida dos produtos.

O sucesso foi tanto que em 2003 as lojas físicas deixaram de existir, em virtude também da forte concorrência no mercado. Nos anos seguintes a Sack's aumentou a oferta de produtos, passou a oferecer mais opções de marcas, boa parte delas consagradas e posicionadas no mercado de luxo. Hoje são mais de 10.000 itens em estoque, entre perfumes, maquiagem, artigos para higiene e beleza, entre outros. O diferencial é a alta qualidade dos produtos oferecidos aos clientes, todos garantidos oficialmente pelas empresas distribuidoras das marcas: Yves Saint Laurent, Prestige, L'Oréal, Bourjois, Sisley, Lancôme, Biotherm, Giorgio Armani, Ralph Lauren, Cacharel, Christian Dior e Givenchy.

Em julho de 2010, o LVMH, poderoso conglomerado francês de marcas de luxo, adquiriu 70% das ações da empresa e assumiu o controle da SACK'S. Em 2009 a empresa faturou algo próximo a R$ 100 milhões, respondeu por 700 empregos diretos e contabilizou cerca de 830 mil clientes cadastrados.

Fonte: <www.sacks.com.br>. Acesso em: 25 set. 2011.

Figura 2.18 Site *da Sack's*.

Netshoes – Outro exemplo é o da Netshoes, empresa voltada à comercialização de artigos esportivos, cuja marca, até pouco tempo, era desconhecida, mas que vem despontando pelos bons resultados obtidos e pelas boas práticas no uso de Estratégias de Marketing Digital. A empresa contava em 2010 com 550 funcionários e atua no mercado há dez anos, tendo surgido inicialmente no mundo físico, com lojas em São Paulo. Opera atualmente apenas no ambiente *online*, tendo optado por encerrar suas operações nas lojas físicas. Hoje é uma das maiores anunciantes da *web*. Trata-se, na verdade, de um varejo de nicho, com foco em artigos esportivos.

Uma das suas ações que merece destaque refere-se à realização de pesquisas com clientes, as quais são feitas após três semanas da aquisição de algum item. O objetivo é identificar o índice de satisfação com o produto. Com essa prática, a Netshoes obteve 52 mil avaliações que se tornaram recomendações de clientes para outros clientes. Sabendo-se que mais de 80% das pessoas pesquisam na *web* antes de adquirir um produto, torna-se imprescindível estimular essa interação, visto que nesse caso 40% das compras são influenciadas por indicações de outros usuários.

Outra estratégia bastante interessante foi a gestão dos *sites* de diversos times de futebol e das suas vendas de artigos esportivos com suas respectivas marcas. Todo o processo de acompanhamento se baseia no uso inteligente dos dados, bem como realização de métricas, tanto pelo lado da agência de propaganda que os atende, como por parte da equipe interna, o que demonstra outro ponto crucial para o sucesso: a gestão sendo feita a quatro mãos. Com isso é possível avaliar os investimentos e os retornos em marca e divulgação.

A Netshoes também faz uso de *e-mail* marketing, com ações segmentadas por perfil. Um exemplo desse uso é a verificação do gênero dos consumidores, a quais torcidas pertencem, há quanto tempo esse cliente interagiu pela última vez, entre outros parâmetros. Essas averiguações contribuem para melhorar a *performance* técnica e evitam que as mensagens sejam consideradas como Spams. Além disso, o cuidado com o uso dos dados evita riscos como de enviar uma promoção de camisetas de time para torcedores de outro, por exemplo.

Recentemente a Netshoes optou por investir na construção e fortalecimento da sua marca também fora do mundo *online*, utilizando, entre outras ações, patrocínio de time de futebol em São Paulo, bem como filmes na TV. Dentre as estratégias de marketing digital utilizadas ressalta-se o SEO – "Search Engine Optmization" – para implantação de técnicas voltadas a melhorar o posicionamento do *site* da empresa em buscadores, fazendo com que se eleve seu "Pagerank" e posicionando o *site* na primeira página dos resultados da busca, além de utilizar paralelamente *links* patrocinados nesses mesmos *sites*. Essa estratégia é recomendável, pois ao mesmo tempo em que há maior exposição na busca orgânica, simultaneamente, empregam-se os *links* patrocinados para as promoções com prazos limitados.

Mais um exemplo de boas práticas foi a disponibilização de meios de contato ao cliente, como *chat* e *call center*, visto que as pessoas se sentem profundamente insatisfeitas quando não obtêm respostas das empresas que estão contatando. Além disso, a Netshoes monitora continuamente sua marca nas redes sociais. Segundo a empresa, o uso do Twitter não influiu no sucesso de vendas, mas foi um caminho interessante de relacionamento empresa-cliente, principalmente em tempos de crescimento do poder do consumidor.

Fonte: Disponível em: <www.netshoes.com.br>. Acesso em: 25 set. 2011.

Figura 2.19 Site *da Netshoes*.

Obviamente não temos como esgotar aqui a lista de grandes casos nacionais. Há outros exemplos que valem a pena conhecer, como o da Livraria Saraiva e Livraria Cultura, Giuliana Flores, Máquina de Vendas (originada pela união das redes de eletroeletrônicos Insinuante e Ricardo Eletro), bem como o da rede Magazine Luiza. E no setor de vestuário, a Lojas Marisa, Renner, Riachuelo, entre outros.

2.10 Casos de PMEs (Pequenas e Médias Empresas)

Segundo pesquisa da Federação do Comércio de Bens, Serviços e Turismo do Estado de São Paulo (Fecomércio), feita em parceria com a empresa *e-bit*, o comércio eletrônico faturou quase R$ 15 bilhões no Brasil somente no período de janeiro a julho de 2010, correspondendo a um crescimento de 41,2% em comparação ao mesmo período do ano anterior. Esse faturamento superou o total de vendas dos *shoppings centers* da Grande São Paulo, estimado em R$ 7,2 bilhões no período.

Apenas na região metropolitana de São Paulo, segundo a pesquisa, o *e-commerce* movimentou R$ 1,25 bilhão nos meses de janeiro a julho de 2010, representando alta de 29,3% perante igual período de 2009. A perspectiva é que em 2012 as vendas desse segmento superem as das lojas de departamentos e de móveis e decoração.

As pequenas empresas também estão começando a apostar no ambiente virtual e a obter bons resultados com as iniciativas. Vamos analisar algumas delas a seguir, de acordo com cada setor.

Atacado – Alimentos

A ***Casa Berti*** (Comercial de Alimentos e Bebidas) é uma empresa do setor atacadista de pequeno porte que iniciou suas atividades no varejo tradicional em 1976 como um pequeno empório, em um bairro da Vila Formosa, em São Paulo (www.casaberti.com.br). Nos anos 1980 tornou-se um ponto de encontro das pessoas que saíam do trabalho e que queriam se reunir ao final do dia para um *happy hour*. Em 1990, em decorrência da crise na economia e da falta constante de produtos nos mercados, principalmente de cerveja, a direção da empresa decidiu ampliar o negócio, alugar um salão e começar a armazenar bebidas para atender a clientela. Dessa iniciativa surgiu uma necessidade de um lugar ainda maior.

Em 2000, com o crescimento da demanda, a empresa decidiu separar a distribuição de bebidas das vendas de varejo (balcão), surgindo assim a Distribuidora de Bebidas Berti Ltda., que passou a fornecer cachaça, vinho, champagne, espumante, rum, vodka, whisky e vários produtos, entre os quais antepastos, pães, azeites etc. Apesar de possuir mais de 30 anos de atuação no mercado, a empresa decidiu desenvolver seu *site* institucional apenas em 2007, juntamente com a sua loja virtual. Para isso contratou uma agência especializada, que a auxiliou no desenvolvimento da plataforma. Os trabalhos foram focados principalmente na construção do *site* e na intenção de ter mais um canal de divulgação da loja física.

A distribuidora tornou-se conhecida pelo marketing boca a boca. Pelo fato de a empresa ainda estar em expansão, não investiu grandes esforços para o desenvolvimento do *e-commerce*, que hoje é utilizado exclusivamente como vitrine de mercadorias. São mais de 2.000 rótulos somente de vinhos, todos disponíveis apenas na loja física. A loja virtual ainda representa muito pouco no faturamento da empresa, se for comparado ao volume total gerado pelas vendas na loja física. Um dos motivos alegados para o tímido investimento no *e-commerce* é a falta de tempo para implantação e realização do catálogo de produtos, uma vez que a loja não dispõe de mão de obra especializada para este tipo de trabalho e nem mesmo para acompanhamento. A percepção é de que alguns clientes consultam a Internet e preferem ir até a loja para fechar a compra e "ver o produto" pessoalmente. Em relação ao *site*, é o único canal de divulgação que a empresa possui, seguido pelo boca a boca da comunidade e dos clientes do entorno. A empresa também não utiliza redes sociais.

Esse caso é interessante, pois retrata a situação de grande parte das PME's, conforme constatado em pesquisa da ACSP (Associação Comercial de São Paulo), realizada em 2010, em que os empresários alegam exatamente essas mesmas dificuldades citadas nesse caso.

Tecnologia da Informação e Telecom

A ***Under IT*** (www.underit.com.br) é uma empresa que oferece soluções, manutenção e suporte técnico na área de TI e Telecomunicações. Possui um portfólio diversificado de produtos de informática e também presta serviços com caráter de consultoria na área de TI. A empresa conta ainda com o programa de parcerias intitulado "parceiros de negócios", que tem por objetivo disponibilizar um canal para parceiros comerciais credenciados na Under IT, seja para a intermediação ou mesmo indicação de negócios, utilizando-se da infraestrutura e do conhecimento da equipe interna de TI.

Desde o início de suas atividades, em 2006, a Under IT já contava com um *site* institucional. A loja virtual foi desenvolvida três anos depois, para atender as necessidades percebidas junto a seus clientes e *prospects*. Para a implantação desta plataforma de comércio virtual a empresa contou com a parceria de empresa especializada. Não houve dificuldade na implantação da loja virtual, mas o que exigiu maior esforço foram os testes e a disponibilização dos meios de pagamento.

Entre as vantagens percebidas com a implantação da virtual, destaca-se a abertura de novas possibilidades de ganho de participação no mercado. A empresa passou a ter uma atuação nacional e não mais local, além da questão da segurança, acessibilidade, praticidade e conforto na efetivação das compras para os clientes.

A loja virtual representa 20% de seu movimento total. As compras são realizadas através de pagamento *online*, garantindo maior segurança nas transações. Os meios de pagamento aceitos são cartões de crédito e boleto eletrônico. Não foram registrados problemas de fraudes e o ambiente tem indicação de *site* protegido. Além disso, todas as transações exigem que o cliente preencha uma ficha cadastral que é analisada e só então efetivada a venda. Após o preenchimento da ficha pelo cliente e de uma consulta feita pela Under IT às empresas de informações de crédito (como já citado anteriormente), é permitida a continuidade da compra. Escolhido o meio de pagamento e autorizado pela administradora, a venda é efetivada. Quanto à divulgação, a empresa utiliza como canais o próprio *site*, anúncios no Google e em revistas especializadas no segmento de informática, além de divulgar promoções no Twitter.

Prestação de Serviços

A ***FISCOSoft Editora*** (www.fiscosoft.com.br) completou 12 anos de atuação em 2010. Para manter seus clientes constantemente atualizados, a empresa criou um *site* institucional e loja virtual por meio dos quais eles também podem fazer consultas sobre gerenciamento de atividades tributárias, previdenciárias, trabalhistas, aduaneiras e empresariais. A empresa é de médio porte e conta com mais de 100 colaboradores, principalmente advogados e contadores. Seu público-alvo é caracterizado por profissionais que atuam nas áreas administrativa, controladoria, finanças, jurídica e recursos humanos e que necessitam de informações para orientação sobre legislação, arrecadação tributária, impostos etc.

A FiscoSoft possui uma carteira de 50 mil clientes, desde grandes corporações até empresas de consultoria e renomados escritórios de advocacia e contabilidade. Além desses clientes, existem também aproximadamente 400 mil usuários que buscam informações no *site* da empresa, entre eles estudantes, acadêmicos, profissionais liberais e profissionais que trabalham em órgãos públicos municipais, estaduais e federais.

Como um dos sócios da empresa possui formação na área de tecnologia, os produtos e serviços foram desenvolvidos para serem disponibilizados pela Internet. A loja virtual e o *site* da empresa foram desenvolvidos pela equipe interna de TI. Não houve barreiras, tanto culturais quanto tecnológicas, para o desenvolvimento e implantação do negócio, que conta com uma plataforma interna de gerenciamento. A atualização dos dois canais (*site* e loja virtual) é constante e tem como objetivo acompanhar as mudanças do mercado e disponibilizar aos clientes informações atualizadas em um curto espaço de tempo. A empresa atua em B2B e B2C, com abrangência nacional. Para ter acesso aos produtos e serviços os clientes precisam fazer uma assinatura e pagar anuidade. São oferecidas também publicações impressas, mas em número reduzido e que podem ser adquiridas pela loja virtual ou televendas. A empresa não possui loja física.

A administração do banco de dados e das informações que ficam disponíveis na loja virtual está a cargo da equipe de suporte e TI. Não existe a necessidade de uma estrutura de logística complexa, uma vez que o cliente faz a consulta no próprio *site* e, nos casos de produtos físicos, o envio é realizado pela própria empresa, o que garante o atendimento da demanda com qualidade. A principal vantagem percebida pela empresa quanto ao *e-commerce* refere-se à agilidade na oferta dos produtos para um público que está habituado a fazer consultas pela Internet para obter informações que o ajudem na tomada de decisão.

Os meios de pagamento utilizados são cartão de crédito e boleto bancário/eletrônico. Não foram registrados problemas com fraudes, uma vez que para se tornar assinante o usuário precisa preencher um cadastro e os dados passam por uma avaliação. As informações são verificadas junto aos órgãos responsáveis. Os canais utilizados para divulgação são o próprio *site* institucional, *e-mail* marketing e a participação ou patrocínio de feiras e eventos voltados ao público-alvo da empresa.

O marketing boca a boca, potencializado hoje pelo marketing digital, é também o grande aliado da empresa, pois o conhecimento e a satisfação passam de cliente a cliente, facilitando muito a prospecção de novos associados/usuários. A empresa também conta com uma assessoria de imprensa que colabora para divulgação dos produtos e promoção da marca, sensibilizando o público sobre os diferenciais que a empresa oferece. Outro canal é o Twitter, que vem sendo utilizado desde 2009 para informar as novidades da empresa ao público.

Comércio varejista/autopeças

A ***Tratorgama e Gama 4x4*** (www.tratorgama.com.br), fundada em 1986, especializou-se na produção artesanal de peças para os automóveis Jeep Willys/Rural e para tratores fabricados pelas CBT, Massey, Ford e Valmet. Portanto, pela sua atuação bastante específica, é mais um ótimo exemplo de mercado de nicho, como descrito anteriormente no Boxe sobre a teoria da Cauda Longa.

Além da fabricação das autopeças, outro objetivo da empresa é contribuir para manter os veículos *off-road* rodando e, para isso, costuma reunir praticantes e aficionados por essa modalidade esportiva em *rallys* e campeonatos do segmento, além de apoiar pequenas fábricas para que elas continuem produzindo peças para veículos antigos, preservar o meio ambiente e ajudar comunidades necessitadas.

No rol de peças e acessórios produzidos incluem-se rodas, capotas, pneus, *kits* de suspensão, bancos (dianteiros e traseiros), entre outros, que são comercializados na loja física da empresa tanto para o varejo como para o atacado. A Tratorgama também possui uma loja virtual desenvolvida em meados de 2006, para atender, principalmente, o público mais jovem.

Além do caráter institucional e de ser um dos canais utilizados para a divulgação de promoções e também de eventos ligados ao mundo *off-road*, o *site* colabora para aumentar o movimento da loja física, uma vez que as pessoas interessadas nesses produtos costumam realizar pesquisa em buscadores da Internet e, com isso, acabam sendo direcionadas para o *site* da empresa.

Em pouco tempo a loja virtual passou a ser um dos canais mais importantes de receitas da empresa, representando aproximadamente 30% do movimento total, tanto em volume, como no faturamento. Os outros 70% originam-se da loja física e de sua operação de televendas. A expectativa da empresa é de que até 2015 a loja virtual passe a responder por 70% ou 80% do seu faturamento.

Os produtos disponibilizados na loja virtual ainda são em menor quantidade se comparados aos disponíveis na loja física, em função do processo de codificação e da disponibilidade de estoque. Para a efetivação das compras são aceitos cartões de débito, crédito, cheque pré-datado e boleto eletrônico. No caso de cartões, é utilizada a criptografia para garantir a segurança das transações.

A abrangência é nacional e as entregas são feitas pela própria empresa na região de São Paulo e por terceiros nos demais estados. Por se tratarem de peças pesadas, o frete é feito por uma transportadora parceira da empresa e o valor é pago pelo cliente, incluso no fechamento da compra.

Além do canal de relacionamento no *site* institucional, a Tratorgama 4x4 utiliza como divulgação o serviço de *links* patrocinados no Google e também costuma fazer divulgações em *sites* como Yahoo, Cadê? e Youtube.

Fonte: Disponível em: <www.gama4x4.com.br>. Acesso em: 25 set. 2011.

Figura 2.20 Site *da Tratorgama.*

Comércio varejista / artigos para casa

PortCasa – Em 2008, o jovem empreendedor Natan Sztamfater criou uma loja física no bairro do Bom Retiro, em São Paulo, e, meses depois, lançou também a loja virtual, que acabou se tornando mais conhecida e apresentou melhores resultados para venda de produtos para o lar, como artigos para cama, mesa, banho, tapetes e artigos de decoração. No início, a loja física serviu para dar suporte, credibilidade e poder de compra junto aos fornecedores. E, aos poucos, foi deixando para a unidade virtual o lugar mais importante no negócio. Em pouco tempo a participação da loja virtual subiu de 5% para 60% do faturamento total.

Alguns fatores foram essenciais para esse crescimento, sendo o principal deles a concorrência, que na Internet não é tão acirrada nesse segmento. Mas antes de contabilizar cerca de 500 pedidos por dia e mais de 100 mil usuários cadastrados na loja *online*, dados de 2010, foi necessário corrigir alguns erros, como trocar a plataforma de *e-commerce*, uma vez que aquela que havia sido escolhida inicialmente não se mostrou condizente com o negócio. Outro erro foi não entender que se tratava, não de mais uma loja, mas sim de uma nova unidade de negócios.

Quanto ao marketing, a empresa começou trabalhando com agências de publicidade que não lhe deram a devida atenção por se tratar de um pequeno negócio, o que é muito comum. Insatisfeito com esse atendimento, o próprio empresário acabou criando a agência Cookie Web, outra unidade de negócios, voltada a prestar serviços de marketing digital para pequenas e médias empresas. O sucesso da PortCasa se deve a inúmeros fatores, entre os quais se incluem a estratégia de trabalhar em um nicho específico de mercado, foco na excelência do atendimento ao cliente e investimentos em logística, tecnologia e marketing.

Fonte: Disponível em: <www.portcasa.com.br>. Acesso em: 25 set. 2011.
Figura 2.21 Site *da PortCasa*.

Comércio varejista/armarinhos

A *Clickfios*, loja virtual de armarinhos (comercializa linhas, botões, tecidos etc.), surgiu a partir da necessidade de oferecer algo inovador aos clientes da loja física – a Artfios, instalada na cidade de São José dos Campos (interior de São Paulo) –, e aos demais interessados por esses produtos. Inicialmente foi criado um *site* puramente institucional, em que eram apresentadas informações sobre a empresa e também sobre alguns dos produtos que eram oferecidos na loja física. Com o tempo, os proprietários da empresa notaram que as pessoas que acessavam o *site* só o faziam uma vez e não voltavam mais, pois não havia atualização das informações e não era oferecido ao internauta nada que pudesse despertar seu interesse e atenção.

Com base nessa constatação, o *site* da Artfios foi totalmente reformulado e foram inseridos alguns produtos com fotos, descrição e preços praticados na loja física, o que serviu para criar certa expectativa nos clientes, levando-os a retornar ao *site* mais vezes. E foi assim que tudo começou. Após essa reformulação, a empresa passou a receber vários telefonemas e *e-mails* de clientes de todo o país que queriam realizar a compra por meio do *site*. No entanto, como os proprietários ainda não estavam preparados para vender pela Internet, a comercialização continuava sendo feita somente na loja física.

Em 2007, dispostos a inovar e a buscar novos negócios e oportunidades em todo o Brasil, os proprietários do negócio decidiram apostar no *e-commerce*. O primeiro passo nesse sentido foi estudar o assunto, o que lhes permitiu verificar que vender armarinhos pela Internet era muito mais complexo do que imaginavam, pois, além da grande variedade de produtos que esse segmento possui, cada item também apresenta uma enorme variedade de cores, entre outras características. Após muitas pesquisas sobre *e-commerce*, em 2008 foi criada a loja virtual, batizada de Clickfios.com, e os resultados obtidos superaram as expectativas. Em apenas dois anos de operação, a loja virtual conquistou grande carteira de clientes de todas as partes do país.

Além de ampliar a abrangência, o *e-commerce* propiciou outros negócios, como a venda de produtos para empresas, escolas, prefeituras, entre outros, dando maior visibilidade para a empresa, passando a ser também um canal de comunicação para contato com novos fornecedores. Isso significa que, apesar de pertencer ao setor varejista do tradicional ramo de armarinhos, o comércio eletrônico passou a ser uma ferramenta de suma importância e hoje os donos acreditam que é algo que deve fazer parte da vida de qualquer empresa, seja ela grande ou pequena.

Fonte: Disponível em: <www.clickfios.com.br>. Acesso em: 25 set. 2011.

Figura 2.22 *Loja de armarinhos Clickfios.*

2.11 *Social commerce*

As redes sociais contribuíram para dinamizar o *social commerce*, que, por definição, é o *e-commerce* envolvendo o relacionamento entre pessoas. Essa denominação foi usada pela primeira vez pelo Yahoo, no final de 2005, para descrever uma série de ferramentas para compras colaborativas e cotações de preços sobre produtos e serviços. Mas com o passar dos anos o conceito evoluiu para se referir também ao processo de compra que é estimulado pelas referências dadas por pessoas conhecidas e que fazem parte de redes de relacionamento, ou ainda por demais compradores que deixaram suas opiniões sobre produtos e serviços nos *sites* em que os adquiriram.

É interessante observar que, quando isso se expande para o universo digital, pode ser considerado um fenômeno novo e muito interessante, principalmente se lembrarmos que hoje há, no mundo, aproximadamente um bilhão de pessoas nas redes sociais.

Um dos exemplos é o Facebook, criado em 2004, e que rapidamente ultrapassou o Google em tráfego semanal nos EUA. Se essa rede fosse um país, seria o terceiro mais populoso do mundo. Além disso, a maioria dos que possuem perfil nas redes sociais são mulheres, que curiosamente são também a maioria do público consumidor. Inclusive já está sendo criado um novo termo – o *F-commerce*, ou comércio via Facebook. Com uso do aplicativo Facebook Social Shop BigCommerce, por exemplo, qualquer usuário pode usar a rede social para comprar ou vender produtos <http://pt-br.facebook.com/BigCommerce>.

É notório que as redes sociais (Twitter, Facebook, Orkut etc.) ampliaram as possibilidades de troca de informações e influências, pois as pessoas falam sobre seus interesses e entre eles estão empresas, marcas e produtos. Elas interagem no sentido de esclarecer suas dúvidas e conhecer os questionamentos de outros usuários, e usam, para isso, a opinião de pessoas conhecidas ou não.

Tal processo cada vez mais antecede as compras, que podem ser realizadas pela *web*, ou não, mas que, com certeza, se iniciam na rede. Há diversos benefícios que os internautas descobriram, como economia de tempo, troca de experiências, redução do risco de uma compra inadequada, soluções baseadas em interesses comuns, aumento do poder de barganha, além, obviamente, de um relacionamento mais próximo com as marcas dos fabricantes.

Segundo pesquisa da Nielsen sobre quais formas de propaganda as pessoas mais confiam, 90% alegam "recomendação de amigos", 70% citam "opinião de outros consumidores *online*", 69% dizem *site* da marca e também com 69% notícias na imprensa, seguidos por patrocínios da marca, com 63% e propaganda na TV, com 61%.

É muito simples compreender isso, por exemplo, se uma pessoa deseja iniciar-se na prática de corrida, muito provavelmente ela buscará dicas com amigos que já são corredores e portanto poderão lhe indicar os melhores produtos, muito mais do que observar e confiar em propagandas de produtos.

Segundo pesquisa do Gartner Group, para 2015 espera-se que 50% das vendas na *web* sejam feitas no contexto social. A tendência é tão forte que a famosa revista americana *Wired* teve como capa: "What are you selling?" (O que você está vendendo?), tendo em vista a possibilidade de qualquer um vender qualquer coisa no Facebook, por exemplo.

Uma nova tendência, cada vez mais crescente nos EUA, é o *video hauling*, um fenômeno que se difunde principalmente entre os mais jovens que consiste na atitude de consumidores se filmarem expondo os produtos de moda, como roupas, acessórios, maquiagem, entre outros, recém-adquiridos, e automaticamente postarem na *web* seus comentários sobre *design*, preços, qualidade etc. Algumas das novas estrelas que têm se formado em torno dessa postura chegam a ter mais de 100 milhões de *views* e mais de 700 mil seguidores, com isso pode-se imaginar o poder de influência que alguns consumidores passaram a ter.

Maurício Salvador lembra que depois de assistir a um ingênuo vídeo caseiro, postado no YouTube por um jovem americano, decidiu comprar um BlackBerry ao invés de um iPhone. Uma comunidade no Orkut fez com que ele optasse por uma TV da marca LG, e não da Samsumg. Isso porque cada vez mais os consumidores baseiam suas decisões de compras nas opiniões de amigos e de outros usuários da Internet que são postadas em *blogs*, *fotoblogs*, fóruns, comunidades e *sites* especializados. Uma pesquisa recente revelou que 88% das pessoas buscam informações sobre produtos antes de comprar; 43% recomendam produtos para outros usuários na Internet, e 74% das pessoas que interagem com as empresas por meio das novas mídias tem uma impressão positiva da marca.

No comércio eletrônico, as resenhas e opiniões dos consumidores são cada vez mais exploradas por fabricantes e lojas virtuais, como exemplifica Mauricio Salvador: "*A Amazon utiliza com excelência o conteúdo gerado por seus consumidores. É possível, inclusive, ordenar os produtos baseando-se nas notas dadas pelas pessoas que já os compraram. Outra loja virtual, a Bazuca.com, do Chile, incentiva seus visitantes a opinar sobre produtos, oferecendo créditos em compras. De* notebooks *a vinhos.*"

Um exemplo de *social commerce* associado também ao conceito de cocriação é o da Camiseteria, pois os clientes não apenas decidem o que vão comprar, mas também o que será produzido. São os clientes que postam sugestões criativas de estampas no *site* da empresa, e outros clientes votam nessas estampas, sendo que as mais votadas se tornam camisetas a serem vendidas. Além disso, há clientes apaixonados pela marca que postam suas fotos vestindo as camisetas. Ou seja, é um negócio totalmente baseado nas relações sociais, fortalecidas pelo mundo digital que a Internet possibilita.

Fonte: <www.camiseteria.com.br>. Acesso em: 25 set. 2011.

Figura 2.23 Site *da loja Camiseteria.*

Muitas empresas ainda estão descobrindo qual o melhor caminho para falar com seus consumidores e aumentar o seu conhecimento sobre eles, e o que fazer para criar um vínculo que lhes permita um posicionamento através de uma comunicação direta e monitorar os resultados dos impactos de suas ações. O que essas companhias estão entendendo é que as redes sociais tornaram-se uma plataforma de interação para antecipar e até mesmo acompanhar tendências sobre interesses de compras. Porém, isso ainda é utilizado de forma incipiente, por ser um trabalho desgastante e muito diferente da mídia tradicional, ou seja, não é propaganda e divulgação, mas sim relacionamento e, como sabemos, qualquer relacionamento dá trabalho e dedicação porque exige conhecimento sobre quem é o outro.

Vale reiterar que as empresas já deveriam, no mínimo, estar se questionando sobre como fazer o *social commerce*, uma vez que não se trata de uma moda passageira, mas sim de uma tendência que realmente veio para ficar.

2.12 *Mobile commerce* e *mobile payment*

Por definição, o *mobile commerce* é a utilização do canal celular como meio de comercialização de produtos e serviços, ou seja, é o comércio eletrônico mais próximo ainda das pessoas, pois migra para as suas mãos. E o *mobile payment* nada mais é do que o uso do celular como um veículo para pagamento e acesso a serviços financeiros.

A convergência digital, que pressupõe a integração de várias mídias em um único ambiente, possibilitando uma comunicação multicanal, já é uma realidade. Mas, ao contrário do que se supunha em um passado recente, o veículo eleito para se tornar a base convergente comum de todos os canais de comunicação não é a televisão e nem o computador, mas sim o celular. O crescimento explosivo deste dispositivo móvel, que a cada dia ganha mais inteligência e novas funcionalidades, vem conquistando um número maior de usuários de forma constante e contínua.

No mundo todo, a quantidade de aparelhos em uso em 2010 chegou a aproximadamente cinco bilhões, segundo estudo da União Internacional de Comunicações – agência de tecnologia da informação e comunicação da Organização das Nações Unidas (ONU). Desse total, cerca de um terço tem acesso à *web*, e 73% do mercado utiliza a tecnologia GSM, pois facilita o serviço de *roaming* internacional.

A grande base de usuários, aliada à praticidade do celular, abre grandes perspectivas para o *mobile commerce* (*m-commerce*) e também para o *mobile* marketing, ou seja, a utilização desse canal para ações comerciais e veiculação de campanhas publicitárias respectivamente. De acordo com Marcos Gouvêa de Souza, diretor-geral da consultoria GS&MD, uma das primeiras iniciativas de uso do celular como canal comercial ocorreu na Finlândia, em 1997, para compra e pagamento de refrigerantes em máquinas automáticas (*dispensers*) da Coca-Cola, e no ano seguinte, para *ringtones* pagos. Em 2000 esse meio foi usado para pagamento de estacionamento na Noruega, para reserva e compra de passagens de trem na Áustria e para reserva e pagamento de passagens aéreas no Japão.

Atualmente os varejistas norte-americanos e europeus estão percebendo que os aparelhos móveis, principalmente os *smartphones* 3G (leia mais sobre a tecnologia 3G no box abaixo), começam a ganhar a preferência da nova geração de consumidores por serem mais práticos e econômicos, se comparados aos computadores e suas variáveis móveis (*notebooks, netbooks, iPads* etc.). E, em particular, empresas de grande porte, que já possuem loja virtual e presença consolidada na Internet, apostam que o comércio via celular será o próximo passo estratégico, na medida em que permitirá aos consumidores várias possibilidades, entre as quais a de contarem com um assistente personalizado e portátil para facilitar suas compras tanto em lojas físicas quanto nas virtuais.

No Brasil o uso do celular para compras e pagamentos ainda está em fase embrionária, mas existe grande potencial de crescimento. De acordo com pesquisa realizada no início de 2010, pela Acision, empresa especializada em serviços de telefonia celular, em parceria com a consultoria Teleco, 71% dos brasileiros afirmaram que usariam o celular em substituição a um cartão de crédito ou de débito, e 66% para consultar o saldo e movimentar sua conta do banco. Mas ainda existem barreiras a superar, sendo a principal delas a cultural.

Segundo o estudo, 59% dos usuários não confiam no serviço por considerá-lo inseguro, enquanto 15% têm medo de clonagem. Na prática, a única solução de pagamento por celular disponível comercialmente no país é oferecida pela operadora Oi – chamada Oi Paggo – e ainda está em fase inicial. Para os comerciantes o sistema de pagamento pelo celular mostra-se vantajoso na medida em que consumirá 3% da receita com vendas, enquanto os custos com a operação de cartões de crédito tradicionais chegam a consumir 15%.

Fonte: Disponível em: <http://albertovallim.blogspot.com/2010/09/c4-mobile-payment-parte-12.html>.
Figura 2.24 *Exemplo de funcionamento de* mobile payment.

A TIM é outra operadora que também acredita no potencial desse segmento. Para isso montou uma equipe dentro da área de serviços de valor adicionado (SVA) para se dedicar exclusivamente ao tema e prospectar oportunidades de negócios nessa área. Os primeiros serviços serão lançados comercialmente em 2011.

Há vários outros serviços financeiros móveis que já são disponibilizados no país, embora a maioria seja voltada a atender as classes altas. Bancos como Itaú e Bradesco, por exemplo, oferecem aplicativos para iPhone por meio dos quais é possível realizar uma série de transações bancárias, além de exibir uma lista com agências e caixas eletrônicos próximos ao local em que a pessoa se encontra, via realidade aumentada.

Embora existam serviços disponíveis em diversas tecnologias, partindo do SIMcard e chegando ao aplicativo móvel, passando pelo WAP, ainda há pouca adesão ao *mobile banking* no Brasil. Estima-se que apenas 1% das pessoas que possuem conta-corrente no país utilizem telefones móveis para acessar serviços bancários. Uma das razões seria a falta de investimento em comunicação, por parte das instituições financeiras, para divulgar os serviços. Outro motivo estaria relacionado à idade dos correntistas: pessoas com mais de 35 anos, que são a maior parte do público dos bancos, ainda temem ou não sabem usar muito bem o celular para serviços que não sejam os de voz.

Mas há grandes perspectivas de crescimento para os próximos anos, com base na demanda existente na base da pirâmide social brasileira. Atualmente, 65% dos beneficiados pelo programa Bolsa Família possuem aparelhos celulares, mas apenas uma pequena parte tem conta bancária. As instituições financeiras e as operadoras móveis brasileiras estão conversando a respeito e prometem novidades para os próximos anos, enquanto o governo estuda a possibilidade de usar o telefone móvel como canal para pagamento de benefícios sociais.

A telefonia móvel no Brasil

Segundo o IAB (Internet Advertising Bureau), 14% já usam Internet pelo celular, entre os quais 6% pertencem à classe B, 2% à classe C e 1% à classe D e E. Veja na Figura 2.25 os principais conteúdos acessados via celular, segundo a entidade.

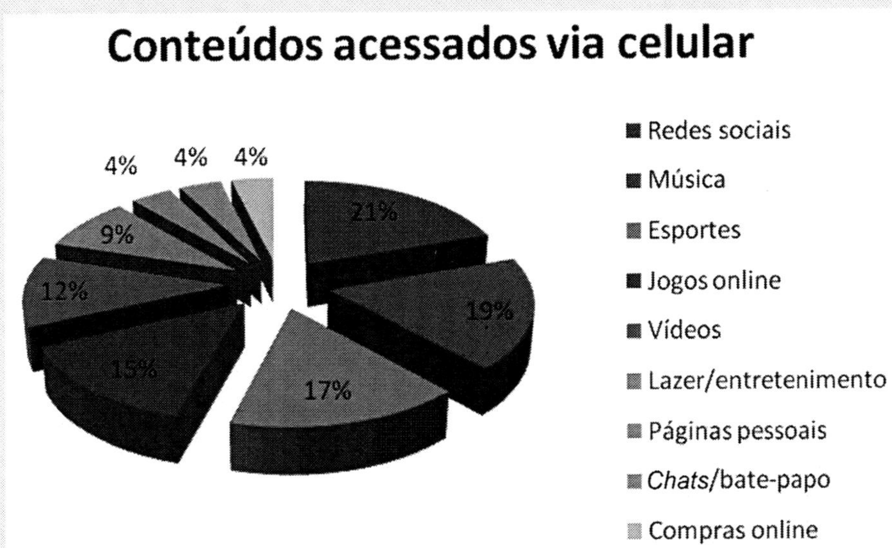

Fonte: IAB. Adaptada pelo autor.

Figura 2.25 *Conteúdos mais acessados via celular.*

Concluindo, pode-se observar que o *e-commerce* é uma das atividades que mais tem se desenvolvido quando falamos das inovações trazidas pela Internet. Há muito tempo deixou de ser visto como mais um modismo, para ser encarado com total interesse e seriedade pelos diferentes grupos econômicos, mostrando-se como uma excelente alternativa de novas receitas para todos os portes de empresas.

3 Estratégias de Marketing Digital

O crescimento do marketing no mundo digital desponta como tendência irreversível. Talvez pela novidade, ou pela necessidade, o fato é que aqueles que já estão dentro não querem sair, e os que estão de fora sabem que já estão atrasados para entrar. As motivações para ingressar no universo virtual são inúmeras. Em primeiro lugar, pela constatação de que quase metade da população brasileira está na *web* e, em comparação ao resto do mundo, representa o grupo de internautas que mais tempo dedica a navegar na rede. Além disso, há mais de 210 milhões de aparelhos celulares usados por todas as classes sociais, permitindo acesso em qualquer hora e qualquer lugar, trazendo a verdadeira inclusão digital. São pessoas se relacionando, produzindo e disseminando conteúdos, jogando *online* ou buscando promoções imperdíveis pela Internet.

É óbvio que a *web* não resolverá todos os problemas de marketing de uma empresa, nem veio para suplantar todas as outras mídias, como alguns chegaram a preconizar. Por isso, a palavra-chave não é revolução, e sim evolução. A cada nova mídia se renovam os acessos às informações, os modelos de negócio, os conteúdos, os formatos. Porém, o que a Internet trouxe de mais inovador foi o fato de ter mudado o comportamento das pessoas, tirando-as da passividade e tornando-as mais críticas, exigentes e com voz ativa. E isso também interfere, e muito, nas estratégias de marketing a serem adotadas pelas empresas.

A mídia *online* ainda está em plena evolução, como dito acima, pois há muito a ser testado e mudado. Estamos somente no início de todo processo. Pela primeira vez, em tantos anos de existência do marketing, mudanças realmente profundas estão ocorrendo que alteram o conhecimento que as empresas têm sobre seus consumidores e qual a melhor forma de alcançá-los. Tudo isso exige uma postura de atualização permanente.

Não basta conhecer apenas os conceitos já estabelecidos, mas também é necessário saber criar a presença *online* da companhia de forma adequada, bem como sua estratégia de marketing digital para essa nova era, podendo vir a utilizar ações como Mobile Marketing, Flash Mob, QR Code, Realidade Aumentada, E-commerce, M-commerce, Redes e Mídias Sociais (Orkut, Facebook, Formspring, Twitter, LinkedIn etc.), Buscas, SEM, SEO, Buzz, Marketing Viral, Advergaming, Games Sociais, entre outras inovações que serão abordadas com maiores detalhes nos tópicos seguintes. E é na área de marketing que a empresa buscará apoio para entender o que está ocorrendo. É de lá que se espera uma postura de sintonia com o mercado e de inovação. Portanto, aumentou muito a responsabilidade dos profissionais que atuam nessa disciplina.

Observa-se, a cada dia, o crescimento vertiginoso das redes sociais *online*, onde as pessoas participam de comunidades com interesses comuns, publicando vídeos, influenciando marcas, colaborando no lançamento de produtos e dialogando diretamente com as empresas, ou, ao menos, com aquelas que estão dispostas a isso. O problema são as corporações que pensam em agir mais adiante – como se ainda houvesse a possibilidade de postergar essa decisão – e não se dão conta de que o seu cliente já está na rede e falando sobre elas.

Em vários países já se vê um movimento crescente de ações no ambiente *online*.

Para se ter uma ideia, no primeiro semestre de 2009 as empresas americanas investiram mais de US$ 10 bilhões no marketing digital. Também naquele período o Reino Unido obteve a maior parcela de investimento *online* do mundo, com mais de 23% do total sendo canalizado ao marketing digital, somando, em valores, cerca de £ 1,75 bilhões (libras esterlinas). No Brasil, estima-se que o marketing digital já representa algo entre 10% e 20% do orçamento de marketing de grandes empresas, o que torna esse meio o segundo mais utilizado no país.

Uma pesquisa intitulada Marketing Visão 360°, realizada pela TNS Research International, em parceria com o Portal Mundo do Marketing, revelou que 84% das empresas consultadas pretendem investir em ações de marketing na *web* nos próximos anos. Foram ouvidos cerca de 430 profissionais de companhias brasileiras e multinacionais. O estudo revelou que 78% das organizações utilizam a Internet para divulgar produtos e que 69% já se relacionam com os consumidores por meio da *web*. Entre as ferramentas mais utilizadas de marketing digital estão os *blogs* corporativos (30%), o Twitter (30%) e o Orkut (16%). Já o *e-mail* marketing é o mecanismo mais popular entre as empresas (88%), seguido de anúncios em *sites* segmentados (53%) e ações em *sites* de relacionamento e *links* patrocinados (50%).

Outro estudo, realizado pelo instituto norte-americano Forrester Research, indica que até 2014 os investimentos mundiais em ações *online* deverão chegar a US$

55 bilhões, representando 21% do total de gastos com marketing. As campanhas envolvendo mídias sociais deverão crescer a uma taxa anual de 34%, mais rápido do que qualquer outra forma de marketing *online*.

Fornecedoras de TI investem mais em Marketing Digital

Uma pesquisa realizada pela IDC (International Data Corporation), consultoria especializada em pesquisas e inteligência de mercado na área de Tecnologia da Informação, revelou que as empresas globais de TI gastaram 13% das suas verbas em ações de marketing digital em 2009, bem acima de qualquer outro setor da economia, em grande parte porque essas corporações se relacionam com grupos que têm tradicionalmente forte presença na Internet. O estudo também mostrou que, dentro do marketing digital, a área que mais recebe investimentos é a de *display advertising* (*banners*) – com cerca de 23% do total –, seguida de *e-mail* marketing – 19% – e *search advertising* (anúncios em páginas da *web* que utilizam palavras-chave para serem encontrados pelos *sites* de busca) com 19%. Otimização dos motores de busca (como Google, Yahoo ou Bing, entre outros), ou, como é chamada, SEO (*Searching Engine Optimization*), ficou com 7% e investimento em ações nas Redes Sociais, com 3%.

O estudo da IDC mostrou ainda que não há um padrão operacional adotado pelas grandes empresas de TI que investem em marketing digital. O número de agências de marketing contratadas, por exemplo, pode variar de quatro a 37. Outra prática comum é a remuneração baseada em resultados, ou seja, se as metas estabelecidas forem superadas, a remuneração pode ser aumentada em 10%, por exemplo, mas se ficarem abaixo, tem redução equivalente. Com isso, há outro desafio que é o de medir essas *performances*. Para elaborar a pesquisa, a IDC ouviu CMOs (*Chiefs Marketing Officers*), ou responsáveis pelos departamentos de marketing de empresas globais de TI com faturamentos entre US$ 1 bilhão e US$ 50 bilhões.

3.1 A importância do marketing nos planos de negócios

Grande parte das empresas, infelizmente, ainda associa marketing apenas à divulgação de produtos e ofertas e à promoção do seu negócio, talvez por falta de conhecimento em maior profundidade sobre o tema. Na verdade, o marketing deve participar, e ser aplicado, como parte fundamental da "elaboração" das estratégias do negócio, tendo em vista a necessidade de planejamento prévio para se obter maior sucesso em quaisquer áreas, principalmente se considerarmos que a competitividade no mercado é cada vez maior.

O marketing, portanto, deve ir além de campanhas de propaganda, na medida em que está profundamente relacionado à análise de viabilidade mercadológica e financeira que deve anteceder à abertura e à sustentabilidade de qualquer negócio.

Inicialmente podem ser utilizadas ferramentas de pesquisa de mercado para detectar a demanda, que incluem técnicas qualitativas, quantitativas, ou ambas combinadas, para identificar se o negócio é aceitável.

Feita essa etapa, o departamento de marketing se encarregará de elaborar toda a análise relacionada aos resultados das pesquisas, bem como outros levantamentos que devem ser feitos com relação à concorrência, sua atuação, seus produtos, sua área de influência etc. Além da análise da demanda propriamente dita, deve ser feita uma avaliação do mercado de atuação da empresa e como ele está estruturado. Essa etapa de análise do mercado é necessária porque, se isso não for feito, corre-se o risco de oferecer aos consumidores mais um produto, ou serviço, que eles não necessitam, por já serem atendidos por outras empresas atuantes no segmento em questão.

Após esses levantamentos é possível iniciar uma abordagem de quais perspectivas o negócio possui, frente à oferta já existente, bem como verificar os pontos fortes e fracos, e as ameaças e oportunidades do mercado, ou seja, a famosa análise SWOT (*Strengths, Weaknesses, Opportunities, Threats*) originária dos conceitos de marketing tradicional.

O marketing deve passar a permear todo o ciclo de planejamento e implantação do negócio com o objetivo de reduzir incertezas para que se acerte melhor o alvo ao se abrir um novo empreendimento. As estratégias incluem as áreas de *branding*, comunicação corporativa, marketing de produtos, eventos, comunicação interna, propaganda e promoção, entre outras.

Com relação às campanhas de marketing, em geral, devem contemplar ações que mesclem o mundo *off-line* (fora da Internet) com o *online* (ações realizadas na Internet), e estas últimas, normalmente, incluem melhorias para exposição nos *sites* de pesquisa (*search*), conteúdo, mídia, *e-mail* marketing, entre outras, como vídeos e *games*. Mas um dos investimentos que mais crescem na mídia digital continua sendo nos *sites* de buscas, com o Google liderando com aproximadamente 30% dos recursos destinados a marketing *online* no país.

Isso nos leva a crer que não parece uma boa estratégia ficar ausente desse processo de evolução envolvendo estratégias digitais. É necessário começar, mesmo que seja errando, para aprender com o processo, reinvestindo continuamente, pois não há mais tempo para simplesmente estudar o que fazer. O grande desafio é planejar ações de marketing digital contemplando os vários meios e tecnologias existentes.

No caso de pequenas e médias empresas que não dispõem, muitas vezes, de departamentos de marketing mais estruturados, recomenda-se, para essa etapa prévia, o uso de uma consultoria especializada na elaboração de planos de negócios (*business plan*), para que corram menos riscos ao iniciar suas operações e evitar prejuízos de investimentos desnecessários. Esse estudo pode indicar novos rumos, ou mesmo trazer dúvidas sobre a real viabilidade de se lançar essa nova empresa, ou seja, eventualmente pode aconselhar a não abertura do negócio.

3.2 Planejamento de marketing vem antes do digital

Quando se fala especificamente em marketing digital, deve-se entender que ocorreram mudanças importantes em relação ao passado recente, época em que os meios virtuais ainda eram pouco utilizados. Antes, as empresas, principalmente as maiores, investiam grandes volumes em divulgação para construir suas marcas usando, primordialmente, mídia de massa. Quando o consumidor queria adquirir um produto, precisava, então, se lembrar de qual empresa o oferecia e, por isso, as companhias que mais dispunham de grandes verbas para injetar nos meios convencionais (campanhas e anúncios em televisão, rádio, jornais e revistas) eram as mais recordadas no momento da compra.

Hoje, os consumidores não precisam, necessariamente, "se lembrar" das marcas antes de adquirir produtos ou serviços. Basta que eles pesquisem o que precisam na *web* – 88% das pessoas fazem buscas antes de comprar, gerando mais de um trilhão de páginas indexadas pelo Google, o qual detém mais de 80% do mercado de buscas na Internet brasileira. O mais importante é que a empresa seja encontrada nessa hora da pesquisa.

Como bem resume Conrado Adolpho Vaz, autor do livro *Google Marketing*, "a melhor maneira de encontrar seu cliente é ser encontrado por ele". E isso muda simplesmente "tudo". Não significa que as mídias de massa devam ficar de fora das campanhas, ou que não seja mais necessário investir na construção das marcas; não é isso, mas deve-se entender como fazer marketing atualmente, devido às alterações advindas do universo digital.

Inicialmente é preciso compreender que os clientes são pessoas, e que desejam, cada vez mais, ser ouvidos, ter envolvimento, respeito, interação, engajamento e não apenas "comprar" produtos. As companhias devem abrir espaço para uma "conversa" com o cliente. E esse relacionamento deve ser construído passo a passo, leva tempo, dá trabalho, mas é o melhor caminho a ser seguido.

Marcelo Trípoli, presidente da agência de marketing digital iThink e autor do *blog* www.ifound.com.br, destaca alguns pontos importantes:

> *"Para milhões de pessoas, principalmente as mais jovens, o digital já está incorporado ao dia a dia; ele simplesmente existe como a energia elétrica ou o ar que respiramos. Este contexto altera totalmente a relação das marcas com os consumidores. Comunicação interruptiva não tem mais espaço; diálogo entra no lugar dos monólogos.*
>
> *Muitos anunciantes já entenderam esta mudança e investem cada vez mais em marketing digital. Segundo dados do IAB Brasil, em 2010 foram investidos R$ 1,2 bilhão em mídia* online *no país, correspondendo a um crescimento de 28% em relação ao ano anterior. Mas será que todos estão preparados para transitar nesse novo ambiente?*
>
> *Muitas agências – assim como alguns anunciantes – acreditam que a receita é simplesmente estender a campanha originalmente criada para TV e mídia impressa para a Internet, por meio de* hotsites *e* banners *superproduzidos.*

Mas seria essa a melhor abordagem para uma marca se comunicar com esse novo consumidor? Acredito que não. Há uma antiga expressão que diz: "Old Organization + New technology = expensive old organization." É exatamente isso o que acontece quando um novo meio como a Internet encontra um jeito velho de pensar a comunicação. O paradigma da comunicação tradicional, baseada em impacto, cobertura e frequência, não funciona mais.

As agências que têm o mesmo DNA deste novo consumidor já entenderam esta mensagem e começaram a desenvolver novas formas de comunicar sem interrupção e com relevância. E a estratégia usada para atingir o público são as campanhas online driven *e* off-line supported *(campanhas feitas para o mundo digital e com ações de suporte fora da* web*).*

O desafio da comunicação atualmente é conectar e manter essa conexão constante entre marca e consumidores. Cada mídia tem o seu papel e uma campanha de sucesso precisa saber integrá-las da melhor forma. A função da TV, rádio, revistas, jornais, banners *e* e-mails *é atrair o consumidor. Já a responsabilidade da mídia digital é maior: deve converter, fidelizar e engajar este consumidor. Essa é a base do modelo de comunicação* online driven, off-line supported.

Neste novo contexto, a propaganda precisa agregar valor, seja com serviço, conteúdo ou entretenimento. Sempre que possível deve melhorar a experiência de consumo do produto. As marcas precisam contar uma história autêntica e criar formas para os consumidores a propagarem. Mais do que nunca, não basta apenas uma sacada criativa para o sucesso de uma campanha: planejamento e inteligência digital são fundamentais."

Diferenciais do marketing digital

- Crescimento contínuo do número de internautas (cerca de 30% ao ano).
- Aumento das compras pelo meio virtual (cresce mais de 30% ao ano).
- Formatos inovadores para a realização de negócios.
- Rapidez de resposta frente aos concorrentes.
- Diversificação de canais.
- Fidelização de clientes tradicionais e atração de novos clientes.
- Aumento de prestígio para a organização.
- Prospecção e desenvolvimento do mercado.
- Notoriedade e reconhecimento da marca.
- Customização, adequando a oferta em função dos gostos e preferências dos consumidores.
- Acesso permanente aos mercados internacionais e a outros segmentos ou nichos.
- Redução nos tempos de transação.

3.3 Marketing nos buscadores

Como já foi dito, poucas pessoas hoje em dia comprariam algum produto, seja um instrumento musical, um eletrodoméstico ou qualquer outro, sem antes consultar a Internet. É possível encontrar quase tudo na *web*. Há milhares de lojas vendendo uma grande variedade de produtos e serviços, oferecendo promoções e facilidades para a compra. É um *shopping* gigantesco, contendo tudo o que se pode imaginar – músicas exóticas, medicamentos, roupas sob medida, leilões de arte, filmes, flores, entre outras opções.

Com a Internet, é o cliente que procura o que deseja, e encontra – ou não – determinada empresa. Se for bem analisado, será percebido que aí reside uma das principais mudanças que vem ocorrendo nos últimos tempos: a inversão na forma de se fazer marketing. O foco anterior era a empresa ir até o consumidor através de mídia de massa, e agora a empresa é que deve ser encontrada pelo consumidor quando este estiver buscando adquirir algum bem. Nessa situação, quem está buscando algo na *web* já está um passo à frente em termos de interesse efetivo na compra de um produto ou serviço.

Mas, e para localizar o que se deseja? Como fazer para ter certeza de que estamos realizando o melhor negócio? Por meio dos buscadores ou ferramentas de busca, como o Google, Yahoo, Bing, entre outros, ou pelos indexadores de preços como BuscaPé e Mercado Livre, bem como a opção dos leilões, entre muitos outros que permitem pesquisar, de forma rápida e segura, o item desejado pode-se aprimorar muito o acesso às melhores ofertas e empresas.

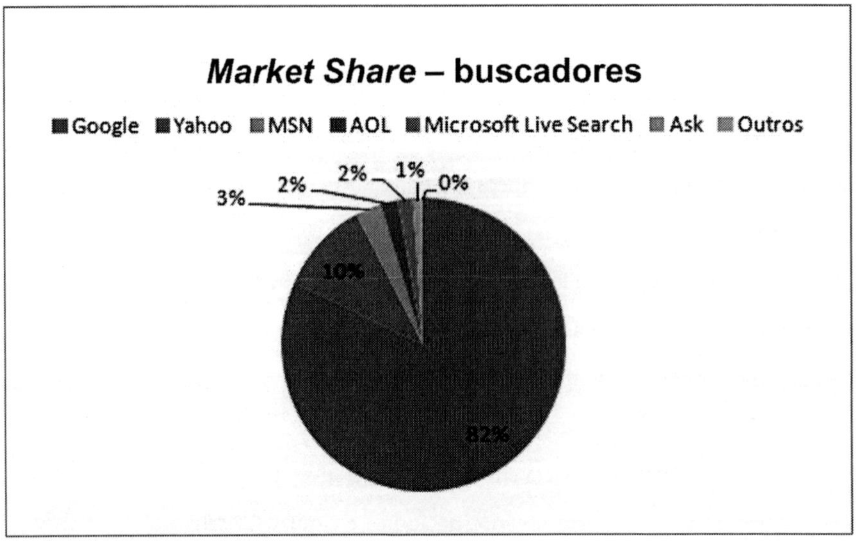

Fonte: Net Applications – 2009. Adaptada pelo autor.

Figura 3.1 Market share *das ferramentas de busca.*

De acordo com pesquisa da Net Applications (Figura 3.1), o Google lidera o ranking dos buscadores com mais de 80% das buscas. No entanto, no estudo feito pela consultoria ComScore, esse dado difere um pouco, pois em dezembro de 2009 foram feitas mais de 85 bilhões de buscas somente no Google, e no total mais de 131 milhões de buscas entre pessoas com mais de 15 anos de idade, o que coloca o Google com aproximadamente 70% do mercado. Mas, independentemente dessas pequenas divergências, fica claro o grande poder dessa ferramenta. Ainda segundo a ComScore, o Yahoo teria registrado, no mesmo período, em torno de 9,5 bilhões de buscas, e o buscador chinês Baidu, cerca de 8,5 bilhões de consultas, ficando em terceiro lugar.

O crescimento registrado de um mês para outro foi por volta de 50%, o que demonstra que ou estamos ficando mais curiosos, ou que há mais pessoas utilizando os *sites* de buscas em todo o mundo. O maior público se concentra nos EUA com 17% do total de buscas realizadas, correspondendo a quase 23 bilhões, seguido de China com 13 bilhões e Japão com aproximadamente 9 bilhões de consultas. Por outro lado, os países que vêm registrando os maiores crescimentos são Rússia, França e Brasil.

Para se ter uma ideia da importância dos mecanismos de busca, quase 90% dos que compram imóveis no Brasil pesquisam antes pela Internet, motivados pela facilidade para selecionar previamente quais casas ou apartamentos desejam visitar, de acordo com faixa de preço, localização, tamanho e demais especificações. Essa busca é feita não só por clientes do Brasil, mas também do exterior, interessados em investir em imóveis no país. Em alguns casos é possível economizar quase 20% do valor da compra.

Ainda que para a efetivação das compras *online* haja certo temor – mais de 55% das pessoas se preocupam com a segurança nas transações –, as buscas tornaram-se algo essencial, pois é possível pesquisar tudo *online* e decidir através de qual canal se deseja efetuar a compra, ou seja, os consumidores podem comprar na loja eletrônica e retirar na loja física, ou pesquisar antes e comprar depois na loja física, que é o conceito de multicanalidade, enfim, escolher o que melhor lhe convier e o que achar mais seguro.

As construtoras, por exemplo, investem cada vez mais em equipes dedicadas ao marketing digital, como é o caso da empresa brasileira Tecnisa, que tem se destacado pelas suas estratégias na *web*, investindo por volta de 20% do montante dedicado à divulgação dos seus empreendimentos. Conforme dados da empresa, 94% dos clientes que fecham negócios passaram antes pela Internet.

Entre as ações que merecem maior destaque estão aquelas bastante segmentadas, nas quais adequaram tanto as peças criativas como os canais utilizados, pois buscaram tratar os diferentes públicos de diferentes formas, como, por exemplo, as campanhas especiais para o público GLS (gays, lésbicas e simpatizantes), ações e empreendimentos voltados para o público de terceira idade, entre outras. A Tecnisa foi uma das primeiras empresas a ter um gerente de redes sociais, e depois tem um diretor de Internet. Foi também pioneira em vendas de imóveis geradas pelo Twitter e procura atuar fortemente em todas as redes de relacionamento que a aproximem do seu cliente.

O marketing de busca tornou-se o principal foco das empresas para captar novos clientes. Isso porque o comportamento do consumidor mudou. Hoje, ele tem maior poder de barganha, pois dispõe de mais fornecedores e de muitas fontes de informação. Com isso, está mais preparado para o processo de compras. Os buscadores surgiram pela necessidade de se localizar qualquer informação, que se tornou quase impossível com a proliferação da quantidade de *sites* – em 1982 havia apenas 315 *sites*; hoje esse número superou 180 milhões.

Não por acaso a busca é a atividade mais popular na *web*. Apenas a título de exemplo, em 2008, nos EUA, cerca de 17 milhões de pessoas escolheram qual escola seus filhos iriam cursar após pesquisa na Internet, usando os *sites* de busca e 21 milhões de profissionais escolheram os cursos de especialização por essa via. Ainda hoje, mais de 87% encontram o que estão buscando por meio dessas ferramentas.

Para não ficar de fora desse novo mercado é necessário que as empresas, especialmente as de menor porte, ampliem seus conhecimentos para que possam se posicionar da forma correta nos buscadores. Não há dúvida de que seus clientes atuais e potenciais já estão navegando na *web* para procurá-las. É importante estar no topo das primeiras páginas dos resultados de busca, porque:

50% dos internautas abandonam a pesquisa após a segunda página.
82% raramente leem a terceira.
75% confiam nos resultados obtidos.
60% clicam nos três primeiros resultados.
39% acreditam que as empresas com melhor colocação são as líderes de mercado.

Fontes: WBI Brasil e Profª Martha Gabriel.

3.4 Como funcionam os buscadores

Será que as empresas verificam como elas estão posicionadas nas páginas dos principais buscadores, como Google, Yahoo, Bing, por exemplo? Já fizeram esse teste? Há reclamações? Posso assegurar que a maioria, principalmente dentre as PMEs, ainda não faz esse tipo de análise, pelo que venho observando após diversas palestras para executivos e empreendedores Brasil afora. Infelizmente, como essa realidade é muito nova para diversos empresários, eles se surpreendem quando são apresentados dados sobre os riscos que estão correndo com relação a isso.

Tais pesquisas não devem ser feitas apenas utilizando-se o nome da empresa, pois assim, obviamente, ela aparecerá na primeira posição da primeira página, ou pelo menos deveria. A busca deverá incluir algumas palavras-chave que são importantes para o processo de compra dos produtos ou serviços. É importante analisar em que posição a empresa está nesse *ranking virtual*, ou *Page-rank* no caso do Google, comparando-a com seus principais concorrentes.

Se na primeira página houver *links* de reclamações (vindos de outros *sites*, como o ReclameAqui, por exemplo) sobre os seus produtos ou serviços, a empresa deve identificar quais são as queixas e solucioná-las fora da rede, diretamente com os clientes e depois dialogar na *web*, podendo até mesmo expor a solução que foi dada, juntamente com outras ações positivas; são ações úteis para melhorar sua imagem nos buscadores, pois, se o cliente, ou futuro cliente, se deparar com essas queixas durante suas buscas, haverá grande chance de desistir da compra que realizaria naquela companhia. As empresas que não entendem essa troca de "influências" entre as diversas redes sociais e os buscadores com certeza estão perdendo clientes e, talvez, nem sequer saibam disso.

É um engano pensar que os resultados das pesquisas ocorrem de forma aleatória. O Google, por exemplo, conta com um sistema complexo voltado a elencar as marcas, ou *sites*, ou empresas que irão aparecer em determinadas posições nas primeiras páginas de resultados. Trata-se, na verdade, de um "robô", que funciona a partir de determinados parâmetros (são 1.500 critérios utilizados), através dos quais os *sites* recebem pontuações. Aqueles que obtêm a maior pontuação aparecem nas primeiras colocações das primeiras páginas dos resultados da busca.

Seguem alguns parâmetros usados para essa indexação:

- quantidade e qualidade dos *links* que direcionam para aquele *site*, e se eles possuem relação com o tema abordado;
- relevância do *site* para o tema pesquisado, ou seja, se o conteúdo é importante e pertinente.
- vida útil do *site*, ou seja, quanto tempo está no ar determinado domínio (nome do *site* e endereço na Internet);
- as palavras-chave usadas dentro do *site* (exemplo: no caso de uma imobiliária as palavras-chaves poderiam ser *casas à venda, apartamentos para alugar, apartamentos com três dormitórios, terrenos* etc.).

Cuidando desses, entre outros parâmetros, e executando diversas ações relevantes, de forma sistemática, a empresa figurará gratuitamente nas primeiras páginas dos buscadores, ou seja, na chamada "busca orgânica". É importante ressaltar que o resultado pode levar alguns meses para aparecer, não é algo imediato.

Links *Patrocinados*

Para aqueles que necessitam de resultados mais imediatos, há ainda os *links* patrocinados que são uma opção para obter uma boa visibilidade na primeira página da busca. São anúncios pagos que, se feitos de forma criativa, poderão trazer bons resultados à empresa. Os *links* patrocinados aparecem, por exemplo, nas melhores colocações na primeira página e também na lateral direita da página. O efeito é rápido, diferentemente do que ocorre nos resultados obtidos nas buscas orgânicas. Os *links* patrocinados também podem e devem ser utilizados como complemento ao trabalho realizado de otimização das buscas, bem como para promoções e aspectos menos permanentes. Os *links* patrocinados recebem em média de 30% a 40% dos cliques. São pagos via CPC (Custo por clique).

Os anúncios são feitos nas páginas relacionadas ao assunto que está sendo procurado. É necessário selecionar palavras-chave e "comprá-las" nos *sites* de busca. Funciona como um leilão, ou seja, se a palavra que você selecionou for pouco procurada, custará mais barato, e vice-versa. O resultado é diretamente proporcional ao investimento realizado pela empresa na compra das palavras-chave.

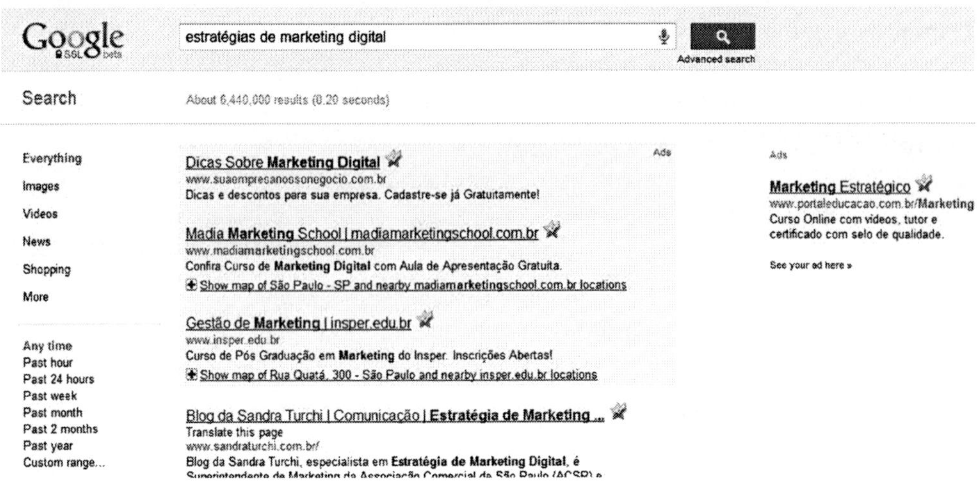

Fonte: Disponível em: <www.google.com.br>. Acesso em: 25 set. 2011.

Figura 3.2 *Página de resultados do Google para a pesquisa "Estratégias de Marketing digital – destaque para os Links Patrocinados".*

Para melhorar a visibilidade perante os "motores de busca" as empresas devem procurar criar seus *sites* de forma a corresponder aos parâmetros em que estes se baseiam. Para isso existe uma área de especialização dentro do marketing, que é o Marketing de Busca – ou SEM – *Search Engine Marketing* –, que contempla um conjunto de ferramentas que possibilitam traçar uma estratégia para determinar quais tipos de busca precisam ser usados e como devem ser implantados. Em termos simplificados, SEM é o processo que utiliza os *sites* de busca na *web* para promover um determinado *website*, aumentar seu tráfego e/ou fidelidade, e principalmente aumentar o retorno do investimento, envolvendo todas as ações internas (na página ou *site*), também chamadas *on site* e externas (fora da página ou *site*), ou *off site*.

As ações internas são chamadas de SEO, ou *Search Engine Optimization* – uma técnica que permite aprimorar uma página (ou o *site* inteiro) para que possa ser mais bem compreendida e encontrada pelas ferramentas de busca. O SEO sozinho, no entanto, não dá garantias de obtenção das primeiras colocações nas páginas de resultados. Essas ações surgiram com os modernos *sites* de busca. Antes disso a organização dos *links* em uma página de resultado era alfabética. A partir da nova geração de buscadores, o posicionamento de cada página ou *site* passou a depender da sua relevância em relação a determinado assunto. Essa relevância é definida por algoritmos, ou seja, cálculos que servem para definir a importância da página ou *site*. Um dos mais conhecidos é o Google *PageRank* – que emprega o sistema de pontuação de zero a dez. Aliás, ter relevância é mandatório nesse sentido.

Cito como exemplo o meu próprio *blog*, no qual procuro manter o foco na criação de conteúdos ligados a Estratégias de marketing digital e *E-commerce*, como destaco abaixo.

Fonte: <www.sandraturchi.com.br>. Acesso em: 23 mar. 2011.
Figura 3.3 Blog *de Sandra Turchi.*

Isso fica claro na "nuvem de tags", que é um espaço onde são demonstrados quais os tópicos tratados pelo *site* ou *blog* em questão, quando ele já é criado com essa visão voltada para os buscadores (veja Figura 3.4).

Fonte: <www.sandraturchi.com.br>. Acesso em: 23 mar. 2011.

Figura 3.4 Blog *de Sandra Turchi: nuvem de "tags".*

E na próxima figura é possível comprovar o resultado alcançado, pois ao buscar as palavras que são o foco do *blog*, ou seja, Estratégias de Marketing Digital e E-commerce pode-se verificar que o *blog* aparece na primeira posição, na primeira página dos principais buscadores, como exposto nas próximas Figuras 3.5, 3.6 e 3.7.

Fonte: Disponível em: <www.google.com.br>. Acesso em: 25 set. 2011.

Figura 3.5 *Primeira página do Google: resultado para busca de "Estratégias de marketing digital".*

Fonte: Disponível em: <bing.com.br>. Acesso em: 23 set. 2011.

Figura 3.6 *Primeira página do Bing: resultado para busca de "Estratégias de marketing digital".*

Fonte: Disponível em: <www.yahoo.com.br>. Acesso em: 23 set. 2011.

Figura 3.7 *Primeira página do Yahoo: resultado para busca de "Estratégias de marketing digital".*

O emprego do SEO – técnica utilizada para ações internas no *site* (*on page*) – visa melhorar o posicionamento de uma página nos resultados da busca orgânica. Como define Martha Gabriel, consultora, professora e CIO da empresa NMD – New Media Developers:

> *"O SEO compreende técnicas aplicadas no conteúdo, código e estrutura de uma página e* site *ao qual pertence. As ações externas ao* site *(*off page*) compreendem os* links *patrocinados (busca paga) e todas as ações que possam atrair bons* links *apontando para a página, pois isso aumenta sua relevância, auxiliando o seu posicionamento na busca orgânica. As estratégias de* links *patrocinados envolvem investimento financeiro e análise de qualidade dos anúncios, e são gerenciadas totalmente em separado dos processos que envolvem a otimização para a busca natural. As demais ações* off page*, além dos* links *patrocinados, envolvem WOMM (Word of Mouth Marketing, ou marketing boca a boca), SMM (Social Media Marketing, ou marketing em redes sociais), SMO (Social Media Optimization), Link Baits (isca para* sites*), Press Releases (ações com imprensa), Programas Afiliados e qualquer outra ação que resulte em obtenção de* links *bons e relevantes para a página.*
>
> *Assim, podemos ver que o processo de marketing de busca envolve várias ações e um pensamento estratégico, necessitando um estudo detalhado de cada etapa e ação. No entanto, pode-se dizer que seu sucesso está diretamente relacionado a três fatores essenciais: desenvolver um Plano de Marketing de Busca com análise estratégica, objetivos e planejamento; escolher as palavras-chave com as quais se deseja estar bem posicionado nos resultados de busca e realizar mensuração, bem como fazer ajustes constantes."*

Existe também o lado negro do SEO conhecido como Black Hat Seo (ou chapéu negro do SEO). Nele, são utilizadas técnicas que tentam "enganar" os algoritmos das ferramentas de busca para melhorar o posicionamento da página ou *site*; como exemplo pode ser citado o uso de texto invisível ou que exibe conteúdo diferente para pessoas e *sites* de busca.

É uma prática não recomendável, pois uma vez descoberta pelos buscadores, a empresa responsável poderá ser penalizada e inclusive ter seu *site* excluído dos resultados de busca. Portanto, é preciso ter muito cuidado com consultores ou agências que oferecem resultados magníficos nas buscas orgânicas em pouquíssimo espaço de tempo. Um trabalho bem-feito, e de forma correta, leva alguns meses para surtir o efeito desejado, como já dissemos, mas é isso que demonstra grande relevância no momento das buscas.

3.5 *E-mail* marketing

Um dos instrumentos mais importantes e mais utilizados em campanhas de comunicação é o *e-mail* marketing. Segundo pesquisa realizada pelo Portal Mundo do Marketing e TNS Research (abril/2011), 80% das empresas ainda utilizam esse caminho para divulgar seus produtos e serviços aos consumidores. Para se ter uma ideia, apenas em 2009 foram enviados mais de 90 trilhões de *e-mails* no mundo; são mais de 840 bilhões de envios ao ano somente no mercado americano. Porém, desse total, aproximadamente 95% são considerados *spams*, ou seja, *emails* não autorizados.

Dada sua relevância, essa ação deve ser utilizada de forma adequada pelas empresas, especialmente para comunicação com clientes tradicionais e potenciais, e ainda com fornecedores e demais parceiros de negócios. Sua principal característica é a agilidade, tanto para envio, quanto para resposta (confirmação de recebimento) e também pela facilidade de medir o retorno, o que pode ser feito através de estatísticas que irão indicar quantas pessoas receberam a mensagem, quantas visitaram o *site* e fizeram algum tipo de interação (pesquisa, compra, envio de dúvidas etc.) e inclusive quantas solicitaram não receber mais esse tipo de comunicação, ou seja, fizeram um *opt-out*.

No entanto, é preciso tomar alguns cuidados e adotar critérios para que o *e-mail* marketing contribua para atingir os objetivos pretendidos pelo seu emissor. A primeira providência é enviá-lo primordialmente para destinatários que autorizem o recebimento de mensagens de cunho publicitário e mercadológico por meio do correio eletrônico. Sem essa permissão, a mensagem é considerada *spam* e, ao invés de atrair os consumidores, a empresa pode passar a ser mal vista por eles e ainda corre o risco de ser barrada nos filtros antispam dos principais provedores de Internet.

O *e-mail* marketing que traz melhores resultados é o que segue os princípios do marketing de permissão, assim classificado por Seth Godin em seu livro *Permission Marketing: turning strangers into friends, and friends into customers – (Simon & Schuster, 1999 – EUA)*, e também chamado de *opt-in*, processo em que as pessoas aceitam receber as mensagens em suas caixas de *e-mail* e, portanto, estão mais receptivas ao que a empresa deseja comunicar – que pode ser o lançamento de um novo produto ou serviço, uma promoção especial, a inauguração de uma nova loja física e/ou virtual, entre outras. Em geral, a mensagem se apresenta como uma espécie de formulário que pede o endereço do *e-mail*, senha e opções para receber mensagens via Internet ou SMS. Também deve ser oferecida a opção *opt-out*, em que a pessoa comunica que não deseja mais receber aquele tipo de mensagem.

O *e-mail* marketing pode ser usado para envio de boletins informativos periódicos das empresas (*newsletters*), sendo uma maneira criativa e não invasiva de serem lembradas por seus clientes e também para mantê-los atualizados sobre novidades e inovações. Deve-se ter em mente que a ideia é estabelecer uma forma de relacionamento com clientes, *prospects*, fornecedores, público interno das empresas, enfim, diversos *stakeholders*. Assim o *e-mail* marketing pode ser empregado, ainda, para pesquisas (convidando os clientes a participar); para oferecer descontos ou preços especiais se as compras forem feitas na loja *online*, por exemplo; para campanhas específicas que contam com a participação de empresas parceiras, entre outras.

Autorregulamentação

Mesmo sendo um meio eficiente de comunicação com o cliente, muitas empresas ainda utilizam o *e-mail* marketing de forma inadequada e até mesmo abusiva. Segundo a Abemd – Associação Brasileira de Marketing Direto –, 95% dos *e-mails* que circulam na rede são *spam*. Não é incomum as pessoas terem suas caixas de correio eletrônico invadidas por grande quantidade de mensagens indesejadas, vindas de emissores que elas desconhecem, que oferecem produtos e serviços que não lhes interessam e que, em muitos casos, embutem práticas virtuais criminosas como o *fishing* (considerado um crime digital) para tentar capturar dados e informações dos destinatários, principalmente informações bancárias.

Para coibir essas iniciativas e resgatar a credibilidade do *e-mail* marketing, a Abemd e mais 13 entidades, entre as quais se incluem a Abradi (Associação Brasileira das Agências Digitais), Abranet (Associação Brasileira de Provedores de Acesso), Fecomércio, entre outras, criaram o Capem – Código de Autorregulamentação para a Prática de *E-mail* Marketing (veja Figura 3.8)

Fonte: Disponível em: <www.capem.org.br>. Acesso em: 25 set. 2011.

Figura 3.8 Site *do CAPEM: código de autorregulamentação para a prática de* e-mail *marketing.*

Esse processo foi iniciado em 2008, tendo como objetivo colocar à disposição das empresas uma espécie de guia prático de regras e condutas para o bom uso do *e-mail* como ferramenta de marketing e, ao mesmo tempo, impedir o avanço de alguns projetos de lei em tramitação no Congresso Nacional e que podem culminar na criação de uma legislação determinada pelo governo. A ideia é estimular a autorregulação do mercado, por meio do envolvimento da comunidade de marketing e do universo digital. O código entrou em vigor no segundo semestre de 2010 e as empresas que não seguirem as determinações sugeridas pelo Capem poderão ser advertidas e até penalizadas.

Os principais itens que constam no Código estabelecem que:

1. Todas as bases devem ser *opt-in* ou *soft opt-in*, ou seja, os destinatários devem ter solicitado o recebimento das mensagens enviadas (*opt-in*), ou o remetente deve ter uma relação comercial ou social prévia e comprovável com o destinatário (*soft opt-in*).
2. O remetente deve ser identificado e apresentar endereço de *e-mail* válido.
3. *Opt-out* é o mesmo que descadastro. E o remetente deverá disponibilizar ao destinatário a sua política de *Opt-out* e informar o prazo de remoção do seu endereço eletrônico da base de destinatários, que não poderá ser superior a 2 (dois) dias úteis, quando solicitado diretamente pelo *link* de descadastramento e 5 (cinco) dias úteis quando solicitado por outros meios, prazos estes contados a partir da data da solicitação comprovada.
4. As mensagens de *e-mail* marketing devem conter, obrigatoriamente, um *link* para *opt-out* automático e uma segunda alternativa que não seja um *link* (exemplo: um número de telefone, *fax*, endereço informado de *e-mail* ou *site* sem *link*, SMS, carta ou qualquer outro meio amplamente disseminado).
5. Quando houver contrato entre o remetente e o destinatário, as mensagens enviadas exclusivamente com finalidade de assegurar a execução contratual e pós-contratual referentes àquele contrato (ex.: boleto bancário, avisos e extratos) estão dispensadas de conter o recurso de *opt-out*.
6. O remetente somente poderá enviar mensagens de *E-mail* Marketing por endereço eletrônico vinculado ao seu nome de domínio próprio, por exemplo, remetente@exemplo.com.br. É vedada a utilização de domínio de terceiros não pertencentes ao mesmo grupo econômico do remetente ou de parceiros.
7. O envio de anexos, muitas vezes utilizado por instituições financeiras, pode ser realizado desde que exista uma autorização prévia e comprovável do destinatário. Certificação e assinatura digitais são permitidas e não ficam sujeitas à regra dos anexos.
8. É imprescindível divulgar no *site* da empresa a "Política de Privacidade e de uso de Dados" adotada com clientes e usuários. Isso é importante para que os destinatários da mensagem saibam como e em que situações a empresa utilizará suas informações pessoais ou corporativas.
9. O envio de mensagens só pode ser feito para bases *opt-in* ou *soft opt-in*. Porém, é permitido que uma empresa realize uma ação para algum

parceiro comercial enviando *e-mail* para sua própria base de destinatário, desde que observadas as condições seguintes: a base deve ter *opt-in* expresso e que autorize o envio de *e-mails* de conteúdo de terceiros; o *e-mail* de remetente deverá ser aquele por meio do qual a pessoa física ou jurídica que detém o relacionamento com a Base de destinatários pode ser contatada pelo destinatário; além dos recursos de *opt-out* padrão, a mensagem deverá conter mais duas opções de descadastro: uma para descadastro de mensagens daquele parceiro comercial do remetente, e outra para mensagens de todo e qualquer parceiro comercial do remetente; o endereço de remetente deve ser válido e utilizar nome de domínio próprio do responsável pela base de destinatários.

10. Entre as várias disposições técnicas previstas no código, destaca-se a configuração de SPF (*Sender Policy Framework*). Trata-se de uma configuração no servidor de domínio que informa quais IPs (internet *protocol* – ou endereços) estão aptos a enviar *e-mail* em nome desse domínio.

    Mais detalhes sobre o novo código podem ser obtidos através do *site* <www.capem.org.br> ou <www.emailmarketinglegal.com.br>.

Dicas para o bom uso do e-mail *marketing*

Observando as melhores práticas de empresas que utilizam adequadamente o *e-mail* marketing e obtêm benefícios, listamos algumas dicas:

- Crie uma área no seu *site* para estimular os visitantes a cadastrarem seus dados e endereços de e-mail.
- Construa um *mailing* contendo os dados dos seus clientes, visitantes do *site* e parceiros de negócios.
- Crie contas de *e-mail* nos principais provedores gratuitos, como Gmail, Yahoo, Hotmail e IG, entre outros, e pagos, como Terra, UOL, Globo, para fazer testes, ou seja, envie a campanha que pretende veicular apenas para esses endereços e verifique se todas as imagens e *links* foram anexados adequadamente.
- Invista em um bom *software* para envio automático de *e-mail*. É uma providência importante e de grande utilidade, especialmente visando o crescimento da base de dados. Com esse recurso é possível enviar milhares de *e-mails* com rapidez e eficiência, além de fazer a manutenção das informações sem dificuldade, incluindo as atualizações e exclusões automáticas de assinantes da lista.
- Envie apenas informações que sejam úteis para o destinatário e que de alguma forma possam gerar retorno para a empresa, mesmo que seja apenas a fixação da marca.
- Faça avaliações periódicas das ações de *e-mail* marketing e retornos obtidos.

- Esteja aberto à comunicação com seus clientes e parceiros de negócios (para reclamações, elogios, sugestões e pedidos de informações adicionais).
- Use a criatividade e o bom senso para criação de mensagens atraentes e persuasivas, e que estejam integradas a outras ações de comunicação da empresa de forma a potencializar os resultados.
- Integre o *e-mail* marketing a outros canais digitais (como as redes sociais, por exemplo).

O *e-mail* marketing também pode ser usado como uma ferramenta de comunicação eficiente com fornecedores e parceiros de negócios – o chamado B2B (*business to business*). Para isso a empresa deve utilizar um modelo de *e-mail* bem desenhado, que traga sua marca ou logotipo evidenciado, fortalecendo sua identidade junto ao destinatário. Também é interessante classificar esses parceiros em grupos de afinidades, de acordo com as segmentações definidas pela empresa para que recebam apenas informações que sejam de fato pertinentes.

Curiosidades

Uma pesquisa realizada pela Litmus, empresa de tecnologia especializada em E-mail *Analytics*, e que se baseou no rastreamento de mais de quatro milhões de *e-mails*, mostrou que 51,1% das pessoas que recebem uma mensagem de *e-mail* marketing levam em média dois segundos para lê-la antes de apagá-la; 77% das pessoas leem a mensagem completamente; 0,12% dos destinatários, em média, as imprimem; e 0,63% das mensagens de *e-mail* marketing enviadas são encaminhadas para outras pessoas, sendo que em campanhas de marketing viral (saiba mais a seguir) esse percentual pode chegar a até 9% da base.

3.6 Marketing viral

O marketing viral pode ser definido, na verdade, como a consequência de estratégias que levam as pessoas a retransmitirem mensagens para amigos, conhecidos e demais integrantes das suas redes de contato, principalmente com o uso de *e-mail* marketing. A classificação como viral está relacionada a esse poder de repassar as mensagens com rapidez para um grande número de pessoas.

Há ainda quem o confunda com *spam* ou como forma de manipulação do público, com o intuito de levá-lo a divulgar mensagens, como se fosse uma propaganda, mas sem receber a remuneração para esse trabalho. Nem vírus, nem *spam* e muito menos técnica de manipulação, o marketing viral é, na verdade, uma estratégia empregada para tornar algum assunto ou mensagem tão interessante, engraçada ou instigante, a ponto de levar as pessoas a, naturalmente, querer compartilhar aquilo com seu grupo de relacionamento.

Fonte: <http://marketingpontocom.wordpress.com/>.
Figura 3.9 *Ilustração sobre marketing viral.*

Oferecer prêmios, ou vantagens, para quem retransmitir uma mensagem não é marketing viral. As pessoas apenas irão passar aquela informação pela Internet como se fosse o conhecido e tradicional "boca a boca" quando sentirem algum tipo de satisfação com aquele ato ou até por se sentirem prestigiadas por terem descoberto aquilo antes que os colegas de sua rede.

Muitas mensagens podem conquistar uma série de interessados em repassá-las adiante, mas cabe a seus emissores – que podem ser publicitários ou profissionais de marketing – saber identificar quais elementos despertam, em determinados grupos de pessoas, o desejo de querer reenviá-las para seus amigos, e utilizar esses fatores com inteligência e critério. O vídeo do Chocolate Cadbury em que um gorila toca bateria ao som de Phil Collins, com expressão de puro prazer, mencionando o produto apenas no final, é um exemplo de mensagem bem-humorada que os internautas gostam de repassar aos seus amigos e contatos, enviando *links* do YouTube <http://www.youtube.com/watch?v=9TvsMDXWUvg>.

Essa peça, inclusive, ganhou prêmio no famoso Festival de Cannes, na França, na modalidade digital, justamente pela sua característica totalmente inovadora. Um fator que fez com que as pessoas tivessem interesse em retransmitir à sua base é perceber que era possível alterar a música original do filme, adaptando-a a diferentes gostos, transformando isso numa grande brincadeira. Sempre que se consegue criar algo assim, inusitado, há grande chance de se produzir um viral de sucesso.

Fonte: Disponível em: <www.guardian.co.uk>.
Figura 3.10 *Exemplo de marketing viral: campanha do chocolate Cadbury.*

Outro comercial dos chocolates Cadbury que também fez enorme sucesso na viralização pela *web* utilizava duas crianças, um menino e uma menina, que brincavam com as sobrancelhas no ritmo de uma música do seu relógio, divertidíssimo (assista em: <http://www.youtube.com/watch?v=TVblWq3tDwY>).

Fonte: Disponível em: <www.guardian.co.uk>.
Figura 3.11 *Exemplo de marketing viral: campanha do chocolate Cadbury.*

Esse filme fez tanto sucesso que acabou tendo diversas versões que inclusive saíram da Internet, passando a ter sátiras em programas de TV, um deles com a cantora inglesa Lilly Allen (assista em <http://www.youtube.com/watch?v=HV0qTZNZkY0>), lembrando que, muitas vezes, os filmes modificados têm igual ou maior sucesso que os originais, e o importante é que a marca é visualizada, da mesma forma, por muito mais pessoas.

E para finalizar os exemplos de grande sucesso, temos um filme da Dove (marca de cosméticos), cujo mote da campanha era direcionado para a "real beleza", em que se demonstra a "fabricação" de uma foto de uma modelo, sendo totalmente retocada, para chegar a um "padrão" de beleza, para a criação posterior de um outdoor. Esse vídeo fez grande sucesso e também ganhou prêmio em Cannes em 2007 (<http://www.youtube.com/watch?v=2DiHXFaCHWk>).

Fonte: Disponível em: <www.theinspirationroom.com>.

Figura 3.12 *Exemplo de marketing viral: imagem da campanha de produtos Dove pela real beleza.*

Há também vários exemplos de campanhas de marketing que misturam ações no mundo real com a Internet, também chamadas de *Alternate Reality Game* (ARG) – um tipo de jogo eletrônico que combina as situações de *game* com a realidade, recorrendo às mídias do mundo real, de modo a fornecer aos jogadores uma experiência interativa. Os ARGs são caracterizados por envolver os jogadores nas histórias, encorajando-os a explorar a narrativa, a resolver os desafios e a interagir com os personagens do jogo. Este tipo de jogo desenvolve-se a partir de *sites, e-mails,* telefonemas, entre outros meios de comunicação comuns.

Essa técnica foi usada com muito sucesso para divulgar o filme *Batman*: o cavaleiro das trevas, em 2007. O primeiro passo foi o lançamento do *site* "I believe in Harvey Dent" (nome do personagem Duas Caras), e posteriormente outro *site* "I believe in Harvey Dent too", que dava aos fãs a oportunidade de ver a primeira imagem oficial do Coringa (Joker). Meses depois, outro *site,* "WhySoSerious.com", orientava os fãs a procurar por pistas que haviam sido espalhadas nas grandes cidades dos EUA, e mais tarde também no Brasil, nos *Shoppings* Eldorado e Interlagos (em São Paulo). Uma mensagem, emitida pelo Coringa, chegou a mobilizar os fãs a juntarem 300 amigos para buscar as pistas e decifrar as charadas. Quando o filme estava prestes a ser lançado no Brasil, o *site* <www.porquetaoserio.com.br> divulgou um número de telefone por meio do qual os jogadores deveriam informar seus dados. Os primeiros a se inscrever tiveram direito a assistir à pré-estreia do filme, no *Shopping* Marketplace, em São Paulo, um dia antes do lançamento oficial.

Fonte: Disponível em: <www.davesworld.org.uk>.

Figura 3.13 *Exemplo de marketing viral: imagem da campanha de lançamento do filme Batman.*

Outro exemplo de ARG foi uma campanha criada pelo canal Fox, de TV por assinatura, para promover no Brasil a estreia da terceira temporada do seriado *Prison Break*. Para isso, um ator parecido com o personagem principal da série ficou enjaulado durante três dias em uma das mais movimentadas avenidas de São Paulo (a Av. Engenheiro Luis Carlos Berrini). Para libertá-lo era necessário que as pessoas descobrissem uma senha e a aplicassem no *site* <www.querosairdaqui.com.br>, e várias outras pistas foram espalhadas em *blogs* e em redes sociais como o Orkut. Um rapaz de 22 anos conseguiu decifrar a charada e ganhou, como prêmio, uma TV LCD de 40 polegadas e um *home theater*.

Mas também pode acontecer um efeito negativo e contrário ao objetivo inicialmente fixado. Vale lembrar que há muitas pessoas criativas que navegam na Internet e que se, de alguma forma, sentirem que estão sendo manipuladas ou enganadas, ou pessoas que estão profundamente insatisfeitas com algum produto, serviço ou atendimento, podem transformar uma mensagem ou comercial, que foi veiculado em outras mídias (como televisão, rádio, jornais, revistas e até na própria Internet), em marketing viral negativo, alterando seu teor ou mesmo acrescentando comentários pejorativos.

Um dos exemplos desse tipo de reação se deu no vídeo: *consumidores revoltados com a Dafra Motos*, postado no YouTube, e que fez uma paródia do comercial estrelado pelo ator Wagner Moura. Usando as mesmas imagens do comercial, o autor do vídeo falso mudou as falas do ator e a música, e, com um humor negro e alguns palavrões, mostrou toda sua insatisfação com as motos e com o serviço de atendimento ao cliente (assista em: <http://www.youtube.com/watch?v=apYh3P5mSI8>). Essas insatisfações vão parar, em geral, nas primeiras páginas dos buscadores, o que é extremamente preocupante para as marcas.

É importante salientar que a grande relevância desse tipo de ação é que as pessoas não consideram como *spam* aquilo que recebem de amigos ou de pessoas que conhecem, e também não é visto como propaganda ou oportunismo, mas sim como algo que possa lhes interessar. São ações espontâneas e, por isso, tendem a ser mais aceitas e trazem melhores resultados do que outras formas de *e-mail* marketing. O elemento que aciona o "gatilho" viral pode ser tudo o que estimula sentimentos – nobres ou até perversos – nas pessoas, ou ainda o humor. É preciso entender também o tipo de público que se pretende atingir para enviar a mensagem que mais atende às suas características e perfis, porque obviamente não são todos os assuntos que agradam a todas as pessoas.

Uma dica é fugir dos padrões aplicados à mídia convencional e, principalmente, não contrariar nem bater de frente com o público que deverá ser o multiplicador da mensagem. Dentre algumas ações que levaram à viralização de campanhas pode-se citar o uso, por exemplo, de bebês falando em línguas impróprias, animais fazendo papel de humanos, e vice-versa, aliar acidentes ao humor, ou dublar filmes clássicos, trocando as falas originais.

Como o marketing viral é imprevisível, pode acontecer que uma ação promocional não gere o retorno esperado, mas em contrapartida traga um grande efeito de longo prazo em termos institucionais e de consolidação da marca.

3.7 *Flash mob*

Uma modalidade que também gera marketing viral são os ***flash mobs***, abreviação dos termos em inglês *flash mobilization*, que significam mobilização rápida. É uma forma de conduzir as pessoas a se concentrarem em um local público para realizar determinada ação inusitada previamente combinada, e a se dispersarem de forma tão rápida quanto se reuniram. São reuniões organizadas através de *e-mails* ou de meios de comunicação como as redes sociais.

No Brasil, um dos primeiros exemplos de *flash mob* aconteceu em São Paulo, e logo se espalhou pelo resto do país: foi o evento *No Pants* (sem calças), realizado em 2009 e com o objetivo de combater a hegemonia dessas peças do vestuário na composição do visual. Várias pessoas aderiram ao "chamado" e circularam pelo metrô e por várias avenidas principais da cidade sem calças (vestidas apenas com a parte de cima e com roupas íntimas na parte de baixo – <http://www.gordonerd.com/voce-sabe-o-que-e-flash-mob#ixzz0ysZipX6k>).

Outro exemplo de *flash mob* aconteceu em 10 de setembro de 2009, quando o grupo musical norte-americano *Black Eyed Peas* reuniu cerca de 21 mil fãs na Avenida Michigan, em Chicago, nos EUA para comemorar o início da 24ª temporada do programa televisivo de Oprah Winfrey. O grupo preparou uma surpresa para ela ao tocar o grande hit *I Gotta Feeling* com uma coreografia inacreditável envolvendo toda essa multidão. A ação começou com uma garota dançando sozinha na frente do palco, e logo depois toda a multidão passou a fazer a mesma coreografia. Oprah (que não sabia de nada) ficou chocada com o que estava vendo, enquanto gravava tudo em seu celular.

A apresentadora então gritou: *"Isso é tão legal!! É a coisa mais legal que eu já vi... Chicago, eu amo vocês!"* Durante a entrevista, após a apresentação, Will.i.am, o líder do grupo, contou que chamou 800 fãs para ajudar na coreografia, que acabou sendo repassada para mais de 20 mil pessoas que estavam presentes naquele momento. A apresentação foi tão bem recebida nos EUA que, após a exibição do programa, a música *I Gotta Feeling* alcançou a quarta posição no iTunes, garantindo mais uma semana no topo da Billboard Hot 100.

Fonte: Disponível em: <www.ny-attracions.com>.
Figura 3.14 *Imagem do* flash mob *para a apresentadora Oprah.*

Um dos exemplos mais marcantes e famosos foi uma ação coordenada pela AT&T Corporation (American Telephone and Telegraph – companhia americana de telecomunicações) e realizada pela agência Saatchi Saatchi, em que um grupo de pessoas começou a dançar vários ritmos musicais no meio da estação do metrô de Liverpool (Inglaterra), às 11 horas da manhã – <http://www.youtube.com/watch?v=VQ3d3KigPQM>, envolvendo jovens, adultos e idosos, com diversas pessoas filmando pelos seus celulares e enviando a mensagem a suas redes de relacionamento (Figura 3.15).

É esse o efeito que uma ação desse tipo visa, pois, além da multiplicação, ela tem a ver com o tipo de produto/serviço da companhia, nesse caso, telefonia. Então, faz todo sentido, pois, como se pode observar no vídeo, a partir de um determinado momento, praticamente todas as pessoas que estão assistindo passam a fotografar suas ações e enviá-las por seus celulares.

Fonte: Disponível em: <http://www.youtube.com/watch?v=VQ3d3KigPQM>.
Figura 3.15 *Imagem do vídeo da campanha de* flash mob *da AT&T.*

E, como foi exposto no tópico sobre marketing viral, no caso do *flash mob*, se não for devidamente coordenado, também poderá trazer um resultado oposto ao esperado, ou seja, pode não se tornar algo positivo, como foi observado na campanha de uma marca de chocolates na avenida Paulista, em São Paulo, que frustrou os fãs que se deslocaram até lá. A partir de determinado momento os jovens presentes passaram a gritar a marca de um chocolate concorrente (Figura 3.16) – assista a um dos filmes feitos pelos presentes em <http://www.youtube.com/watch?v=fdOqN4Unegk&feature=related>.

Fonte: Disponível em: <http://www.youtube.com/watch?v=vk3JFiXjtsM&feature=fvst>.
Figura 3.16 *Imagem do vídeo da campanha de* flash mob *do chocolate Twix.*

3.8 *Mobile* marketing

Mobile marketing, como o próprio nome diz, são ações que utilizam o celular como veículo ou mídia para divulgação de produtos ou serviços, atividades de relacionamento com clientes ou *prospects*, enfim, é a canalização de estratégias e campanhas de marketing e comunicação para a palma da mão das pessoas. É, sem dúvida, o melhor caminho para se operacionalizar o marketing de forma superpersonalizada.

As perspectivas são bastante animadoras quanto ao *mobile* marketing. Em 2008 essa modalidade movimentou, no mundo, US$ 2,7 bilhões, e as estimativas são de que em 2011 atinja US$ 12 bilhões. No Brasil a participação ainda é pequena no bolo publicitário. Isso porque tanto as agências como os profissionais da área acabaram optando por ações mais tradicionais e amplamente testadas. Mas as tendências apontam para mudanças rápidas nesse cenário, como será demonstrado.

Outros motivos inibidores são o receio das operadoras de telefonia celular de congestionar seus *call centers*, o alto valor cobrado para certas ações e a grande quantidade de linhas pré-pagas (aproximadamente 82,5% de toda a base de celulares no Brasil), fatores que dificultam a propagação de campanhas por esse canal.

Uma análise feita pela eMarketer, empresa especializada em pesquisas de marketing e mídias digitais, mostrou que o Brasil, assim como os demais países do BRIC (Brasil, Rússia, Índia e China), que se caracterizam por terem uma população numerosa, irá aumentar seus investimentos na comunicação móvel nos próximos anos. Apenas no Brasil os investimentos publicitários em *mobile* marketing deverão totalizar algo próximo a US$ 40,9 milhões em 2012 (veja quadro a seguir).

QUADRO | **Investimentos publicitários em celulares (em US$ milhões)**

País	2009	2010	2011	2012
Brasil	6,1	11,8	23,8	40,9
Rússia	4,8	6,4	12,1	22,4
Índia	20,8	35,4	56,5	85,4
China	101,0	223,2	448,7	699,9

Fonte: eMarketer.

As previsões de investimentos em *mobile* marketing se baseiam não apenas na quantidade de celulares em uso no país, mas principalmente nas suas perspectivas de crescimento. Segundo a Anatel (Agência Nacional de Telecomunicações), os mais de 224 milhões de celulares no país (agosto/2011) superam o total de habitantes, que é da ordem de 193,2 milhões. Mas nem de longe isso significa que cada brasileiro dispõe de um celular (144 milhões possuem linhas no país), mas sim que cada vez mais os consumidores adquirem dois ou mais aparelhos ou dois ou mais chips. Pelos cálculos das principais operadoras, cerca de 30% de suas bases de assinantes possuem mais de um *chip*. Veja, na Figura 3.17, a distribuição da penetração de linhas celulares e de Internet por classe social no país.

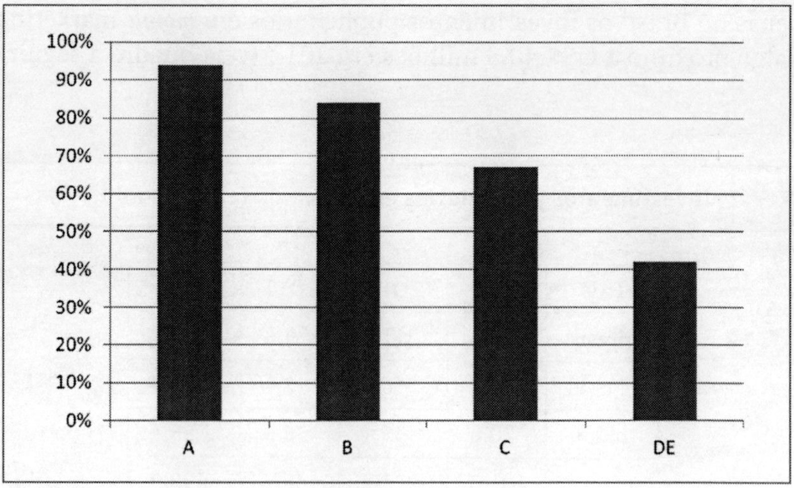

Fonte: Anatel 2010. Adaptada pelo autor.

Figura 3.17 *Penetração de linhas celulares por classe no Brasil.*

Os dados coletados pela Anatel revelam, ainda, que as operadoras de telefonia móvel chegaram, até abril de 2010, a todos os municípios que ainda não tinham celulares. No mesmo período, levaram a tecnologia 3G (veja detalhes no boxe 'Evolução da tecnologia celular') a todas as capitais e a cidades com mais de 500 mil habitantes, incluindo o Distrito Federal. Até abril de 2012, as operadoras deverão atender a todos os municípios com mais de 200 mil habitantes; até abril de 2013, o 3G será levado a 50% dos municípios que possuem entre 30 mil e 100 mil habitantes; a 100% dos municípios com mais de 100 mil habitantes até abril de 2014, e a 60% dos municípios com menos de 30 mil habitantes até abril de 2016.

Evolução da tecnologia celular

Criado em 1947, pelo laboratório *Bell*, nos EUA, o telefone celular passou por várias fases e sua evolução ocorreu de forma rápida e contínua.

Primeira geração (1G): Todos os sistemas e aparelhos eram analógicos e só podiam ser utilizados para comunicação por voz. No início sofriam muita interferência e apresentavam baixa segurança, uma vez que as ligações podiam ser captadas até mesmo por simples sintonizadores de rádio, o que abria brechas para roubo de sinal e para que as ligações feitas fossem creditadas em contas de terceiros. No Brasil o lançamento da primeira linha de celulares ocorreu em 1990 e em 1992 era disponibilizado o Microtac Lite, um aparelho da Motorola que pesava 220 gramas – o mais leve do mercado. No ano seguinte a telefonia móvel chegou a São Paulo e em 1997 um leilão na banda B abriu o setor à iniciativa privada.

Segunda Geração (2G) – A segunda geração de telefones celulares começou por volta de 1997, com a introdução dos protocolos de telefonia digital que, além de permitir mais conexões simultâneas com a mesma largura de banda, também possibilitavam integrar outros serviços, no mesmo sinal, como o envio de mensagens de texto (SMS – *Short Message Service* – serviço que permite o envio de mensagens curtas por meio de celulares) e capacidade para transmissão de dados entre dispositivos de *fax* e *modem*. No Brasil, a CTBC, empresa de telecomunicações do Grupo Algar, lançou o 1º serviço pré-pago em 1998.

Segunda geração e meia (2,5G) – É caracterizada pela transição entre as tecnologias 2G e 3G, embora o termo "2,5G" tenha sido definido pela mídia, e não oficialmente pela União Internacional de Telecomunicações (UIT). Esse termo foi criado para descrever serviços de transmissão mais rápida de dados (banda larga) oferecidos ainda pela tecnologia 2G, como as tecnologias *EDGE* (*Enhanced Data* para o padrão *GSM*) e 1xRTT (para o padrão *CDMA*). A 2,5G apresenta velocidades superiores à tecnologia 2G e, através de tecnologias de pacotes, permite acesso à Internet de forma mais flexível e eficiente. O *EDGE* (também conhecido como 2,75G) é uma versão de maior banda do *GPRS* (e por isso muitos o chamam de *E-GPRS*), e permite velocidades máximas de até 384 Kbps. No Brasil o celular 2,5G foi lançado em 2001 pela Telesp Celular (atual Vivo); em 2002 a Anatel permitiu o aumento de duas para até quatro operadoras em cada mercado e em 2003 começaram a ser vendidos os celulares com *chip*. Em agosto daquele ano os celulares chegaram a 40 milhões, ultrapassando o total de linhas fixas em cerca de 1 milhão.

Terceira Geração (3G) – A característica mais importante é sua capacidade de suportar um número maior de clientes de voz e dados, especialmente em áreas urbanas, além de permitir o tráfego de maiores taxas de dados a um custo menor que na 2G. É a geração atual e permite a transmissão de 384 kbits/s para sistemas móveis e 2 Megabits para sistemas estacionários (telefonia fixa). No Brasil, as operações 3G tiveram início em 2008.

Quarta Geração (4G) – Prevista para 2012, é uma nova tecnologia que irá integrar a quarta geração de dispositivos para acesso à Internet móvel, aumentando em 180 vezes a velocidade atual, tornando os aparelhos 3G ultrapassados. Em termos práticos, isso significa que enquanto a tecnologia 3G atual leva em média seis horas para baixar um arquivo com um gigabyte, os dispositivos 4G deverão levar aproximadamente 2 minutos para fazer o mesmo. Esses cálculos levam em conta apenas a velocidade prometida de conexão, porque na prática a velocidade varia muito e depende da intensidade do tráfego, da distância do aparelho em relação à antena e do contrato que o cliente firmou com a operadora. Com a tecnologia 4G, o celular não servirá apenas para fazer ligações, mas será um aparelho para gerar, compartilhar e solicitar conteúdo.

A Anatel aprovou em novembro de 2010 as alterações no regulamento sobre as condições de uso de radiofrequências nas faixas de 2.170 MHz a 2.182 MHz e de 2.500 MHz a 2.690 MHz. Atualmente, essas faixas são utilizadas para a prestação de serviços de comunicação multimídia e TV por assinatura via MMDS (Serviço de Distribuição de Sinais Multiponto Multicanais). Com as mudanças, as faixas também poderão ser usadas para telefonia fixa e móvel. A assinatura dos termos de autorização deve ocorrer até 31 de dezembro de 2012, após realização de processo licitatório. Do total de 190 MHz disponível na faixa de 2,5 GHz, as operadoras de celular devem ficar com 140 MHz. A proposta é que a partir de 2013, um ano antes da Copa do Mundo, o país já ofereça a tecnologia de acesso móvel 4G. As tecnologias que são mais exploradas na indústria são WiMax e LTE (*Long Term Evolution*), sendo que esta última precisa de uma faixa do espectro de radiofrequência diferente daquela usada pelo 3G. A conexão pode ser cinco vezes mais rápida que a oferecida pelas redes 3G em funcionamento no Brasil. A velocidade máxima chega a 100 megabits por segundo (Mbps).

Porém, não é necessário esperar a chegada da rede 4G. Já há aplicativos que utilizam o celular como uma 'lente' que adiciona informações ao mundo real. Donos de celulares Android, sistema operacional do Google, ou de iPhones, por exemplo, já podem testar diversos programas de realidade aumentada.

Tendências do mobile *marketing*

O crescimento da venda de *smartphones* no Brasil (apenas em 2009 foi de 15,1% e no primeiro semestre de 2010 superaram em 128% o registrado em igual período do ano anterior) aliado ao maior uso do 3G, cuja base atual é da ordem de mais de 15 milhões de consumidores, são outros indícios incontestáveis de que o celular está se fortalecendo como um canal de comunicação *one-to-one* e que deverá ser mais bem aproveitado para veiculação de publicidade e de campanhas de marketing nos próximos anos. Segundo relatório da Nielsen, mais de 30% dos brasileiros que possuem um celular têm um *smartphone*.

A cada dia que passa o celular está mais presente na vida das pessoas, principalmente da chamada geração Y – jovens com idades entre 14 e 25 anos (Figura 3.18) –, que utilizam o aparelho não apenas para falar com amigos e parentes, como também para filmar, fotografar, enviar fotos, jogar, ouvir música, transferir dados, enviar mensagens instantâneas, e uma série de outras tarefas. E o *mobile* marketing tem muita sinergia com esse público por ser rápido, seletivo, com alta capacidade de segmentação, e, ainda, por requerer baixo investimento.

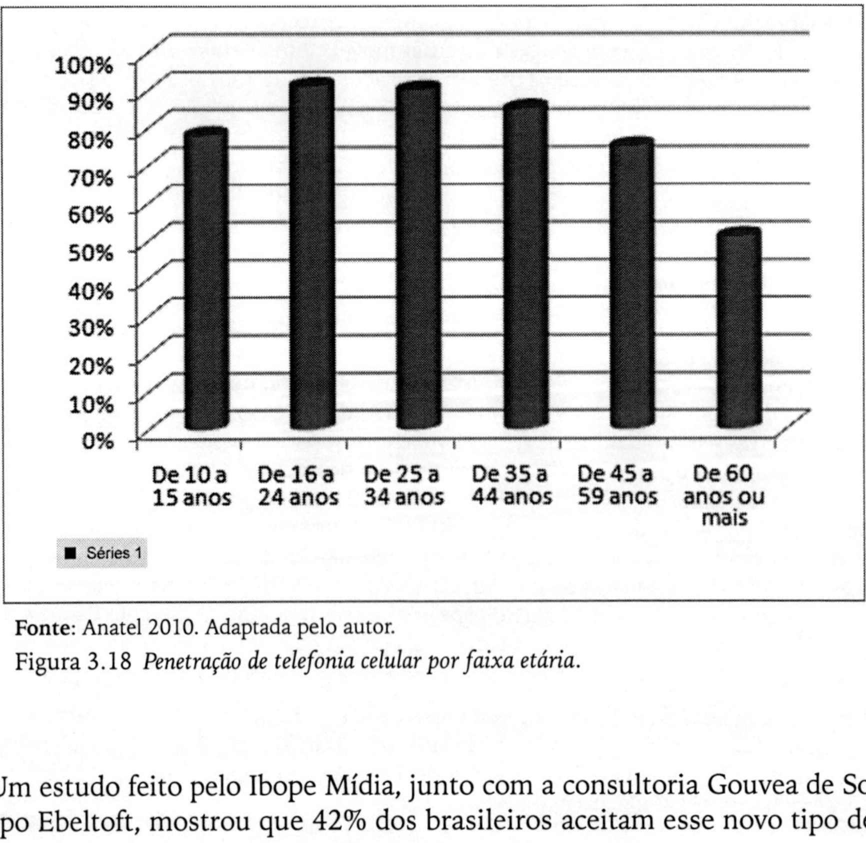

Fonte: Anatel 2010. Adaptada pelo autor.

Figura 3.18 *Penetração de telefonia celular por faixa etária.*

Um estudo feito pelo Ibope Mídia, junto com a consultoria Gouvea de Souza e o grupo Ebeltoft, mostrou que 42% dos brasileiros aceitam esse novo tipo de propaganda, principalmente porque lhes é oferecida a opção de receber ou não aquela informação, ou seja, não é invasiva. E ainda, o *mobile* marketing está alinhado com a velocidade, liberdade, consumo, individualidade e tecnologia que os jovens da geração Y querem, exigem e buscam.

No entanto, a evolução do *mobile* marketing ainda depende de uma série de fatores para deslanchar, entre os quais a atuação das operadoras de telefonia (ver boxe 'Ranking das Operadoras').

Ranking das Operadoras

A operadora Vivo, controlada pela Telefonica, lidera o segmento de operadoras de telecomunicações no país, detendo 29,43% do *market share*. A Claro, do conglomerado mexicano de telecomunicações América Móvil, segue na segunda posição, com 25,5% de participação de mercado. A TIM Participações, da Telecom Itália, detém 25,5% do mercado. E finalmente a Oi, da qual a Portugal Telecom comprou participação, detém 19,1% do *market share*.

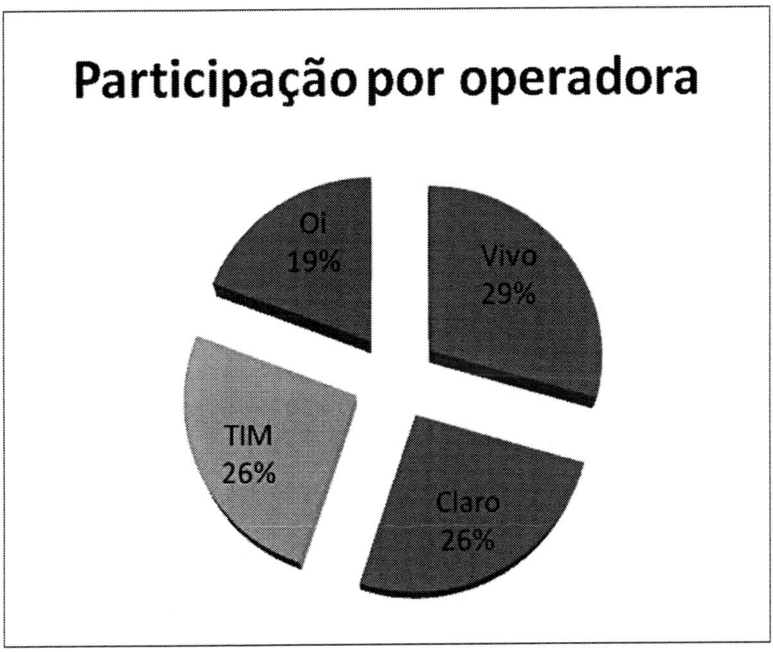

Fonte: Anatel 2011. Adaptada pelo autor.

Figura 3.19 Market Share *operadoras de telefonia móvel no Brasil.*

É importante ressaltar que, embora a base de usuários da telefonia celular seja grande no país, a maioria dos assinantes ainda dispõe de aparelhos convencionais (mais de 82% são celulares pré-pagos), cujo principal uso é para recebimento de chamadas de voz e de mensagens de texto. Também é igualmente importante observar que a renovação do parque de aparelhos ocorre de forma veloz, sendo que a cada um ano e meio a base é renovada, o que fará com que em 2012, aproximadamente, a grande maioria dos celulares tenha acesso à Internet.

Uma pesquisa realizada pelo Gartner Group mostrou que o grande desejo das pessoas é poder acessar *e-mails* no celular (55% das citações); seguido pelo compartilhamento de arquivos através de mensagem multimídia (MMS), com 51%; busca de informações – 43% e 42% querem fazer *downloads* de músicas digitais, além de 40% que têm interesse em serviços bancários.

O que há de novo, além disso, é a migração das buscas para a telefonia móvel, com a parceria, por exemplo, do Yahoo com Vivo e Claro. O Google, de sua parte, lançou diversos serviços como mapas e mensagens para o Orkut SMS, além do Android. A Abril Digital, o estadão.com e o iG são outros exemplos que disponibilizaram seus conteúdos por SMS.

Veja na Figura 3.20 os aparelhos citados pelos usuários como mais importantes no seu dia a dia, segundo pesquisa do *site* Mobilepedia, especializado em telefonia celular.

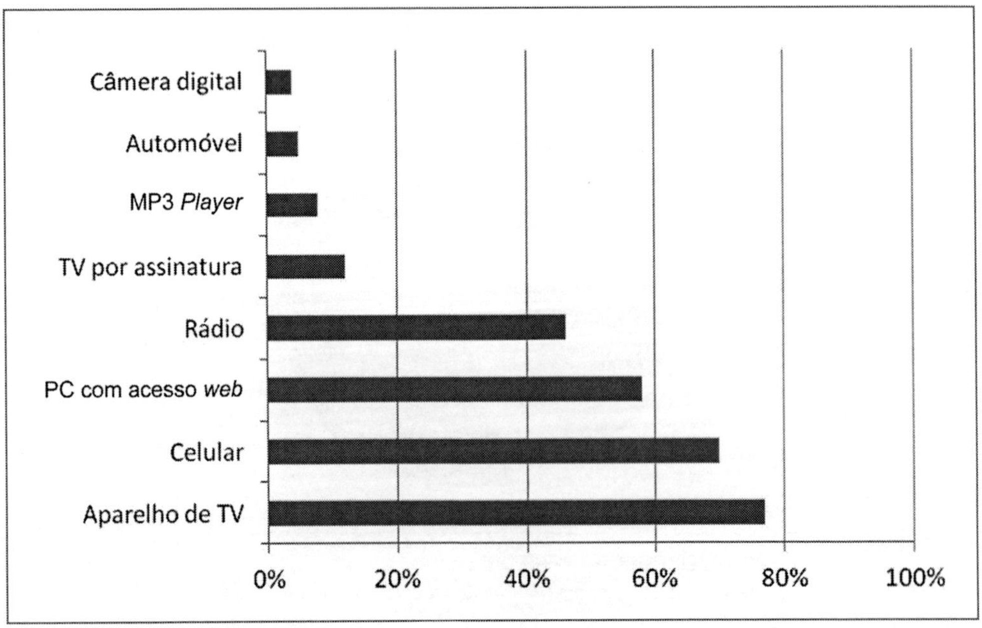

Fonte: Mobilepedia 2010.

Figura 3.20 *Itens citados como mais importantes pelos consumidores no dia a dia.*

Cases *de Aplicativos*

Há diversos projetos de sucesso no uso de *mobile* marketing implementados por algumas empresas. Um dos exemplos foi o lançamento do carro Fiat Punto, feito primeiro nos celulares e depois em outros meios de comunicação, pela AgênciaClick.

Outro exemplo foi uma campanha da Skol Beats, em que diversas informações sobre o festival eram enviadas via celular para aqueles que haviam adquirido ingressos para o *show* e, além disso, as pessoas podiam também contribuir previamente com o conteúdo, indicando *shows* e DJ's que gostariam de ver na programação, ação que mostrou a possibilidade de integrar o espaço físico, *show* e *site* via celular. Os aparelhos móveis facilitam a conexão entre mundo real e virtual.

Deve-se destacar, ainda, a importância do desenvolvimento de aplicativos para *smartphones* e iPhones, segmento que está crescendo de forma considerável. Segundo a consultoria Pingdom, em 2010 existiam 250 mil aplicativos para o iPhone com sistema operacional iOS, da Apple. Apesar de o Android Market oferecer a maior quantidade de aplicativos gratuitos, a App Store para iPhone é a loja virtual que possui a maior quantidade de aplicativos com preço entre US$ 0 e US$ 1. A Blackberry App World aparece em segundo lugar, com 40% dos aplicativos disponíveis neste valor.

Na AppStore, os aplicativos para iPad custam, em média, 16% a mais que os das versões para iPhone. Segundo o levantamento da Distimo, empresa especializada em análises de AppStore, entre os dez aplicativos grátis mais populares para iPhone, a maioria continua sendo de jogos. O iBooks ficou em segundo lugar no *ranking*; e o Facebook, em oitavo.

No caso dos aplicativos grátis para Android, os mais baixados são os de redes sociais, entre os quais se incluem os aplicativos para Facebook, MySpace e Twitter. Veja onde encontrá-los: para iPhone: <http://www.apple.com/iphone/apps-for-iphone/>; para Blackberry: <http://br.blackberry.com/services/appworld/> e para o Nokia: <http://www.nokia.com.br/servicos/todos-os> (**Fonte**: IG Tecnologia).

Outros exemplos de uso de marketing *mobile* que utilizavam geolocalização foram o aplicativo desenvolvido para a cerveja Heineken, que permitia aos clientes localizar bares próximos para aproveitar uma promoção, e ainda o da construtora Tecnisa, que permitia checar imóveis, acessar mapas e detalhar a rota até as unidades indicadas para os clientes. Seguem na mesma linha os aplicativos criados pela SulAmérica e Bradesco Seguros. Outro caso foi feito pela Nestlé, que disponibilizou até três mil receitas culinárias aos seus clientes.

Fonte: Agência PontoMobi. Disponível em: <http://leonardoxavier.typepad.com/mobilizado/oba/>.
Figura 3.21 *Ilustração do aplicativo criado para o* site *Obaoba.*

Outro caso de geolocalização foi criado pela agência Pontomobi para o *site* Obaoba, no qual a pessoa baixa o aplicativo, chacoalha o seu celular, que emite sons de gelos batendo, o que ativa a geolocalizaçao, conforme Figura 3.21.

Em setembro de 2010, o Grupo Pão de Açúcar lançou o Pão de Açúcar Delivery nas plataformas *mobile* Android, iPhone, iPod touch e iPad. O aplicativo foi desenvolvido pela Pontomobi, agência especializada em *mobile* marketing, com o objetivo de compor a estratégia da marca e criar um vínculo mais próximo com o consumidor. Com isso, os usuários passaram a ter acesso a funcionalidades e serviços que eles já encontravam por meio do *site*, como buscas de produtos, listas prontas, listas personalizadas, receitas e últimas compras realizadas, além de localizador para encontrar a loja do Pão de Açúcar mais próxima.

Para acessar o Pão de Açúcar *Delivery* Mobile bastava baixar o aplicativo por meio da loja virtual disponível para cada um dos sistemas operacionais e se cadastrar. Os usuários de iPhone, iPod touch e iPad puderam obter o aplicativo gratuitamente na AppStore, pelo próprio aparelho conectado à Internet, ou pelo *software* iTunes, no Mac ou PC. O aplicativo para iPad foi lançado antes mesmo da comercialização do produto no Brasil, como forma de a empresa se antecipar para atender os futuros usuários e também aqueles que já adquiriram esse dispositivo no exterior.

Fonte: Agência Pontomobi. Disponível em: <http://www.mobilizado.com.br/aplicativos/pontomobi-conquista-premio-internacional>.

Figura 3.22 *Ilustração do aplicativo para o Pão de Açúcar* Delivery *via celular.*

A grande vantagem desse tipo de publicidade é chegar, literalmente, às mãos do consumidor, estar onde ele está. Dentro dessa perspectiva, as últimas tendências são a utilização das ferramentas de geolocalização, como os exemplos citados acima, e direcionamento de ofertas de acordo com a região onde o usuário está.

Infelizmente não há muitos casos de utilização de *mobile* marketing pelas pequenas e médias empresas. Isso se deve à falta de recursos para investimentos, falta de conhecimento e receio de investir em mídias que não conhecem, por parte dos empresários.

3.9 *SMS, Bluetooth,* Realidade Aumentada *e Mobile Tagging*

O grande desafio é estabelecer formas criativas, funcionais e lucrativas de uso da publicidade em celulares. Já existem várias tecnologias que contribuem para isso. Uma das mais usuais é a SMS, entre outros dispositivos.

Também conhecidos como torpedos, esses recursos têm sido bem empregados para algumas campanhas, como a que foi feita pela Brastemp para motivar seus vendedores, em que a equipe de vendas recebia um SMS informando quantos itens já tinham sido vendidos e quantos faltavam para subir no *ranking*.

Outro exemplo foi o da Nestlé, na campanha *Nestlé torce por você*, também voltada para seus funcionários, em que eram enviados torpedos, com a voz do rei Pelé, relacionando os ganhos da equipe com os gols no futebol.

Fonte: Disponível em: <http://www.mobilepedia.com.br/prod/2008/09/04/mobile-marketing-nestle-torce-por-voce-com-sms-e-qr-code>.

Figura 3.23 *Campanha "Nestlé torce por você".*

O Laboratório Fleury, de São Paulo, também utiliza o SMS para avisar seus clientes sobre o agendamento de exames e os resultados que ficaram prontos e disponibilizados no *site*. São apenas alguns exemplos do uso corporativo do SMS. Nesses casos, a base utilizada com números de celulares é de funcionários da empresa, ou de clientes, que pré-autorizaram o uso para recebimento de mensagens.

Só no Brasil são trocadas cerca de 850 milhões de mensagens instantâneas por mês.

Na avaliação de Marcelo Castelo, sócio-diretor da F.Biz, há grande potencial para o uso do SMS na publicidade via celular, considerando-se que 94% das mensagens desse tipo são lidas, o que é comprovado por pesquisas. Mas é preciso tomar alguns cuidados:

> *"Logo de início dá para perceber muitas semelhanças entre "e-mail" marketing e SMS Marketing. Mas devemos tomar alguns cuidados para preservar o canal e, consequentemente, manter a taxa média de abertura de mensagens que existe hoje. Isso porque um SMS é mais pessoal que um e-mail.*
>
> *Outro fator importante é o "opt-out": todo "e-mail" marketing "sério" deve possuir essa opção no rodapé. Já no SMS, não temos antispam nem "regras de lixeira". O "como fazer opt-out" não fica claro nas campanhas de SMS Marketing devido aos poucos caracteres que a mensagem disponibiliza. Portanto, é fundamental criar comandos simples de descadastramento.*
>
> *Por esses motivos vejo com ressalvas a atuação de empresas que montam bases "opt-in" para o envio de SMS Marketing e as alugam para anunciantes. Se por acaso elas começam a "alugar" essa base para diferentes clientes sem o devido critério (SMS sem relevância, alta frequência etc.) podemos cair no mesmo problema da "crise do e-mail marketing".*
>
> *Portanto, creio que as operadoras têm um papel muito importante nesse processo. Elas devem criar as regras. Ninguém tem mais interesse do que elas que esse mercado aconteça da forma correta e sem exageros, afinal o usuário de celular não é só cliente das marcas de produtos e serviços. É, principalmente, cliente das operadoras! Se ele estiver insatisfeito, trocará de operadora, não de refrigerante. Se quiser reclamar, vai ligar para o "call center" da operadora. A alternativa válida seria o anunciante construir sua própria base "opt-in", mas essa base deverá ser utilizada apenas para envio de mensagens desse anunciante."*

Apesar de o SMS no Brasil ser o mais caro do mundo, uma das formas inteligentes de utilizá-lo é integrá-lo às campanhas *off-line*. A agência Thompson, por exemplo, criou uma campanha para a Coca-Cola durante a Copa do Mundo de 2010. Pelo celular, era possível baixar a música feita pela empresa especialmente para esse evento. Para isso, o interessado tinha que digitar uma palavra-chave que era veiculada na mídia impressa e no rádio. Em três semanas foram contabilizados 162 mil *downloads* da referida música.

Outro exemplo foi uma campanha feita pela Sprite na MTV. Os espectadores tinham que enviar uma mensagem SMS com a palavra Sprite e seu nome e depois disso recebiam uma ligação da locutora da MTV que informava as instruções para que pudessem participar de um *game* com realidade aumentada (saiba mais adiante). Em apenas oito dias foram registradas dez mil interações. Uma pesquisa realizada no último dia da campanha comprovou que 82% do público gostaram da iniciativa.

Na campanha da empresa Nívea para a categoria de proteção solar, os consumidores tinham que clicar em um *banner* para serem direcionados para a AppStore na qual baixavam um aplicativo que indicava, pelo celular, qual o filtro solar mais indicado para o tipo de pele de cada pessoa e ainda havia um *timer* para lembrar o usuário a reaplicar o protetor a cada duas horas. Esse tipo de serviço é bastante interessante e inovador, pois está divulgando o produto através de um serviço ao consumidor.

Outro aplicativo muito interessante foi criado para o produto farmacêutico Luftal. Ao se agitar o Iphone, ele emitia bolhinhas, o que tem tudo a ver com o conceito do produto, indicado para gases gastrointestinais. Esse também é um aplicativo criado pela Pontomobi (Figura 3.24).

Fonte: Disponível em: <oficinaphd.wordpress.com>.
Figura 3.24 *Aplicativo criado para o produto farmacêutico Luftal, pela Pontomobi.*

Bluetooth

Outra tecnologia que vem sendo bastante utilizada é o Bluetooth – um protocolo padrão de comunicação que permite conectar e trocar informações entre dispositivos como telefones celulares, *notebooks*, computadores, impressoras, câmeras digitais e consoles de *videogames* digitais através de uma frequência de rádio de curto alcance (1 metro, 10 metros, 100 metros). Os dispositivos podem até estar em ambientes diferentes, contanto que a transmissão recebida seja suficientemente potente.

O Banco Bradesco utilizou esse recurso, há algum tempo, em uma campanha que foi veiculada no aeroporto de Cumbica, em São Paulo, convidando o usuário a ativar o Bluetooth para receber um vídeo com mensagem da modelo e apresentadora de TV Ana Hickmann, anunciando determinado produto. Em três meses foram contabilizados 25 mil *downloads*.

A empresa Netshoes, hoje uma das maiores redes de varejo *online* focada no setor de artigos esportivos no país, também usou esse recurso do Bluetooth para que os torcedores de futebol o acionassem no estádio do Pacaembu, durante um jogo do Corinthians em 2010 e ligassem para o 0800 para adquirir a camisa do time que estava sendo lançada naquele dia. Essa ação teve grande repercussão por explorar a questão de permitir a interação com o consumidor no momento exato em que ela terá maior impacto, nesse caso, durante um jogo de futebol do time relacionado à camisa que foi ofertada, no momento do seu lançamento.

Realidade aumentada e Mobile tagging

Mobile Tagging é o processo de ler um código de barras 2D usando a câmera de um aparelho móvel. Quase todos os tipos de dados podem ser codificados, como será exposto a seguir, apenas como exemplo disso temos a transformação de endereços de URLs em códigos. Existem mais de 70 tipos de *tags*, mas para mobile são usados 12 deles. Os mais usados são QR-codes e DataMatrix. Veja alguns na Figura 3.25.

Fonte: Disponível em: <http://en.wikipedia.org/wiki/Mobile_tagging>.
Figura 3.25 *Ilustrações de diferentes tipos de* Mobile Tags.

Bastante popular no Japão, o *mobile tagging*, principalmente o QRcode (*Quick Response Code* – são códigos de barra bidimensionais que podem ser escaneados por um telefone celular e permitem armazenar textos, dados de contato, SMS e também URLs, como já dito), começa a ser usado mais amplamente ao redor do mundo e inclusive no Brasil. A tecnologia oferece enorme potencial.

Fonte: Disponível em: <http://www.celloon.de/portal/>.
Figura 3.26 *Exemplo de aplicação de* mobile tags.

Qualquer pessoa que possua um celular com câmera e acesso à Internet pode ler QRcodes (Figura 3.27), bastando instalar um *software*; como exemplo há o *software* gratuito i-nigma <www.i-nigma.mobi>.

A possibilidade de armazenar URLs no código transforma um QRcode impresso em um botão físico para o mundo *online*. Levando-se em conta que a penetração de telefones celulares com câmera e acesso à Internet está crescendo de forma exponencial, em breve, grande parte das pessoas estará habilitada a ler esses códigos onde quer que estejam.

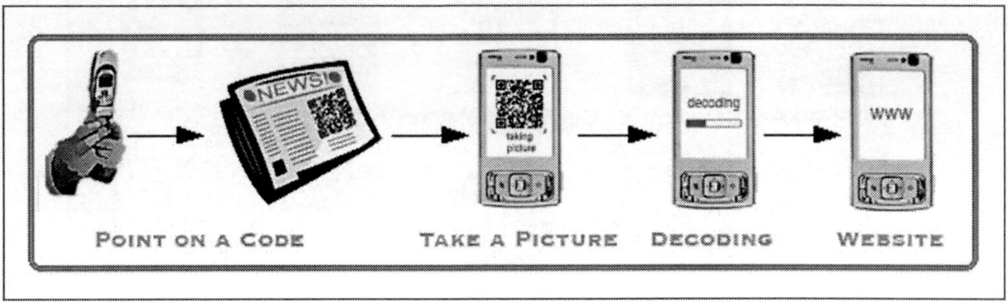

Fonte: Disponível em: <http://en.wikipedia.org/wiki/Mobile_tagging>.
Figura 3.27 *Exemplo de decodificação de* mobile tags.

Na prática, um símbolo (código) pode ser publicado em uma página de revista, ou num *outdoor*, e basta focar o celular nele (é necessário instalar um aplicativo que permite sua leitura, como dito acima) para ler a mensagem inscrita que ele contém. O Banco Itaú e a C&A entre muitas outras empresas já utilizaram esse recurso para aguçar a curiosidade do público em decifrar suas mensagens em anúncios feitos em revistas semanais de grande circulação.

No Japão, uma das utilizações é colocar grandes painéis do lado de fora de um prédio no qual está um magazine, por exemplo, com um código gigante, que as pessoas podem focar, a distância, usando seus celulares, para terem acesso às promoções instantâneas daquela loja de departamentos.

Fornecedoras de TI investem mais em Marketing Digital

A Realidade Aumentada (RA), segundo a Wikipedia, é uma linha de pesquisa dentro da computação gráfica que lida com integração do mundo real e elementos virtuais ou dados criados pelo computador. Atualmente, a maior parte das pesquisas em RA está ligada ao uso de vídeos transmitidos ao vivo, que são digitalmente processados e "ampliados" pela adição de gráficos criados pelo computador. Pesquisas avançadas incluem uso de rastreamento de dados em movimento, reconhecimento de marcadores confiáveis utilizando mecanismos de visão, e a construção de ambientes controlados contendo qualquer número de sensores e atuadores.

A definição de Ronald Azuma sobre a realidade aumentada é a descrição mais bem aceita. Ela ignora um subconjunto do objetivo inicial da RA, porém é entendida como uma representação de todo o domínio da RA: realidade aumentada é um ambiente que envolve tanto realidade virtual como elementos do mundo real, criando um ambiente misto em tempo real. Por exemplo, um usuário da RA pode utilizar óculos translúcidos, e, através destes, ele poderia ver o mundo real, bem como imagens geradas por computador projetadas no mundo.

Azuma define a realidade aumentada como um sistema que:

– combina elementos virtuais com o ambiente real;

– é interativa e tem processamento em tempo real;

– é concebida em três dimensões.

Atualmente, esta definição é geralmente utilizada em algumas partes da literatura da pesquisa em RA (Azuma, 1997). Já existem vários sistemas de manipulação da realidade aumentada, disponíveis gratuitamente. Existem aplicações educacionais, jogos e aplicações de realidade nas mais variadas áreas, como: bioengenharia, física, geologia.

O QR Code também possibilita o crescimento do uso da realidade aumentada. Por meio dos códigos bidimensionais podem ser projetados objetos virtuais em uma filmagem do mundo físico, melhorando as informações exibidas e expandindo as fronteiras da interatividade. Isso é feito colocando-se um objeto real em frente à câmera, para que esta capte a imagem e a transmita ao equipamento que fará a interpretação.

A câmera manda as imagens, em tempo real, para o *software* que gerará o objeto virtual. O dispositivo de saída, que pode ser uma televisão ou monitor de computador, exibe o objeto virtual em sobreposição ao real, como se ambos fossem uma coisa só. Essa tecnologia tem sido utilizada em jogos, por exemplo, mas, também, em *sites* de *e-commerce* de vestuário, nos quais a pessoa pode ter a sensação de estar vestindo aquela peça que deseja comprar. Na verdade existem vários tipos de códigos diferentes que possibilitam esse tipo de ação, porém o mais famoso é mesmo o QR Code.

3.10 *Advertainment* e *advergaming*

O *Advertainment* (junção das palavras *advertising* – propaganda e *entertainment* – entretenimento) – como essa técnica é chamada –, é uma ferramenta de divulgação que pode ser muito útil para alguns tipos de produtos. O objetivo é promover produtos e/ou serviços junto a determinado público-alvo de forma direcionada e impactante, combinando o conteúdo dos formatos (filmes, novelas, desenhos etc.) com as marcas. Há uma interação direta com o consumidor, diferindo do modo tradicional de veicular publicidade. Pode ser vinculada a diversos formatos de entretenimento, como cinema, televisão, teatro, esportes e também à Internet que oferece boas opções.

Na verdade, embora alguns nomes sejam novos ou tenham se alterado, a técnica não é exatamente nova. Já se observavam casos de aproximação da propaganda com o entretenimento há muito tempo, como observamos na Figura 3.28, na qual temos a imagem de um filme antigo, "007 contra Goldfinger", com o ator Sean Connery como James Bond, ao lado do seu automóvel da marca Aston Martin DB5. É óbvio que esse carro, dessa marca, não estava ali por acaso!

Fonte: Disponível em: <http://zebende-cars.blogspot.com/2010/06/db5-de-007-vai-leilao.html>.
Figura 3.28 *Ilustração de cena do filme "007 contra Goldfinger".*

Outra modalidade importante são os *advergames* (junção das palavras *advertising* e *games*), que nada mais são do que o uso de *games* para a prática de promoção de uma marca, produto ou empresa. A divulgação do produto pode ser feita através de *games online* (jogados diretamente na *web*, com um ou mais jogadores ao mesmo tempo) ou daqueles que necessitam do uso de consoles. Os principais fabricantes de consoles são Sony, Microsoft e Nintendo.

Quando se fala em marketing digital, as primeiras ideias que sempre vêm à mente são as divulgações em grandes portais, com diferentes formatos, ou nos buscadores, com a utilização de técnicas de otimização de *sites* (SEO) para melhoria da busca orgânica, ou então *links* patrocinados. Porém é necessário perceber que existem também outras possibilidades de ações, muitas delas ligadas ao entretenimento, que são cada vez mais relevantes, como os *games*, por exemplo, como veremos mais adiante.

Outro exemplo marcante, e mais recente, que ilustra o uso do entretenimento para divulgação de marcas pode ser observado no filme '*O Náufrago*', estrelado pelo ator Tom Hanks, em que as marcas Fedex, de logística, e a marca Wilson, de artigos esportivos, estavam totalmente incorporadas ao enredo do filme (veja Figura 3.29). Nesses casos, a técnica usada é chamada de *product placement*, como detalharemos a seguir.

Fonte: Disponível em: <http://www.mercadocompetitivo.com.br/mc/site/index.jsp?cod=001&pag=656>.
Figura 3.29 *Ilustração de cena do filme "O Náufrago".*

O mercado de jogos, também chamado de MMOG (Massively Multiplayers Online Games ou Jogos Online Massivos para múltiplos jogadores), é poderoso e movimentou US$ 34 bilhões no mundo em 2010. Se somarmos os jogos com consoles, o montante sobe para US$ 55 bilhões. Apenas para se ter melhor noção do que esses números significam, a Copa do Mundo realizada em 2010 na África do Sul gerou uma receita de US$ 4 bilhões, enquanto a indústria do cinema de Hollywood (a maior do mundo) faturou US$ 29,9 bilhões, segundo dados da Motion Pictures Association. As projeções do mercado global são de que o segmento MMGO deverá gerar uma receita de US$ 14,4 bilhões até 2015. No Brasil os usuários de MMOG gastam em média 120 horas por mês jogando. A média geral de quem joga é de 18 minutos de permanência, ou seja, se compararmos com a propaganda, cujo tempo médio é de 30 segundos, podemos perceber a força dos *games* para aproximação dos consumidores com as marcas.

Nos EUA os *games* estão presentes em 65% dos lares. No Brasil calcula-se que há mais de 15 milhões de *gamers* que se dividem em *"Extreme Hardcore Gamers"* (os jogadores super-radicais), o menor grupo, seguido pelos *"Hardcore Gamers"* (jogadores radicais), os *"Moderate Gamers"* (jogadores moderados), com aproximadamente 8 milhões de pessoas e, por fim, os *"Casual Gamers"* (jogadores casuais), com aproximadamente 6,5 milhões, segundo Mitikazu Lisboa, da agência Hive Entertainment, especializada na criação de games.

Um fator interessante, nesse caso, é a quebra de paradigma quando analisamos a faixa etária de quem joga, pois a idade média é de 30 anos e não de uma garotada por volta de 15 anos, como era de se esperar. Além disso, 30,5% têm entre 35 e 49 anos de idade, 16,6% entre 25 e 34 anos e apenas 14,3% entre 12 e 17 anos. De acordo com o Ibope NetRatings, 70% preferem jogos casuais, **e 57% deles são mulheres entre 25 e 45 anos de idade**. Tudo isso nos faz perceber que esse grupo se enquadra na população economicamente ativa, representando um público de milhões de pessoas com alto poder de consumo. Além disso, mulheres de 43 anos formam o perfil de quem mais joga *games* sociais, ou seja, os jogos presentes nas redes sociais (veja mais detalhes a seguir, no tópico específico).

Outro ponto muito relevante quando se fala do uso de *games* para a divulgação de produtos é a vantagem da "imersão", ou seja, enquanto estão jogando as pessoas ficam completamente focadas, não há dispersão de atenção, o que é dificílimo de ser obtido em outros tipos de mídia, além de permanecerem muito mais tempo em contato com a marca do que na publicidade padrão, devido à interatividade exigida pelo *game*.

Além disso, os fabricantes têm investido muito em tecnologia, levando a grandes inovações e mais velocidade, fazendo com que essa imersão seja ainda maior. Há ainda a questão da facilidade de viralização dentro da rede social do *game*, o que faz com que, dependendo do jogo, ele se popularize muito mais.

Os *games online* apresentam uma vantagem adicional, pois sua atualização é extremamente ágil, permitindo grande segmentação do público e mensuração completa, possibilitando um acompanhamento do perfil de quem está jogando, além de conhecimento sobre o tempo de conexão, local e hora de acesso, ou até quantas vezes o jogo foi acessado durante o dia.

Fonte: Disponível em: <http://clickjogos.uol.com.br/>. Acesso em: 23 mar. 2011.

Figura 3.30 *Exemplo de* game *online.*

Quando o produto faz parte do contexto do entretenimento, é chamado *"product placement"*, sendo que esse é o tipo percebido como menos invasivo por parte dos jogadores. Para eles o jogo se torna ainda mais "real". É como se existissem *outdoor's* reais de uma marca de refrigerantes ao longo da pista de corrida, por exemplo, ou então, a logomarca de um fabricante de *chip* para computadores, que surge de repente durante um jogo, como no caso do jogo *The Sims*, ou mesmo uma competição musical onde os jogadores usam guitarras de uma determinada marca real, como ocorreu no *game Guitar Hero* (Figura 3.31), em que as guitarras da marca Fender – objeto de desejo de quem adora guitarras – eram as estrelas principais.

Para alguns produtos, como, por exemplo, bebidas, artigos esportivos, instrumentos musicais, produtos infantis ou de alta tecnologia, essa é uma excelente estratégia para alcançar o público almejado e essas indústrias já estão investindo nisso para seus produtos.

Fonte: Disponível em: <http://gamehamster93.wordpress.com/2008/10/24/battle-advice-on-guitar--hero-iii-legends-of-rock/>.

Figura 3.31 *Game Guitar Hero.*

Existem inúmeros exemplos em que podemos observar a replicação de modelos vistos no mundo físico, como, por exemplo, um time de futebol utilizando camisas estampadas com uma marca, e dessa forma os jogadores literalmente "vestem a camisa" de determinada empresa. Ou mesmo o estádio de futebol, contendo diversas placas de divulgação nas suas laterais. Idem para jogos de corridas automobilísticas, em que é possível escolher a marca do carro com a qual se deseja competir, por exemplo.

Mas é importante considerar que se trata de uma alternativa de mídia ainda bastante cara, se comparada a outras opções, principalmente se for feita uma produção exclusiva para uma única marca, como é a solicitação de alguns fabricantes. Há a possibilidade também de participar de *games* já conhecidos do público e consolidados, o que se torna mais viável financeiramente.

Há diversos *cases* de *games* que podem ser citados como o do lançamento do jogo *Halo3*, em que um dos personagens segura um *banner* do Walmart, maior varejista do mundo, ou o *game* criado pela indústria de alimentos Sadia para promover seu produto Hot Pocket, pois o objetivo era impactar um público mais jovem, que tinha pouco tempo para se alimentar. A Petrobras, no ano dos jogos Panamericanos, realizados no Rio de Janeiro, distribuiu CD's com três modalidades esportivas. Outro caso foi o da marca de automóveis Troller, com o *game Trilha Virtual.*

Um ponto que não pode deixar de ser citado é que nesse universo dos *games* há grande incidência de pirataria, em que os principais prejudicados são os produtores dos jogos. Para os patrocinadores, na verdade, essa questão não impacta tanto, pois o *game* já foi pago e o mais relevante é a quantidade de pessoas que estará jogando e sendo exposta à marca. Portanto, nessa ótica, quanto maior for sua distribuição, melhor, mas há controvérsias.

A tendência é que os números do setor continuem crescendo, favorecendo assim o aumento também dos investimentos nessa atividade, principalmente se considerarmos o excesso de apelos publicitários a que todos estão expostos diariamente. Essa é, sem dúvida, uma forma de as marcas chamarem mais atenção para os seus produtos.

Social games *ou* games *nas redes sociais*

Não há como negar que as campanhas digitais interativas e que promovem o entretenimento ao consumidor tendem a apresentar resultados bem mais interessantes do que as mídias convencionais, e que agora começam a explorar também as redes sociais, como bem explica Mitikazu Lisboa, da Hive Entertainment:

> *"A pergunta que a mídia convencional tende a responder com segurança é: quantas pessoas foram impactadas? Já as novas mídias interativas buscam outras respostas, como: que tipo de pessoas foram impactadas; quantas dessas pessoas visitaram minha loja ou meu* website*; dessas pessoas, quantas "recomendaram" o meu produto/serviço para os seus amigos? Mesmo que não conheça a fundo as ferramentas de Social Media Marketing (SMM), a maioria dos internautas do Brasil já participa ou ouviu falar de uma ou mais redes sociais, como Facebook, Orkut ou LinkedIn. Os grandes sucessos do mundo dos* games *de hoje se parecem cada vez mais com essas redes sociais, e, mais que isso, muitas vezes inspiram seus criadores. Uma prova inegável de que a origem e estrutura de ambas as formas de mídia está intimamente conectada é que redes sociais movimentam os maiores* games online *da atualidade e aplicativos com fortes elementos de* games *estão sempre entre os preferidos entre os usuários das grandes redes sociais.*
>
> *Para se ter ideia do tamanho e da força dessas grandes redes sociais que são os modernos* games online*, o maior deles, World of Warcraft, tem 11 milhões de assinantes no mundo inteiro, que pagam, cada um, US$ 15 por mês. Essa abordagem de* games *como redes significa que a comunicação para o usuário desses títulos deve considerar essa característica comportamental para ter sucesso e conseguir uma presença interativa dentro do contexto e, principalmente, não invasiva. Características estas essenciais para esse tipo de mídia, uma vez que a comunicação da mensagem publicitária deixa de ser coadjuvante e passa a assumir o papel principal, tornando-se objeto de desejo dos jogadores".*

Já existem vários exemplos de sucesso, como o projeto criado pela agência Ogilvy para lançar o chocolate Mini Bis, da Kraft Foods do Brasil, que contou com uma ação no *game Colheita Feliz*, da rede social Orkut, em que o internauta podia apreciar os frutos de árvores geradas por sementes virtuais plantadas pelos usuários do jogo (veja Figura 3.32). Essa ação, além de aumentar em mais de 50 vezes a visitação ao *site* da Kraft Foods, atingiu praticamente todos os 20 milhões de jogadores do *Colheita Feliz*. Para conseguir o mesmo resultado por meio das mídias tradicionais seria necessário aplicar recursos 200 vezes superiores, sem, no entanto, obter tanta interatividade.

Fonte: Disponível em: <http://pontocomteudo.com/2010/04/18/a-kraft-mandando-bem-no-colheita-feliz/>.
Figura 3.32 Game *Social do Orkut* Colheita Feliz: Case *chocolate MiniBis*.

Outro caso interessante foi o da Cadbury, empresa fabricante de alimentos, que integrou *games* a redes sociais para divulgar a marca de balas Halls em um projeto associado à Copa do Mundo de 2010. O projeto foi batizado de *torcida a gol: grite com Halls*, em que os jogadores podiam torcer pelos personagens e influir no resultado. Participaram cerca de 1.500 pessoas.

As redes sociais também têm se beneficiado com os *games online*, como é o caso do Facebook, que oferece vários jogos, entre os quais o *FarmVille*, que conta com mais de 80 milhões de usuários ativos. O Orkut também segue na mesma direção e lançou uma série de jogos *online* para fidelizar seus usuários.

3.11 TV digital e *web* TV

Entre todos os meios de comunicação, a televisão é, sem dúvida, o mais tradicional (só perdendo para o rádio) e que tem sido bastante utilizado para vender produtos e serviços das mais variadas e criativas formas. O *merchandising* nas novelas é um dos exemplos. E quem já assistiu a algum programa veiculado à tarde e dirigido ao público feminino certamente cansou-se de ver inúmeras inserções comerciais com vendedores enaltecendo as qualidades de determinado produto, em geral referendado pelo(a) apresentador(a) do programa, e não raro oferecendo algum desconto ou brinde para os espectadores que ligarem para tal número naquele momento. Nesse modelo de marketing, combina-se o uso da televisão para apresentar o produto, com o telefone, por meio do qual a compra é efetivada. A prática não é nova. Desde os primórdios da TV, há 60 anos, usa-se esse recurso para vender produtos e serviços, mas a diferença é que hoje se busca integrar vários canais de comunicação para levar o espectador a interagir cada vez mais e com maior rapidez. Nos programas populares, como o Domingão do Faustão, da rede Globo, não faltam promoções pedindo para os interessados enviarem determinado código via mensagem instantânea (SMS) pelo celular para concorrerem a algum sorteio ou terem direito a algum desconto ou coisa do tipo.

As operações de televendas podem ser consideradas formas preliminares de *t-commerce*, que pressupõe a possibilidade de fazer compras diretamente da televisão, utilizando o controle remoto para obter resposta direta em tempo real. Atualmente os canais de TV por assinatura (a cabo ou satélite) permitem apenas a compra de programas como filmes e *shows* por meio dessa forma. Mas a interatividade deverá ganhar força com a TV digital aberta, em que é possível utilizar o meio para compra e venda de variada gama de produtos e serviços. No entanto existem grandes desafios e barreiras a serem vencidos, como bem explica o consultor Marcos Gouvêa de Souza, em seu livro *Neoconsumidor digital, multicanal & global:*

> *"Um dos grandes desafios para o crescimento vertiginoso do* t-commerce *é o método, a técnica e a sensibilidade para inserir o produto a ser vendido na televisão como conteúdo e não mais como comercial publicitário. Os agentes de mercado estão atentos para a grande revolução de publicidade na TV digital com recursos de interatividade, que é o poder que o usuário terá de escolher se deseja ou não ver as propagandas como* breaks *em sua programação. Essa transferência de poder, do programador para o usuário, pode mudar o modelo de negócios da TV."*

Outros desafios a vencer são de cunho tecnológico, uma vez que o *t-commerce*, em seu sentido exato, supõe o uso do controle remoto para compras em operações de *direct response,* o que dependerá do crescimento e popularização da TV digital e do suporte dado pelas operadoras. Mas, sem dúvida, será mais um canal de vendas que trará comodidade ao consumidor e, especialmente no Brasil, deverá ganhar muitos adeptos se considerarmos que a população adora TV, o que é evidenciado pelo fato de 97% dos lares brasileiros possuírem pelo menos um aparelho. Segundo uma pesquisa recente publicada no portal Mobilepedia, no *ranking* de itens considerados prioritários, 77% dos entrevistados apontaram a TV, seguida pelo celular (70%) e pelo computador com acesso à Internet (58%).

Web TV

Com a evolução da Internet e o aumento da velocidade de conexão, sobretudo a partir de 2004 e com o surgimento do YouTube, em 2005, os internautas se sentiram motivados a criar e a postar seus próprios vídeos na *web*. Também começaram a ser criadas empresas de Web TV, como foi o caso da All TV <www.alltv.com.br>, em São Paulo, disponibilizando uma grade própria de programação ao vivo, da InfoTV Web <www.infotvweb.com.br> no Nordeste, e da TV Mundo Jovem <www.mundojovem.net> a primeira WebTV gospel do país.

Os grandes portais como Terra e UOL, entre outros, e empresas de televisão como Globo e CNN, seguiram nessa direção e procuraram, cada um à sua maneira, se diferenciar, como explica Fernando Palermo, sócio e diretor comercial da Sétima Arte Digital:

> *"O Terra TV <http://terratv.terra.com.br> tem um formato diferenciado na organização do* site*: o vídeo que está sendo executado fica numa parte superior da tela enquanto todo o restante, como as organizações dos canais, fica mais abaixo. Dessa forma, o vídeo tem mais destaque do que nos outros portais, que costumam colocar* banners *ou qualquer outra informação que não seja referente ao mesmo. O conteúdo pode variar entre produções próprias, séries e programas de TV que costumam ser exibidos em canal aberto ou fechado. O Terra TV também disponibiliza transmissões ao vivo, como aconteceu com a apresentação do jogador Kaká ao Real Madrid. O Terra TV também colocou à disposição dos usuários uma versão beta do "Terra TV High--Definition", que possui um acervo pequeno de vídeos.*
>
> *Na TV UOL <http://tvuol.uol.com.br/> os vídeos são carregados mais rapidamente e dificilmente travam (veja Figura 3.33). O UOL também possui uma plataforma colaborativa, mas isso não é o ponto forte do portal que tem mais audiência com vídeos de produção própria, feita por profissionais, ou com os vídeos que o* site *exibe em parceria com outros portais ou canais de TV. A TV UOL permite votar no vídeo, comentar, indicar para algum amigo e incorporar, porém não interage com nenhuma rede social como outros portais já fazem. A tecnologia usada nos vídeos por ambas (Terra e UOL) é o* Flash.
>
> *A Web TV da Rede Globo <http://video.globo.com> impressiona pela rapidez com que os vídeos são disponibilizados: pouco tempo depois de ser transmitido na TV aberta o vídeo provavelmente estará disponível* on demand *no* site*. E a Globo começa a disponibilizar também transmissões ao vivo pela Internet. Os vídeos são divididos por tópicos e subtópicos, favoritos, mais vistos e mais recentes, podendo ser vistos no modo* full screen*. Do lado direito é apresentada uma lista de vídeos relacionados, divididos em programa (onde foi vinculado o vídeo), temas (relacionados ao vídeo) e data. Mais abaixo é vista uma pequena resenha do vídeo apresentado. Ao término do vídeo aparece a opção de assistir novamente ou assistir vídeos relacionados. A maior parte do acervo é acessível para o público em geral, porém alguns específicos, que geralmente tratam de programas inteiros ou matérias mais longas, são exclusivos para assinantes.*

A rede de TV norte-americana CNN <http://edition.cnn.com/video/> possui um grande portal de vídeos na Internet. Divididos pelos mais variados canais e subcanais, grande parte do conteúdo que a rede exibe na TV pode ser visto no site on demand. *O portal da CNN não possui grandes ferramentas para interatividade, mas é possível incorporar e enviar o vídeo por* e-mail. *O* site *interage com algumas redes sociais, como MySpace e Facebook."*

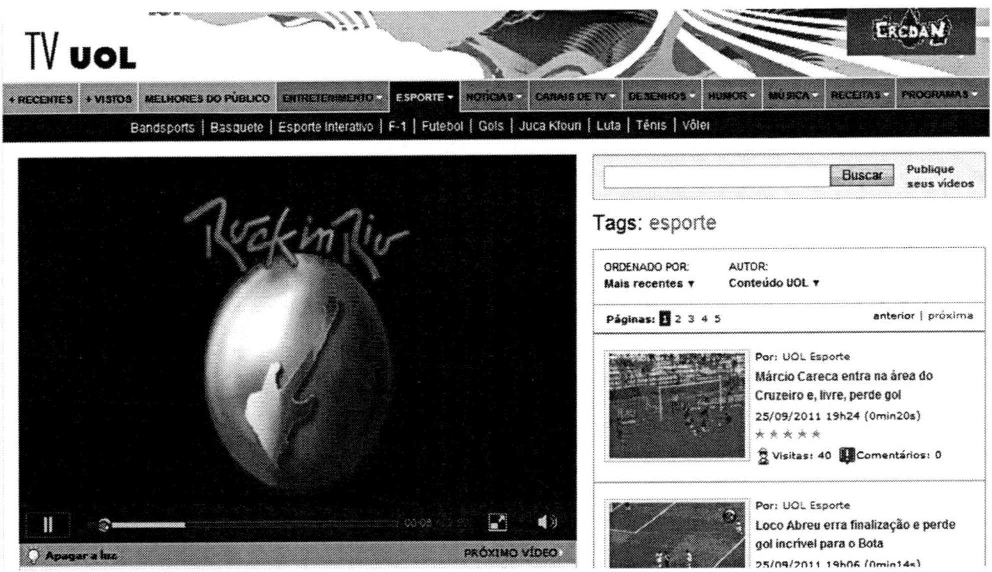

Fonte: Disponível em: tvuol.com.br. Acesso em: 25 set. 2011.
Figura 3.33 *TV UOL.*

Muitas corporações, como Mercedes Benz, Vogue, Peugeot, entre outras, também estão começando a experimentar o meio para divulgar seus produtos e firmar suas marcas. Mas Fernando Palermo destaca que para o melhor aproveitamento da Web TV corporativa devem ser seguidos alguns passos, tais como:

- estabelecer um planejamento estratégico das ações de comunicação em vídeo a partir da necessidade do público, definindo as melhores soluções em conteúdo e tecnologia;
- produzir vídeos exclusivamente para as ações criadas, que adotam a linguagem mais adequada para o público-alvo, que são atrativos, criativos e eficientes, respeitando o que foi definido no planejamento estratégico;
- emprego de solução tecnológica inovadora para a exibição e transmissão de vídeos via Internet, envolvendo recursos de última geração;

- gestão e análise de resultados, com uso de soluções que permitem o monitoramento das ações de comunicação através da coleta de dados e fornecimento de relatórios para análise, como audiência, pesquisas e avaliações;
- criar aproximação com o internauta, disponibilizando conteúdo específico para cada tipo de público, tirar dúvidas, abrir espaço para sugestões etc., com o objetivo de criar audiência e fidelizar o público.

Como podemos observar, o uso publicitário da WebTV e da TV digital apresenta diversas possibilidades ainda a serem mais intensamente exploradas pelas empresas de diversos tamanhos.

3.12 Publicidade *online*

Num passado nem tão remoto as companhias tinham que investir muito para impactar os consumidores com suas marcas, para tentar convencê-los de que elas eram sua melhor opção. Hoje, quando se deseja comprar um produto qualquer, basta pesquisar nos buscadores ou em *sites* especializados em preços, como o BuscaPé, por exemplo, e definir em que loja o produto será comprado e ainda se a transação será *online* ou não. Pode-se ainda pesquisar o que está sendo dito sobre aquele produto ou loja pelos compradores anteriores e, assim, obter maior segurança antes de tomar a decisão.

Por isso, a publicidade *online* ganha cada vez maior relevância. Não por acaso os investimentos nesse sentido estão crescendo de forma contínua. Segundo a eMarketer, empresa norte-americana especializada em pesquisas e análises de marketing digital e de mídias, nos Estados Unidos os investimentos em publicidade *online* totalizaram mais de US$ 25 bilhões em 2010, superando em 10,8% os investimentos registrados em 2009. Dentre os fatores que motivaram esse aumento se incluem a melhoria do desempenho da economia do país e a maior confiança dos anunciantes na mídia digital.

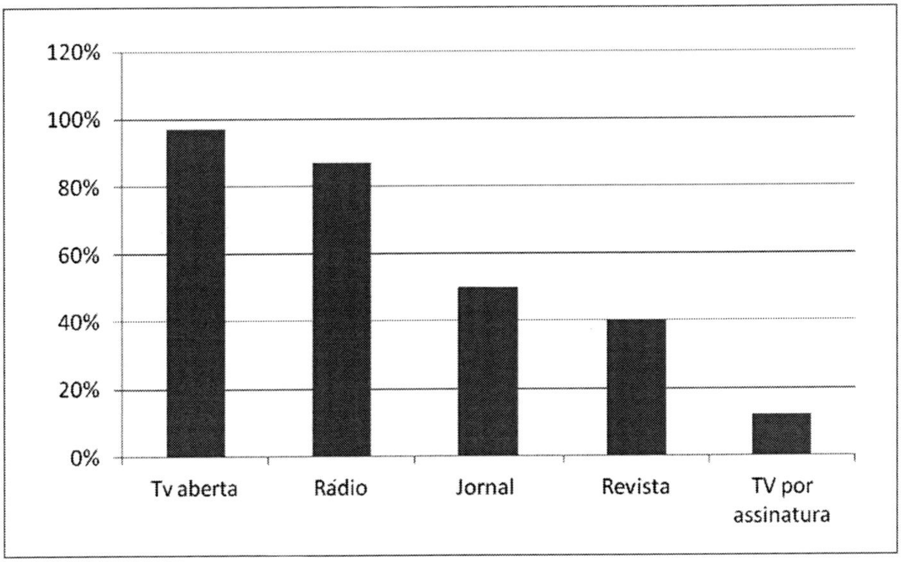

Fonte: Jornal *Folha de S.Paulo*, 2009. Adaptada pelo autor.

Figura 3.34 *Penetração por tipo de mídia.*

Um levantamento feito pelo instituto Zenith Optimedia revelou que em 2009 os investimentos em publicidade na Internet em todo o mundo ultrapassaram os aplicados às revistas, somando US$ 55 bilhões. Com isso, a Internet conquistou 12,6% do bolo publicitário mundial, ficando atrás apenas dos jornais (23,1%) e da televisão (39,4%).

As previsões para 2012 são de que a Internet atrairá 17,1% das verbas publicitárias, contra 19,4% dos jornais. Em termos de valores, o instituto estima que em 2010 foram aplicados US$ 83,9 bilhões na mídia *online*, contra US$ 95,4 bilhões dos jornais e US$ 199,7 bilhões da televisão.

No Brasil, segundo dados da IAB Brasil, em 2010 houve crescimento de 25% nos investimentos publicitários, comparando-se a 2009, e a tendência é fechar 2011 com mais de R$ 1,5 bilhão investido *online*, mas isso ainda representa menos de 5% de todo o bolo publicitário (Figura 3.35). Entre os motivos desses resultados ainda tímidos incluem-se a falta de padronização para remuneração, a descrença da parte de muitos anunciantes sobre o meio digital e pouco acesso da população à banda larga. A falta de cultura ainda é um grande empecilho para o investimento na publicidade *online*, pois falta conhecimento da parte de muitas empresas sobre o retorno que o meio é capaz de gerar. Mas esse panorama já está começando a mudar.

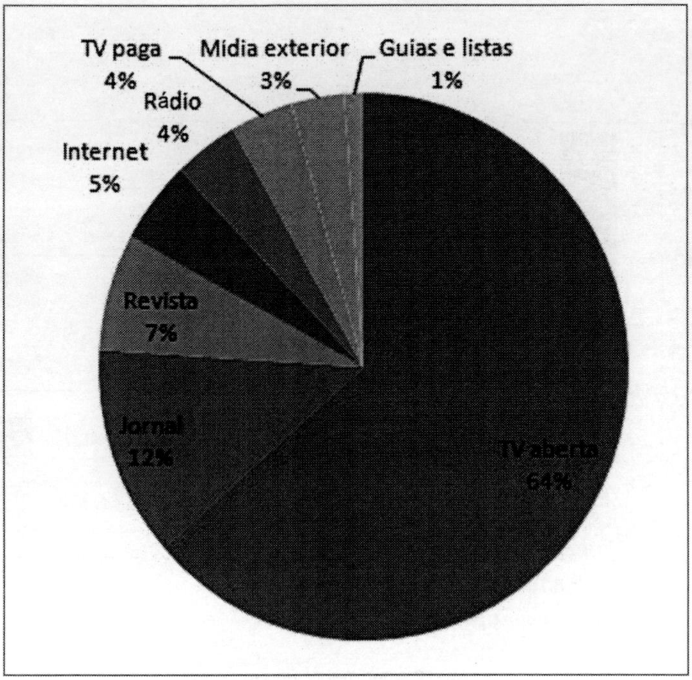

Fonte: IAB Brasil (maio/2011). Adaptada pelo autor.
Figura 3.35 *Distribuição dos investimentos em mídia no Brasil.*

Segundo o Projeto Intermeios, o faturamento publicitário dos veículos de comunicação como um todo teve crescimento de 27,2% no período de janeiro a maio de 2010, em relação ao mesmo período do ano anterior. Apenas a Internet faturou R$ 414,3 milhões nos cinco primeiros meses de 2010, chegando bem próximo ao do rádio, que foi de R$ 420,9 milhões, mas bem abaixo das mídias impressas, como os jornais, que totalizaram R$ 1,3 bilhão e revistas, com R$ 658,7 milhões. Isso também se deve ao fato de os valores envolvidos na publicidade *online* serem bem menores que nas outras mídias, o que faz com que a Internet não figure ainda nas primeiras posições.

Mais uma vez, os investimentos em publicidade na *web* permanecem como os que mais crescem entre as outras mídias.

3.13 Marketing digital para pequenas e médias empresas (PMEs)

As oportunidades em estratégias digitais de marketing para os pequenos e médios empresários têm crescido nos últimos tempos, visto que a Internet é hoje o local onde os consumidores buscam diferentes informações sobre empresas e produtos antes de realizarem suas compras. Desde livros e CD's (as "vedetes" do início do *e-commerce*) até compras mais elaboradas, como carros ou apartamentos, as pessoas almejam fazer um bom negócio e isso, normalmente, envolve uma etapa de vasta pesquisa na Internet, mesmo que depois a compra venha a ser feita em uma loja física.

Esse fato aponta para questões relevantes para as quais as empresas devem estar atentas. Uma delas refere-se àquelas redes de lojas físicas em que os vendedores acreditam que a Internet "rouba" suas vendas, ou seja, veem na rede uma concorrência "dentro de casa". Nesses casos, eles precisarão de mais informações para que mudem sua visão. O ideal é que haja uma integração, de forma que a Internet funcione para complementar o processo de busca de informações para o cliente antes de a empresa decidir realizar determinado investimento. Alguns autores, como Marcos Gouvêa, chamam a isso de "multicanalidade" (como citado anteriormente), ou seja, disponibilizar canais de acesso ao consumidor, para que ele decida onde, quando e como deseja efetivar sua compra.

Um exemplo que aponta a Internet como excelente canal para as PMEs foi demonstrado pelo autor Chris Anderson, com a famosa teoria da "cauda longa", já citada no Capítulo 2, no qual descreve infinitas possibilidades de negócios para atender às mais variadas, e até "bizarras", demandas. Conforme exemplo em seu livro, há interessados nas músicas 'menos famosas' de certas bandas de *rock*. Onde alguém, com esse tipo de interesse, poderia pesquisar por produtos, se não na Internet? Por isso digo que essa teoria da cauda longa é a explicação para o foco em nichos específicos que a Internet permite, como nenhum outro canal permitia antes.

No entanto, conforme citado anteriormente, uma pesquisa realizada pela Associação Comercial de São Paulo (ACSP) mostrou que 70% das PMEs de São Paulo ainda não fazem divulgação *online* dos seus produtos, bem como não disponibilizam canais virtuais de compra e venda e o motivo alegado por quase 50% das que ainda não realizam negócios pela *web* foi não haver necessidade e 19% disseram que falta estrutura ou conhecimento.

De qualquer forma, antes de definir se irão oferecer produtos ou serviços para nichos específicos, os pequenos empresários precisam focar basicamente em ter ou estrututrar um planejamento do seu negócio; criar uma presença digital, que, entre outras coisas, pode se iniciar com um *site* ou *blog* bem estruturado, repleto de informações que ajudem seu cliente a decidir na hora da compra; selecionar as principais mídias sociais onde faz sentido estar presente; pensar em uma estratégia de divulgação, utilizando, por exemplo, as ferramentas de busca para divulgar seus produtos ou serviços, *links* patrocinados, redes sociais, *email* marketing, ou seja, o que é válido para empresas maiores também pode ser adaptado para as PMEs, guardadas as devidas proporções.

Essas e muitas outras ações podem ser utilizadas pelas PMEs, porém sabemos como é difícil dar foco a mais essa demanda, visto que os empresários, em geral, são responsáveis por tudo dentro da empresa e não têm o conhecimento necessário. Por isso recomenda-se a contratação de profissionais especializados no universo digital que poderão obter melhores resultados, pois já conhecem detalhes dessas operações, além de trazer agilidade ao processo. Se a contratação for algo inviável, há a possibilidade de contratar, por exemplo, assessorias ou consultorias em Internet, que muitas vezes também são empresas de pequeno porte e por isso poderão oferecer um bom trabalho a custos mais acessíveis e adequados às PMEs.

Muitos podem se perguntar por qual razão é necessária uma abordagem específica de "Marketing para as PMEs". Essa adequação se deve a alguns fatores, tais como: a falta de estrutura de marketing, o que ocorre na maioria das pequenas e médias empresas, como dito acima; a dificuldade de entendimento do que marketing exatamente significa (pois em muitas empresas a palavra marketing é associada única e exclusivamente a ações de divulgação de produtos); o entendimento, incorreto, de que não é necessário destinar parte do orçamento para ações de marketing e, por último, mas não menos importante, a falta de um planejamento de marketing.

Nesse perfil de empresa é muito comum que o próprio dono do negócio dedique-se a elaborar certas ações relacionadas a marketing, em meio a todas as outras atribuições que lhe cabem. Porém, a falta de conhecimento específico faz com que diversas ações não tragam o resultado esperado. Muitas vezes, esse efeito é mascarado pelo momento da economia, que pode favorecer, ou desfavorecer, os negócios. Porém, numa época de crise mais aguda percebe-se a clara necessidade de buscar soluções mais adequadas, visando melhor retorno dos investimentos realizados.

Nesse momento, normalmente, o gestor se depara com a necessidade de trazer profissionais especializados para auxiliá-lo nas decisões a serem tomadas. E isso não se refere somente a marketing, mas a outras áreas também.

Posso ilustrar com um exemplo ligado a marketing digital, quando o proprietário diz que seu *site* foi refeito nos últimos anos e ainda está com um *design* bonito, interessante etc. Porém, quando se consultam as ferramentas de busca, como Google e Yahoo, a empresa nem sequer aparece nas dez primeiras páginas. E, como sabemos, hoje em dia, se a empresa não é encontrada, ela não existe, porque as pessoas realizam pesquisas na Internet para selecionar prestadores de serviços ou para adquirir produtos e serviços, como já foi amplamente discutido anteriormente. E, nesse caso, provavelmente o empresário não terá conhecimento específico para atingir sozinho melhores resultados.

As empresas que imaginam ser possível permanecer distantes das inovações digitais esquecem que, muitas vezes, seus concorrentes veem isso de outra forma, e, sem perceber, perderão clientes para aqueles que se adequaram melhor ao novo jogo do mercado. Por isso aquela alegação da pesquisa da ACSP de que os empresários não investem nisso, pois não tem necessidade muda radicalmente quando percebem que seu vizinho da porta ao lado passou a vender o dobro.

3.14 Mensurando os resultados

A mensuração dos resultados é outro ponto que faz parte do planejamento, pois, como se sabe, só podemos melhorar aquilo que conseguimos medir. Nota-se que a dificuldade para analisar o retorno de algumas campanhas foi ampliada com o uso, cada vez maior, das estratégias digitais de marketing, tendo em vista a grande diversidade de novas ações que podem ser empregadas. Mas, se por um lado ficou mais trabalhoso acompanhar e explicar os resultados por conta das mídias digitais, por outro se tornou claro que não é viável estar ausente desse canal de comunicação. E, além disso, as mídias digitais oferecem uma grande vantagem, pois se pode mensurar e acompanhar praticamente tudo.

Há algumas formas gratuitas de acompanhar diversas informações do *site* da empresa utilizando, por exemplo, o Google Analytics <www.google.com/analytics>, a mais conhecida das ferramentas. Pode-se monitorar, por exemplo, o volume de acesso por determinado período, de onde as pessoas acessam o *site*, ou seja, a origem das visitas, de que regiões do mundo, entre muitas outras informações.

Outro *site* com informações gratuitas é o www.Alexa.com, no qual é possível avaliar o tráfego de cada *site* e mesmo compará-lo ao tráfego dos seus concorrentes, entre outras informações (veja Figura 3.36, onde analiso informações do meu próprio *blog* como ilustração).

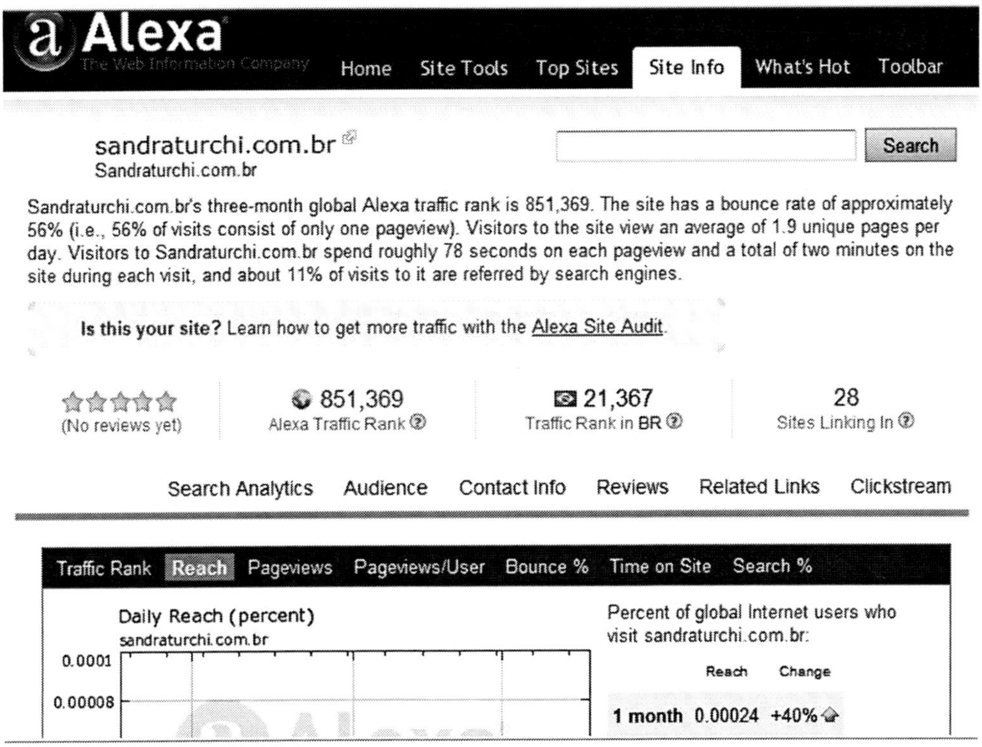

Fonte: Disponível em: <http://www.alexa.com/siteinfo/sandraturchi.com.br#>. Acesso em: 23 mar. 2011.
Figura 3.36 Site *Alexa.com*.

Na prática o caminho mais indicado a ser percorrido é definir, inicialmente, quais os objetivos que se deseja atingir com a realização de determinada campanha ou ação, pois, embora isso pareça óbvio, nem sempre é o que ocorre. Essa etapa contempla a definição dos principais indicadores de controle ou de sucesso de determinada estratégia, que irá variar de acordo com o tipo de negócio em questão, ou seja, cada empresa deverá ter sua lista de indicadores, com os itens a serem acompanhados, caso contrário não terá meios de assegurar que suas ações trouxeram o resultado esperado. E isso é fundamental para empresas de quaisquer tamanhos.

Em alguns casos a empresa não está somente buscando vendas, e sim almeja a captação de novos contatos para posterior oferta de algum novo serviço, como cursos, por exemplo. Nesses casos, o resultado ou a taxa de conversão que devemos analisar é se os *prospects*, ou futuros interessados, estão preenchendo algum tipo de formulário ou cadastro.

É necessário realizar um acompanhamento constante para avaliar se os investimentos realizados estão sendo alocados na melhor estratégia e nos melhores canais, sejam eles portais, *links* patrocinados etc. E essa é uma das grandes vantagens da *web*, pois é possível medir praticamente tudo e fazer alterações de rota em tempo real, com muita velocidade de implantação, algo que não se observa em diversas outras mídias.

Devem-se analisar os resultados trazidos não apenas pelos diferentes canais onde está sendo feita a veiculação, mas também os diferentes formatos utilizados para tal.

Se estivermos falando de *banners* é necessário analisar qual o tipo que mais atrai a atenção do internauta, por exemplo, comparando os resultados com o uso de um *banner* simples *versus* um formato *rich media* (que pode ser definido como uma forma de maior atração e com a possibilidade de acessar informações mais rapidamente).

No caso do uso de *links* patrocinados (veja mais detalhes nos tópicos a seguir), devem-se selecionar e analisar as palavras-chaves mais adequadas para se localizar aquele tipo de produto ou serviço da empresa, acompanhar sistematicamente e, mediante seus resultados, alterar essa lista sempre que for necessário. Esse é um trabalho permanente e que exige muita disciplina por parte da agência ou da própria empresa.

Isso demonstra que não se pode focar apenas nos resultados baseados em *clicks* feitos em um *banner* ou uma página, por exemplo, pois eles não retratam exatamente tudo o que está acontecendo, até mesmo porque, na maioria dos casos, as campanhas são integradas, ou seja, uma mala-direta deve levar ao *site*, um anúncio em revista ou TV pode levar a um *hotsite*, enfim, é necessário avaliar através de múltiplas métricas para se chegar a uma conclusão mais adequada.

Outra ferramenta são os *heat maps*, para se analisar quais áreas do *site* são mais vistas pelo internauta (ver Figura 3.37).

Fonte: Disponível em: <http://www.3plains.com/support/google-serp-heat-map/>.

Figura 3.37 *Exemplo de* heat map.

Há também outra forma de análise do *site* que é o ClickStream, que analisa a navegação através dos cliques em cada página (ver Figura 3.38); nesse caso, casa seta é um clique e cada ponto é uma página do *site*. Isso mostra o tempo de navegação e os botões clicados e as cores indicam a popularidade da página.

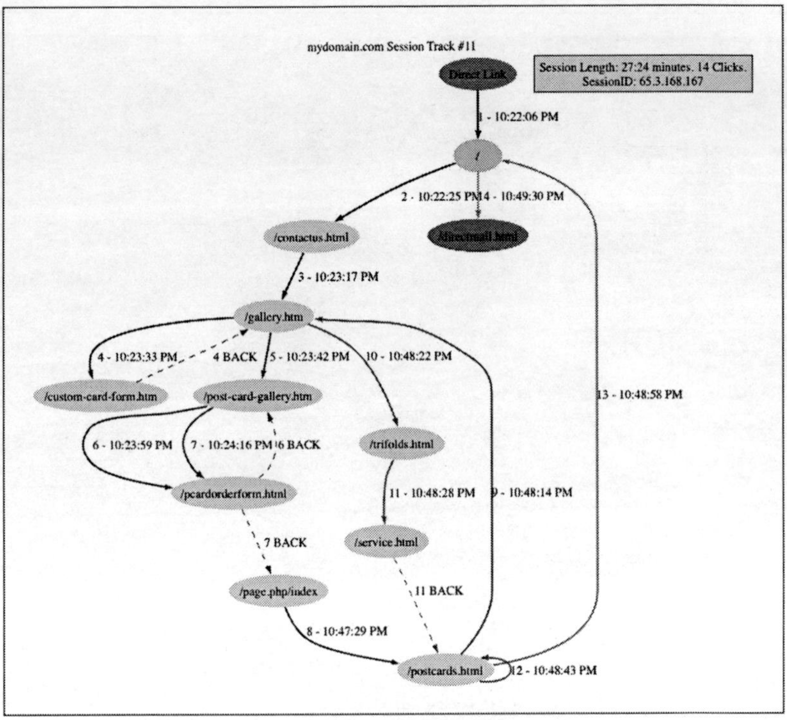

Fonte: Disponível em: <http://statviz.sourceforge.net/>.
Figura 3.38 *Exemplo de clickstream.*

Em resumo, é necessário definir quais itens mensurar, utilizar ferramentas gratuitas disponíveis na própria *web* para trazer informações, mesclar com levantamentos internos feitos pela equipe de marketing da própria empresa e, quando necessário, recorrer aos prestadores de serviços especializados que poderão complementar de forma eficiente esse trabalho de levantamento e análises, pois, como sabemos, só é possível aprimorar aquilo que conseguimos mensurar.

Mensurando redes sociais

Outra métrica que se torna cada vez mais relevante é a avaliação do impacto gerado pelas redes sociais (saiba mais nos tópicos a seguir). Há diversas soluções voltadas para levantar dados sobre a situação da empresa em comunidades significativas, e há também muitas estratégias para que a mesma se relacione melhor com essas redes.

Há empresas especializadas, como SocialMetrix ou e-Life, entre outras, que fazem esse tipo de análise, classificam as menções em positivas ou negativas, avaliam o impacto e a progressão dos comentários, identificam autores e sua influência na rede, enfim acompanham a presença digital da empresa como um todo.

Essas empresas usam recursos avançados, como semântica, ontologia e desambiguação para poder avaliar melhor o que é dito na rede. Isso tudo vai muito além das famosas nuvens de *tags* (termos em destaque nos *sites*), que são apenas palavras soltas. Para que façam sentido é necessário contextualizá-las, dar significado, através da estruturação das informações.

Essas empresas monitoram *blogs*, fóruns, *sites*, redes sociais e a mídia tradicional *online*. Capturam publicações, depoimentos e opiniões. Identificam marcas, produtos, serviços e suas características.

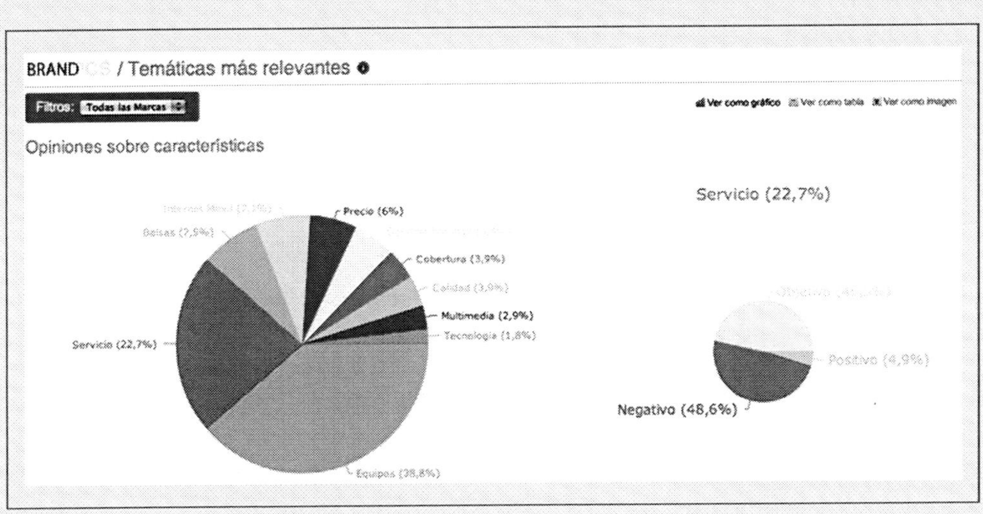

Fonte: Empresa Social Metrix.

Figura 3.39 *Exemplo de resultado de análise de redes sociais.*

Essa mensuração ganha importância cada vez maior dado o crescimento da influência das redes de relacionamento sobre as vendas, o famoso *social commerce*. Sabemos que aproximadamente 88% das pessoas utilizam a *web* para pesquisar antes de comprar quaisquer produtos. São pesquisas de preços, de opiniões de outros internautas, de detalhes dos produtos, enfim, o cliente já chega ao vendedor, muitas vezes, com mais informações do que o próprio. Para itens de maior valor agregado, como automóveis, por exemplo, essa pesquisa é feita por mais de 90% do público interessado.

3.15 Tendências para o marketing digital

De tempos em tempos algumas inovações se tornam marcantes. No momento, as atenções se voltam para o marketing na *web* e, principalmente, para a força das mídias sociais e seu melhor uso para chegar até o cliente.

Como há muito modismo, observa-se que algumas empresas solicitam, por exemplo, às suas agências, uma campanha de marketing viral, ou como dizem, um "viralzinho", como se isso fosse algo que se possa prever. Na verdade, as ações não deveriam ser feitas de forma independente de uma estratégia de marketing global da empresa. É preciso cautela, pois em alguns casos é necessário, primeiramente, rever a estratégia do negócio como um todo e verificar se isso está adequado com o que é feito no restante da empresa.

Uma das tendências é o aumento do uso de *mobile tagging*, pois é possível levar inúmeras informações ao usuário e também entretenimento através de códigos que sintetizam dados.

Outros itens que crescem em atenção devido ao seu sucesso inicial são os *e-readers* ou *tablets* – aparelhos digitais para leitura, como o Kindle, da Amazon, e o iPad, da Apple. O grande apelo desse mercado é a criação de aplicativos. Hoje há milhares de aplicativos disponíveis sobre praticamente tudo, fazendo disso um grande negócio – o desenvolvimento de aplicativos.

Outra tendência, que não está nos equipamentos, nem nas novas tecnologias, é a forma de se adequar aos novos usuários – as classes de baixa renda, que são responsáveis por mais de 30% das compras de computadores no país. Um desafio interessante é compreender qual a melhor linguagem e os serviços que agregam mais valor a serem percebidos por esse público, que de forma alguma pode ser ignorado. Um exemplo da importância desse mercado é que hoje há quase 60 milhões de jovens das classes C, D e E que em breve se casarão, constituirão famílias e ditarão os rumos do consumo no país; eles estão conectados via Internet ou celulares e frequentam comunidades virtuais, assim como frequentam bares. Portanto, é fundamental saber como se comunicar com eles.

Observa-se também uma tendência de investimentos para a expansão de operações de *e-commerce*. Entre os setores que apresentarão grande expansão se inclui o varejo de conveniência, como farmácias e produtos para presentes (vemos o crescimento das listas de presentes de casamento, por exemplo), além de novas tecnologias que possibilitam a exposição dos produtos em 3D, ou uma melhor apresentação de itens de vestuário, com o uso de realidade aumentada ou uso de centimetragem para reduzir as incertezas por parte dos consumidores no momento da compra desse tipo de item, visto que no Brasil há ainda uma falta de padronização nessa área. Ainda com relação a *e-commerce* a tendência é continuar crescendo o *social commerce*, e suas diversas variações, as compras coletivas, e o *mobile commerce*, que ainda depende da expansão de serviços como *mobile payment* e *mobile banking*.

O crescimento no volume de investimentos ocorrerá também para aquisição de *softwares* e soluções de suporte ou "retaguarda". Esses investimentos se referem à necessidade de monitoramento de redes sociais, com a contratação de equipes dedicadas ou empresas terceirizadas com o objetivo de levantar e acompanhar a situação das marcas na *web*. Esse tipo de serviço é fundamental para as empresas que desejam entender e aprimorar o relacionamento com seus diversos públicos.

Outra tendência diz respeito ao aperfeiçoamento do uso das ferramentas de busca, pois o que se observa ainda é que muitos investimentos são feitos no desenvolvimento de *sites* corporativos, mas sem grande preocupação com uma efetiva "presença digital", que é fator primordial para contribuir com a localização, ou "encontrabilidade" da empresa na *web*, fundamental para o sucesso ou fracasso das instituições.

Observa-se o crescimento da chamada *web* semântica, que por sua vez se caracteriza como a Internet inteligente, que transformará o conteúdo ainda desorganizado da *web* em informação relevante para a tomada de decisão, através do cruzamento de dados. Isso evitará o envio de uma "enxurrada" de páginas inúteis a cada busca realizada, por exemplo. Ao mesmo tempo, haverá cada vez mais sintonia entre o perfil de quem realiza a busca e as ofertas a ele apresentadas de acordo com seu momento de consumo.

O movimento de migração das verbas publicitárias para ações digitais de marketing também está relacionado ao fato de ser possível chegar mais próximo do marketing *one-to-one*, idealizado pelos profissionais de marketing direto há mais de 20 anos, mas que agora se torna realidade através do uso inteligente dos dados, para oferecer de maneira eficiente o que o consumidor realmente deseja adquirir. Some-se a isso a facilidade que a *web* agrega para a obtenção de uma infinidade de dados a respeito dos internautas.

Para finalizar, destaca-se a tendência de busca por maior conhecimento, pois cada vez mais percebemos que a Internet imprime uma velocidade alucinante, fazendo com que todos se sintam desinformados em muito pouco tempo; é como se estivéssemos sempre perdendo alguma coisa. Dessa forma, o mercado de educação como um todo também está bastante favorecido, havendo grandes oportunidades de desenvolvimento de curso, treinamentos e programas nessa área.

Ainda há uma longa jornada a ser percorrida, pois muitas dessas tendênciass dependem de mais investimentos em tecnologia para criação de processadores cada vez mais potentes, e para a unificação de padrões, o que não é fácil de ser obtido.

Se por um lado esse futuro se mostra fascinante em termos de oportunidades de novos negócios e de agilidade no acesso a muitas informações, por outro tem trazido à tona os questionamentos sobre privacidade e sobre ética. Para as empresas o que se torna imperativo é o acompanhamento dessa evolução, para que não sejam pegas de surpresa.

Este capítulo tratou de diversos aspectos ligados à utilização de estratégias digitais para expandir os horizontes do marketing tradicional, com o objetivo de divulgação, venda, criação e fortalecimento de marcas, sejam elas de empresas puramente digitais, ou não. Essas estratégias, como foi bastante destacado ao longo do texto, não devem ser pensadas e aplicadas de forma isolada e independente de uma estratégia global da empresa e do marketing.

4 O Consumidor e as Empresas nas Mídias Sociais

A era da WEB 2.0, que ainda vivemos hoje, como foi dito no primeiro capítulo, é marcada pela interação e pela participação, pois trouxe o consumidor para o palco, permitindo que sua voz fosse ouvida, que suas mensagens fossem levadas a sério pelas empresas e fez com que cada cidadão se transformasse em mídia. Essa realidade impacta diretamente as empresas e o consumo em geral, pois o internauta tem o poder de influenciar tanto na formatação de novos produtos, como gerar e até mesmo prejudicar uma marca, dependendo de suas ações e de seu poder de influência.

A introdução de novos processos e tecnologias sempre provocou mudanças significativas nas relações entre o mercado e o consumidor. Passamos por vários estágios, iniciando com a figura do vendedor que ia de porta em porta para levar, ao provável comprador, uma série de mercadorias para sua escolha, evoluindo para as lojas físicas e outros canais de venda, entre os quais catálogos, televisão e telefone (televendas) e finalmente para o comércio eletrônico pela Internet. O efeito colateral mais importante causado pela possibilidade de se usar o meio digital para aquisição de produtos e serviços foi o surgimento de um novo tipo de consumidor.

A partir daí – no período compreendido entre 1995 e 2005 – é que as pessoas começaram a se dar conta de que a Internet lhes permitia comparar produtos, marcas e preços, analisar formas diferenciadas de pagamento, selecionar varejistas e mercados (interno e externo) – hábito que se incorporou ao comportamento e contribuiu para torná-las mais exigentes e seletivas. Outra grande mudança aconteceu a partir de 2006, quando o celular e as tecnologias móveis também passaram a ser utilizados como canais de relacionamento, vendas, promoção e pagamento de produtos e serviços. E agora as atenções se voltam para um novo e promissor canal: a TV digital interativa.

Com todos esses meios à sua disposição, o consumidor ficou mais consciente do seu poder e das múltiplas possibilidades existentes, o que, em contrapartida, tem obrigado as empresas (tanto as fabricantes de produtos, como as prestadoras de serviços e as do varejo) a serem mais eficientes e criativas para conquistá-lo.

No Brasil a semente dessa conscientização foi plantada bem antes, em 1990, com a criação do Código de Defesa do Consumidor (CDC) e de órgãos governamentais eficientes para assegurar o seu cumprimento, como o PROCON, medidas estas que forçaram as empresas a tratar queixas e necessidades dos clientes com maior seriedade. Mas não resta dúvida de que foi a partir da evolução da Internet, mais precisamente da *web* 2.0 e da interatividade propiciada pelas mídias sociais, que o consumidor ganhou voz e poder de fato.

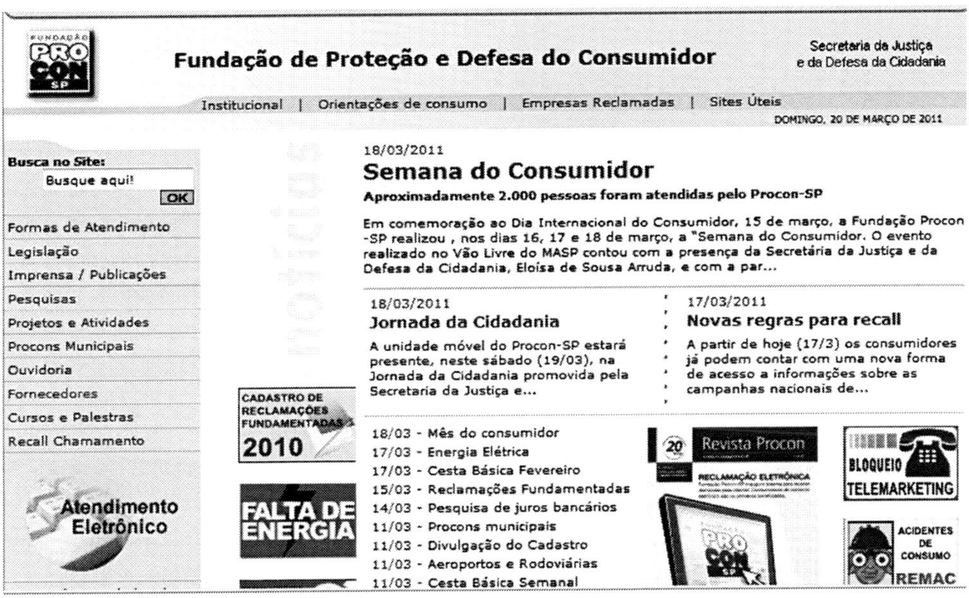

Fonte: Disponível em: <www.procon.sp.gov.br>. Acesso em: 18 mar. 2011.

Figura 4.1 Site *do Procon.*

Até então, os únicos canais disponíveis para reclamações ou para esclarecimentos de dúvidas sobre produtos e serviços eram o telefone, fax e *e-mail* que, em geral, compõem os SACs (Serviços de Atendimento ao Consumidor) nas empresas. Mas a comunicação continuava sendo restrita, de um para um, e na maioria das vezes ineficaz, exigindo do cliente muita paciência e persistência para fazer valer os seus direitos. E isso ainda acontece porque grande parte das empresas não despertou para a nova realidade. Esse é um conflito que existe hoje: os *sites* institucionais, que em geral foram construídos há mais de dois ou três anos – e boa parte das corporações não percebeu isso –, não oferecem espaço para qualquer tipo de interação.

Em geral, limitam-se a fornecer um número de telefone ou endereço de *e-mail*, esquecendo que hoje as pessoas não querem apenas ver um *site* "bonitinho", elas querem interagir. E se o *site* oficial não oferece um espaço para essa discussão, o consumidor vai levar sua insatisfação ou dúvidas para fóruns públicos, ou seja, para *sites* de comunidades que viabilizem isso. Ele vai debater suas questões nas redes sociais, por exemplo, tanto para fazer queixas sobre produtos ou serviços, como também para elogiar ou recomendar os mesmos, se for o caso. Com isso, a comunicação deixa de ser "de um para um" e passa a ser "de um para muitos" – e, em vários casos, "de um para milhares". E se a empresa fica alheia a isso, pode ter sua imagem bastante comprometida, passando a amargar prejuízos e até perder clientes – os tradicionais e, principalmente, os potenciais, que pesquisam tudo na *web* antes de adquirir novos produtos e serviços e, no caso de encontrar muitas queixas não solucionadas pelas empresas, vão, com certeza, buscar alternativas mais interessantes na própria *web*.

É o que Maurício Salvador, coordenador e professor da Ecommerce School, e autor do livro *Como abrir uma loja virtual de sucesso*, classifica como o fortalecimento do quinto poder:

> *"Lembro bem de ter estudado, no colégio, sobre os Três Poderes: Executivo, Legislativo e Judiciário. Algum tempo depois, já na faculdade, falava-se no Quarto Poder, o da Imprensa, que era voltado a proteger os direitos do cidadão denunciando abusos, injustiças e má administração governamental sob uma bandeira de defesa da democracia. Atualmente, na Era da Informação, catalisada pela Internet e seus "zilhões" de páginas, imagens, vídeos e mídias sociais, podemos pensar em um Quinto Poder: o poder do consumidor e seu conteúdo colaborativo. O Quinto Poder significa mais do que colocar suas insatisfações como consumidor num amplificador. É o poder de fazer produtos voltarem para as mesas dos projetistas para serem redesenhados. É o poder de fazer as empresas reconhecerem, publicamente, quando erram e de enaltecer aquelas que se preocupam realmente em trazer qualidade e inovação para o mercado."*

4.1 Boca a boca virtual

Em termos conceituais ainda há certa confusão entre mídias sociais e redes sociais. Na verdade, as redes sociais sempre existiram e nada mais são do que grupos de pessoas que se reúnem para conversar sobre temas de seu interesse – e aí se incluem falar sobre marcas, produtos, serviços, empresas etc. –, jogar ou simplesmente bater papo. O que mudou é que com a evolução da *web* 2.0, isso se reproduziu no ambiente virtual e cresceu de forma exponencial. O surgimento dos *sites* de relacionamento, que passaram a ser chamados de "redes sociais", como o Orkut, o Facebook, o MySpace, só para citar os mais conhecidos, permitiram reunir na *web* várias comunidades (redes) com regras próprias, possibilitando aos seus integrantes interagir de várias formas e trocar informações de interesse comum. Por outro lado, o termo "mídias sociais" se refere ao meio, ou seja, às ferramentas usadas para comunicação, que incluem as redes sociais, os *blogs*, o Twitter, YouTube (*site* para compartilhamento de vídeos), Slideshare (*site* para compartilhamento de apresentações), Flickr (*site* de compartilhamento de fotos), entre muitos outros.

Fonte: Disponível em: <http://jornalglobal.com.br/seccoes.php?seccao=2>.

Figura 4.2 *Ilustração sobre as redes sociais.*

Para as empresas é fundamental compreender como as redes e as mídias sociais funcionam e avaliar o seu poder de persuasão. E, ainda, devem ficar atentas para o fato de que nelas o velho conhecido boca a boca ganha uma amplitude inimaginável, pois se no mundo físico uma pessoa insatisfeita podia influenciar outras 11 (segundo teorias famosas utilizadas no passado), no mundo virtual esse número pode chegar até milhares ou milhões de pessoas, dependendo do caso. Isso tanto vale para falar bem de um produto ou serviço e, consequentemente, levar outros consumidores a se interessarem por eles, como para desabafar sobre descontentamentos, falhas ou atendimento ruim por parte das empresas.

Uma boa aplicação da utilização das opiniões de outros clientes de forma estratégica também pode ser vista em diversos *sites* voltados para o turismo, como o

Booking.com ou Hoteis.com, para reservas de hotéis no mundo todo. Isso fornece muito mais segurança aos consumidores, pois não estarão tomando uma decisão com base em propagandas ou promoções pagas pelas empresas, e sim com base em testemunhais de clientes que já se hospedaram naqueles hotéis e que atestaram sobre sua localização e serviços prestados.

Mas quando existe uma insatisfação grande quanto a algum produto ou serviço e o consumidor não consegue ser atendido pela empresa que o vendeu ou fabricou, esse descontentamento pode ter reflexos extremamente negativos no ambiente virtual, como a criação de comunidades do tipo "Eu odeio tal empresa", por exemplo. As primeiras manifestações desse tipo no Brasil surgiram dentro do Orkut e com o passar do tempo se multiplicaram em outras redes e até incentivaram a criação de *sites* específicos para reclamações, como é o caso do Reclame Aqui (<www.reclameaqui.com.br>).

Fonte: Disponível em: <www.reclameaqui.com.br>. Acesso em: mar. 2011.
Figura 4.3 Site *ReclameAqui*.

Um dos exemplos mais conhecidos nesse sentido foi o de uma comunidade voltada para reclamações de uma empresa de telefonia fixa, criada no Orkut há alguns anos, que chegou a ter vários moderadores, reunir milhares de membros e a aparecer como primeiro item nos resultados de buscas com uso do nome da empresa (saiba mais no Capítulo 3), sendo que na mesma época o que se observava no *site* institucional da empresa era uma página estática, sem espaço algum para interação com o cliente. Posteriormente, para reverter essa repercussão negativa, a empresa criou uma área com mais de 30 pessoas só para cuidar de redes sociais e hoje se encontra bem mais atenta para as consequências que pode vir a sofrer por qualquer descaso com o tema.

O maior risco é para as empresas que não costumam fazer monitoramento das redes sociais, pois as reclamações que não são respondidas, nem solucionadas, acabam impactando as primeiras páginas dos buscadores, o que obviamente impactará também a decisão daqueles que tinham a intenção de adquirir algum produto ou serviço da empresa. Consequentemente, a companhia que está perdendo vendas e novos clientes e nem se dá conta dos motivos que estão levando a isso, pode então acreditar que essa perda de mercado advém de outros fatores, como falta de divulgação ou incompetência da sua equipe de vendas.

Porém, o problema seria até mais simples de ser resolvido, se ela estivesse mais atenta. Faça uma experiência você mesmo; imagine que está buscando um novo seguro para o seu automóvel, selecione uma empresa qualquer que você conheça e pesquise o que é dito sobre ela. Se encontrar informações e notícias negativas nas primeiras posições nas páginas dos *sites* de busca, você irá optar mesmo assim por essa companhia?

A rede de supermercados paulista Pão de Açúcar também tem hoje uma equipe atenta para o atendimento vindo pelos canais sociais, tamanha é a importância que esse assunto passou a ter. Nenhuma grande empresa quer correr o risco de ter sua imagem arranhada nas mídias sociais, depois de fazer tantos investimentos na construção da sua marca.

Evidente que uma empresa de pequeno porte não tem condições de fazer o mesmo investimento, por não dispor de recursos financeiros e humanos para tal. Mas existem alternativas. A primeira delas é começar a mapear a Internet e descobrir o que as pessoas estão falando da sua marca, produtos ou serviços. O mínimo que a empresa tem que saber fazer é entrar nos *sites* de busca como o Google, Yahoo, Bing etc., e verificar o que está sendo dito sobre ela diretamente, ou sobre seu segmento de atuação, e mesmo se seu nome aparece ou não nas buscas e de que forma. É importante, inclusive, verificar se a empresa aparece nos *sites* específicos para reclamações para saber se há clientes (e quantos) insatisfeitos com ela e que optaram por esse caminho, pois provavelmente não foram atendidos pela própria empresa.

Após tomar conhecimento sobre as reclamações que existem a seu respeito, uma providência importante é procurar aquele(s) consumidor(es) e tentar resolver a questão fora das redes sociais. Não é recomendável, de forma alguma, a empresa criar uma discussão nos meios digitais, porque isso poderia se voltar contra ela mesma, na medida em que poderia levar as pessoas a reclamarem ainda mais. Se o problema for resolvido a contento, provavelmente o próprio cliente volta a postar seus comentários na rede.

No *site* Reclame Aqui, por exemplo, são elencadas todas as reclamações que foram atendidas e também as que não foram. Essa informação é fundamental para o consumidor porque se a empresa teve problemas, mas conseguiu resolvê-los de forma satisfatória para o reclamante, ganha muitos pontos a seu favor. É uma forma de mostrar ao mercado que está atenta ao cliente e que toma providências para satisfazê-lo. O supermercado Pão de Açúcar, por exemplo, soube que um cliente de uma de suas lojas reclamou no Twitter por ter comprado um produto fora do prazo de validade. Imediatamente a empresa procurou esse consumidor e enviou para sua casa outro produto com a validade correta.

Por outro lado, se uma empresa não responder, nem tomar nenhuma providência quanto a uma reclamação, tal atitude deporá contra ela mesma. É como se estivesse dizendo que, além de não ter a preocupação de atender bem o cliente no seu próprio estabelecimento, ela também não está atenta para as reclamações que estão sendo realizadas, nem está fazendo algo para corrigi-las.

Vale reforçar mais uma vez a importância das ferramentas de buscas. Não basta apenas a empresa aparecer nas primeiras páginas dos resultados de uma pesquisa, mas também precisa se preocupar com a forma como aparece. Isso porque, em geral, as redes e as mídias sociais estão conectadas com os buscadores, o que significa que tudo o que se posta em uma rede de relacionamento, *blog*, Twitter, YouTube etc., poderá vir a aparecer nos resultados de busca.

Por isso, mesmo que a empresa não tenha nenhum perfil presente nesses *sites* e nem faça ações nesses novos meios, invariavelmente (e indiretamente) ela já estará, de alguma forma, presente neles, pois os próprios internautas se encarregam de postar informações e materiais sobre as empresas. Por isso, costumo aconselhar para os empresários que ainda estão pensando se devem entrar na Internet ou fazer algo nas mídias sociais, saibam que algo já deve estar ocorrendo com suas empresas e marcas, pois isso não mais depende apenas do seu desejo; o controle já passou para as mãos dos consumidores. Essa é, hoje, a mudança mais importante de que devemos nos lembrar, e nos preocupar.

4.2 O que deve e o que não deve ser feito

Após saber o que são e como funcionam as redes e mídias sociais, o próximo passo é avaliar em quais delas faz sentido, para a empresa, ter um perfil e uma atuação mais contumaz e, então, estipular uma estratégia de atuação, pois não é indicado, nem é necessário, estar em todas as redes.

Um erro bastante comum das empresas é tentar não ficar de fora desses canais e muitas passam a interagir nas redes sociais, porém, sem nenhum planejamento, sem nenhuma estratégia anterior, simplesmente iniciam uma "conversa" *online* sem definir antes quais são seus objetivos com isso, o que esperam obter, o que é um risco muito grande para suas marcas.

Esse risco se dá porque não há total controle na rede, ou melhor, há bem pouco controle sobre a repercussão de certas ações, o que expõe as empresas a possíveis consequências indesejáveis. Essa falta de controle se deve ao processo atual de geração de conteúdos, que pode ser feito por qualquer um, bem como sua disseminação, que ocorre de forma extremamente veloz na *web*, devido ao alto grau de conexão entre as pessoas.

E como bem lembra Marcelo Negrini, General Manager da Zazambia Marketing Solution, os profissionais de marketing inteligentes estão percebendo rapidamente que estar nas mídias sociais não pode se limitar só a uma questão de ferramenta:

> *"Em 2009 todos queriam estar no Twitter no Brasil. Nessa época a ferramenta estava ganhando audiência e influência rapidamente, mas não se comparava ao Orkut, então com 35 milhões de usuários. Mas naquele ano as agências ouviram de seus clientes: "preciso de uma estratégia para Twitter". Ou, até com mais frequência, "preciso de um Twitter". Estar na ferramenta da vez é importante, mas o usuário de Internet não se comporta dessa maneira.*
>
> *São quase infinitos os canais e* sites *dos quais um mesmo usuário está participando, ou onde suas mensagens são reproduzidas. Uma boa estratégia de mídias sociais precisa reconhecer isso e ser criada desde o início para evoluir constantemente, aumentando sempre o número de canais monitorados, pessoas influenciadas e a qualidade da análise. É importante começar por algum lugar, e a ferramenta social da moda é um bom lugar quanto qualquer outro para começar. Mas fazer uma iniciativa pontual é um erro e pode levar a resultados desastrosos, ou no mínimo, irrelevantes. Sem um bom planejamento, uma marca pode iniciar uma presença ativa no Twitter, ao mesmo tempo em que ignora uma comunidade de milhares de pessoas no Orkut que critica seus produtos e serviços.*
>
> *Da mesma forma, discutir um produto em comunidades no Orkut pode ser totalmente ineficiente se o seu consumidor preferir o Yahoo Respostas ou mesmo uma rede social vertical para discuti-lo. Ou controlar a conversa em* blogs, *no Twitter e no Orkut, e não ver os votos que seu produto recebe no BuscaPé."*

Ou seja, tudo isso indica a necessidade de um plano prévio, incluindo pesquisas, para se definir o rumo a ser seguido quando o assunto são redes sociais.

Uma palavra que nunca foi tão atual é '**reputação**', e para construí-la na Internet é necessário o desenvolvimento de uma estratégia. E a estratégia começa com o que a empresa deseja para sua marca no médio e longo prazos. As ações na *web* não podem estar desconectadas das estratégias globais da empresa; muito pelo contrário, devem caminhar juntas. Se a empresa deseja transmitir uma imagem inovadora, deverá promover ações que demonstrem isso. Se for uma empresa ligada ao meio ambiente, sua atuação nas mídias digitais, assim como fora delas, deve refletir isso, e assim por diante.

A *web* tornou as pessoas muito mais exigentes. São milhões de consumidores muito mais bem preparados para o processo de consumo e de interação atual. Tem sido cada vez mais comum encontrar consumidores nas lojas que possuem mais informações sobre os produtos que desejam adquirir do que os próprios vendedores. Várias empresas que se lançam nas redes sem antes definir uma estratégia incorrem em equívocos que não somarão para o seu desempenho futuro, tanto na *web* como nos negócios. Exemplo disso são as empresas que procuram utilizar as redes unicamente para promover seus produtos ou serviços, com o intuito de vender a qualquer custo.

Isso é visto como algo invasivo e poderá fazer com que os "seguidores" daquela marca a abandonem rapidamente. Essas ações acabam saturando aqueles que interagem com a marca. As mídias sociais são, na verdade, uma grande oportunidade de aproximação e interação com seus diversos públicos: clientes, fornecedores, parceiros etc., proporcionando às empresas a chance de criar uma imagem mais positiva e humana. O mais adequado, além de utilizar esse meio para relacionamento, é a disponibilização de conteúdos relevantes para o seu público de interesse. Como se diz nas redes de relacionamento em geral é muito importante primeiro "dar algo" ao grupo, para depois pensar em obter algum retorno, e não o contrário.

Segundo pesquisa realizada pela empresa Deloitte para o mercado brasileiro, divulgada em maio de 2010, 70% das maiores empresas utilizam ou monitoram as mídias sociais, embora grande parte delas não compreenda ao certo como agir e os riscos que correm. As empresas alegam que usam as redes para ações de marketing e divulgação de produtos (83%) e para monitoramento da marca (71%), o que demonstra a baixa utilização ainda como plataforma de relacionamento. Esse ponto difere do comportamento observado entre empresas americanas.

Outro ponto que ainda merece atenção é o uso do meio digital para captação de oportunidades e inovação, que podem ser obtidas através da inteligência coletiva, tendência essa que ainda veremos crescer muito nos próximos anos e que será abordada mais adiante.

A empresa brasileira de cosméticos 'O Boticário', por exemplo, monitora sua imagem nas redes sociais há muito tempo e por conta disso soube que muitos clientes estavam insatisfeitos porque um de seus perfumes havia deixado de ser fabricado. Foi, inclusive, criada uma comunidade chamada de "Órfãos do perfume tal". Imediatamente a empresa esclareceu os motivos que a levaram a deixar de fabricá-lo, comprovando que soube utilizar adequadamente aquela informação e satisfazer uma parcela considerável de clientes.

Outro ponto que as empresas devem considerar é que o marketing digital não se restringe à divulgação e promoção. É bem mais amplo do que isso. Gastam-se verdadeiras fortunas com pesquisas para conhecer a opinião do consumidor e, muitas vezes, nas redes sociais, se tem essa informação de forma gratuita. O ambiente digital também é extremamente propício para estimular a colaboração e a cocriação, ou seja, a contribuição do consumidor para melhorar produtos já existentes e até para criar novos e, como foi dito no capítulo anterior, esse é um caminho que pode ainda crescer muito.

A montadora de automóveis Fiat, que tem construído ótimos exemplos no uso das estratégias digitais, fez isso para a criação de um novo carro, batizado de Fiat Mio e lançado na Feira do automóvel em São Paulo em novembro de 2010. Criou uma rede para que as pessoas pudessem colaborar com a construção de um novo carro de acordo com as suas preferências.

Fonte: Disponível em: <http://www.fiatmio.cc/en/>. Acesso em: 25 set. 2011.
Figura 4.4 Site *Fiat Mio*.

Na verdade, tudo começou em 2006, quando a empresa completou 30 anos no Brasil. Em vez de relembrar a história das últimas três décadas de presença em território brasileiro, a Fiat optou por comemorar esse fato convidando as pessoas a pensarem o futuro junto com ela, por meio da campanha "Fiat 30 anos, convidando você para pensar o futuro", que tinha como protagonistas crianças e jovens, que falavam das suas visões sobre os novos tempos. As pessoas de diferentes regiões, idades e classes sociais puderam participar de uma experiência interativa na Internet, num exercício que apontava o que esperavam para os próximos 30 anos.

No *hotsite* <www.fiat30anos.com.br>, milhares de brasileiros deixaram suas impressões sobre o futuro (em vídeo, áudio ou texto) e também discutiram o mundo em que viveremos. Com base nesses depoimentos foi criado o Fiat Concept Car I (FCCI), um carro cupê de inspiração Adventure, 100% brasileiro e que foi apresentado no 24º Salão Internacional do Automóvel, em 2007. A partir daí, os estudos continuaram, porém com outro foco, o de criar um veículo ecologicamente correto, capaz de proporcionar prazer ao dirigir. O resultado desse esforço foi o **Fiat Concept Car II (FCC II)**, apresentado no Salão Internacional do Automóvel em 2008.

Fonte: Disponível em: <http://www.flickr.com/photos/rbpdesigner/3023259278/lightbox/>.
Figura 4.5 *Fiat Concept Car II.*

Após estes dois projetos vitoriosos a empresa continuou pesquisando e desenvolvendo novas tecnologias, atenta às tendências e ao comportamento do consumidor para se relacionar, cada vez mais e melhor, com a sua marca. E foi aí que nasceu o projeto do *Fiat Mio, Um carro para chamar de seu,* que contou com a colaboração dos clientes para criação de um carro que incluía suas ideias. A interação se deu por vários canais como o *site* (<www.fiatmio.cc>) e as redes sociais Facebook e Twitter.

Outro caso interessante é o da empresa Camiseteria, citada no Capítulo 3, um *site* de *e-commerce* criado em 2005, a partir da experiência de Rodrigo David, um dos três fundadores, que participou de um concurso de estampas de camisetas promovido pelo *site* norte-americano *Threadless*. Com base nisso, decidiu trazer esse modelo de negócio para o Brasil. Graduado em *design* gráfico e trabalhando como profissional da área, Rodrigo percebeu que havia uma carência no mercado em oferecer um "espaço" para formação de uma comunidade voltada a fomentar a troca de ideias, exposição de trabalhos etc.

Em agosto de 2005 ele e mais dois amigos colocaram o *site* no ar. O desenvolvimento de produtos (camisetas) passou a ser feito com a colaboração direta dos clientes. Qualquer pessoa podia (e ainda pode) enviar uma proposta de estampa de camiseta e esse desenho é exibido no *site*, junto com esboços de propostas de outros internautas. Depois, todos esses "croquis" recebem notas dos potenciais clientes que visitam a página. Apenas as estampas que recebem as notas mais altas são impressas nas coleções e seus autores recebem R$ 600 e mais R$ 400 em produtos, e então são colocadas no seu portfólio para venda aos clientes.

Os rapazes investiram pesado nas redes sociais para aumentar a presença do novo negócio nesses canais de comunicação, divulgando e trazendo para o *site* assuntos, funcionalidades e novidades capazes de suprir as necessidades do público-alvo. Antes de lançar o *site*, os três sócios ficavam conversando sobre como seria a receptividade do público e da imprensa, quantas camisetas venderiam, entre outros assuntos. A grande surpresa foi verificar que o público abraçou a ideia e mudou completamente o Camiseteria. A maioria dos clientes tem entre 20 e 24 anos, mas Rodrigo enfatiza que a preocupação não é vender para um nicho específico, mas para qualquer pessoa que goste de arte, camisetas e Internet. Todos são bem-vindos no *site* e podem participar ativamente da escolha das coleções. As mídias sociais – em especial Twitter, Facebook, e uma base própria de *e-mail* marketing – são usadas pela empresa para se comunicar com os clientes.

O *blog* (dentro do *site*) é utilizado para divulgação, promoção de concursos e também como ferramenta para desenvolver novos produtos, além de possuir uma característica viral já que os *designers* que mandam estampas querem que seus amigos entrem para votar nelas. O Camiseteria não divulga o faturamento, mas adianta que já alcançou 11 dígitos. A empresa tem sede no Rio de Janeiro, e em 2010 empregava 11 funcionários e contabilizou aproximadamente 170 mil usuários cadastrados.

Segundo Fabio Seixas, um dos sócios, a camiseta é vista como uma tela de arte, onde são colocadas as propostas de diversos "artistas" (veja vídeo youtube sobre a Camiseteria: <http://www.youtube.com/watch?v=X3mW7fOCdlY>).

A construtora Tecnisa também se destacou no ambiente digital e foi uma das primeiras empresas brasileiras a ter corretores *online*, a adotar *links* patrocinados e a lançar um espaço de cocriação, segundo revela Romeo Busarello, diretor de Internet da Tecnisa e professor da ESPM e INSPER:

> *"Com o advento da* web 2.0, *a partir de 2006, ocorreu uma grande transformação e novamente fomos pioneiros com a adoção de* podcast *e YouTube e fomos a primeira empresa brasileira a ter um* blog *corporativo, sem censura, aberto a todos os* stakeholders. *Entramos também no Second Life, com vendas reais efetuadas e, sabiamente, fomos também uma das primeiras a sair. Em março de 2008 a Tecnisa saiu na frente novamente ao contratar o primeiro gestor de redes sociais da Internet brasileira, também chamado, na brincadeira, de "gerente vagabundo", visto que a cada momento ele está navegando em uma rede social diferente! Abrimos a nossa conta*

no Twitter em fevereiro de 2008, sem grandes pretensões. Em março de 2009, uma matéria sobre o Twitter na capa da revista Época *acordou os internautas para essa rede social. Em 40 dias, saímos de 200 seguidores para quase 400 e veio o alerta: precisávamos fazer algo com o Twitter. A primeira pergunta foi: por que alguém segue uma construtora? Curiosos, concorrentes, interneteiros e pessoas procurando imóveis. Pessoas pensando em comprar um imóvel? Então, por que não oferecer algum benefício financeiro para esses seguidores?*

Postamos uma mensagem para nossos 395 seguidores informando que a Tecnisa oferecia R$ 2.000,00 em vale-compras em uma loja de e-commerce *quando o cliente efetivasse a compra de um apartamento da Tecnisa. Será que alguém compraria um imóvel que custa, em média, R$ 400 mil, para ganhar R$ 2.000,00? Nós também não acreditávamos, mas precisávamos testar a ferramenta, procurando seduzir o seguidor a visitar o* site *da Tecnisa e conhecer nossos produtos.*

Eis que, na segunda quinzena de maio de 2009, um cliente vai ao escritório da Tecnisa para assinar o contrato de compra e pergunta para a nossa área financeira: "como eu faço para receber os R$ 2.000,00 da promoção que vocês lançaram no Twitter?" O financeiro não entendeu nada e nem sabia direito o que era o Twitter. Ligou para nosso gerente de redes sociais para perguntar se ele sabia alguma coisa. Bingo! A área de e-business *da Tecnisa veio abaixo: o Twitter tinha gerado uma venda. Imediatamente checamos o nome do comprador e, de fato, ele nos seguia desde fevereiro de 2009. Conversei com ele para entender a motivação de compra e ouvi exatamente o que pensávamos sobre a promoção.*

Ele disse: eu e minha esposa estávamos pesquisando imóveis há algum tempo. Conhecia a Tecnisa por suas ações na Internet e resolvi segui-la. Recebi um post *sobre a promoção do vale-compras e entrei no* site *para ver as novidades. Vi um imóvel muito bonito, num bairro que gostamos e que iria ser entregue em agosto de 2009. Fomos visitar o empreendimento e optamos por comprá-lo. No dia que iria assinar o contrato recebi mais um* post *no meu Twitter falando que a promoção se esgotaria nos próximos dias. Aí lembrei que poderia exigir os R$ 2.000,00 de vale-compras.*

Esse relato simples provou nossa teoria. E o mais incrível foi que a promoção, sem custo nenhum – não foi preciso fazer publicidade em jornal, comprar banner *em* sites *ou imprimir folhetos –, gerou a venda de um apartamento, comprovando que tudo o que pode ser escrito, falado, visto ou ouvido já está virando* bit. *A Internet é um novo mundo a ser explorado, mas é preciso não ter medo de arriscar e de testar suas potencialidades."*

Fonte: Disponível em: <tecnisaideias.com.br>. Acesso em: mar. 2011.
Figura 4.6 Site *Tecnisa ideias*.

4.3 Divulgação, promoções e conteúdo

No que se refere ao uso das mídias sociais para divulgar novos produtos ou fazer promoções, as empresas devem tomar alguns cuidados para que essas ações não sejam interpretadas pelos seus clientes e futuros consumidores como oportunistas ou invasivas. Esses canais são propícios para criar e estreitar relacionamentos e isso deve ser feito por meio da publicação de informações que sejam do interesse daquele público determinado. Uma empresa que vende colchões, por exemplo, pode criar um grupo no Facebook ou um *blog* para falar sobre conforto, bem-estar, sobre a importância de dormir bem para a saúde, e não usar esses canais exclusivamente para fazer propaganda dos seus produtos. Primeiro a empresa deve dar algo para o público que deseja atingir, eleger quais os tópicos que irá focalizar e ser fiel a isso.

A companhia pode buscar se relacionar com seus clientes, suprindo-os com informações interessantes, disseminando conhecimento, bem como mantendo esse contato através de convites para os eventos que realiza. Esse é um exemplo do que pode ser feito, que não é percebido como algo invasivo, desde que a empresa ou instituição se mantenha fiel aos temas que planejou trabalhar. Para isso é fundamental conhecer muito bem o seu público e seus interesses, pois é a única maneira de poder oferecer conteúdo relevante e de qualidade a ele.

Se a empresa, o profissional, ou a instituição sai do seu foco de atuação e passa a debater temas diferentes do que se propôs a fazer, seus seguidores se sentem realmente "traídos", ou perdidos, e consequentemente poderão deixar de segui-la.

Quando criei o *blog* <www.sandraturchi.com.br>, por exemplo, me propus a falar sobre Estratégias de Marketing Digital, Varejo, *E-commerce* e Marketing para baixa renda. E tenho sido "fiel" a esses temas para não "trair" àqueles que estão me acompanhando. Também tenho uma conta no Facebook, Orkut e no Twitter e cada vez que posto algo novo no meu *blog*, ou no Twitter, as pessoas que me seguem nesses outros canais são informadas para que possam acompanhar sobre o que estou tratando e os temas que tenho trabalhado. Porém, temos que lembrar que cada canal deve ter um tratamento específico, e um tom, de acordo com cada um.

A iniciativa de criar o *blog* visava à disseminação de conhecimento sobre esses temas, pois como eu já produzia artigos para diversos veículos, como revistas, portais e jornais, eu não achava justo deixar todo esse conteúdo armazenado no meu próprio computador. Foi então que surgiu a ideia de compartilhar tudo isso. Hoje incluo também a divulgação dos meus cursos e palestras, mas como citei anteriormente, nas redes é recomendável iniciar dando algo (conteúdos relevantes) e depois oferecendo algo, e nunca ao contrário.

As empresas devem procurar fazer o mesmo e só depois que conseguirem criar essa relação com seu público-alvo iniciar também o compartilhamento de alguma promoção que possa interessar àquelas pessoas. Mas para isso devem saber respeitar o "jeito" da rede social e fazer ações de marketing bastante criativas. O Burger King, por exemplo, fez uma campanha muito bem-humorada e que foi encarada como uma grande brincadeira. A campanha foi chamada "Whooper Sacrifice".

A ideia era a seguinte: ao eliminar dez amigos da sua lista no Facebook o internauta ganhava um sanduíche. E a pessoa que havia sido deletada recebia uma mensagem por *e-mail* da empresa, dizendo que para a pessoa X ela valia menos do que um dólar porque foi trocada por parte de um sanduíche. Foi um caso interessante e teve sucesso por ser criativo e convidar as pessoas a brincar. Além disso, interagia diretamente com o que a rede representava, a brincadeira estava ligada ao "jeito" daquela rede, mais descontraída e utilizada para relacionamentos sociais. As pessoas aderiam à brincadeira, pois, na verdade, muitos dos contatos que constavam das suas redes não eram verdadeiramente seus amigos, por isso resolveram "trocá-los" por um sanduíche.

Quando a promoção interage com a rede de alguma forma, seja brincando, ou de qualquer outra maneira interessante e criativa, ela se multiplica sozinha como ocorre no marketing viral. Não é recomendável fazer promoções simplistas do tipo: livros pela metade do preço, ou calças com 10% de desconto. Isso não é ser criativo; é ser chato. E quem for chato na rede será automaticamente deletado, principalmente no Twitter, que é a rede mais democrática do mundo. Para manter seguidores fiéis, o importante é ter relevância para eles e abrir um canal de comunicação, ou seja, uma conversa *online*.

Professores, palestrantes e outros profissionais que produzem conteúdo geralmente têm conseguido arregimentar um bom número de seguidores interessados nos temas que disseminam, usando uma estratégia que lhes permite crescer de forma consistente. Cada vez que ministram uma palestra ou curso, divulgam aos participantes seus endereços de *blog*, Twitter entre outros canais. Outra prática é divulgar constante e sistematicamente conteúdos novos e estabelecer *links* com diversas redes. Também é uma prática utilizada no Twitter, por quem já tem mais experiência com essa ferramenta, repetir *posts*, ou *tweets*, porque as pessoas que estão conectadas na rede às 9h00 não são, necessariamente, as mesmas que estão às 16h00, ou no dia seguinte. Com isso é possível impactar várias pessoas com determinado conteúdo.

Muita gente que posta conteúdo relevante no mundo digital está se tornando referência sobre temas específicos. São as novas celebridades que não aparecem nas capas de revistas, mas que já conseguiram conquistar grande número de seguidores fiéis à custa de um trabalho feito com seriedade, perseverança e planejamento.

Como destaca Emerson Calegaretti, CEO da CerejaPRN, empresa de in StoreTV,

> *"o objetivo de toda empresa é tornar qualquer interação com um atual ou futuro consumidor uma oportunidade de encantar essa pessoa. Portanto, não basta ouvir e reagir de maneira formal e burocrática. Para esse novo consumidor, acostumado a interagir profundamente através da* web*, é necessário dar um passo a mais e se antecipar às suas necessidades, estar mais presente na sua vida enquanto ele usa a Internet. Num mundo ideal, o consumidor encontraria sua operadora de telefonia celular para alterar seu plano enquanto desce o elevador do seu prédio.*
>
> *Trocaria ideias sobre a revisão do seu carro com o fabricante enquanto estivesse preso no tráfego. Reclamaria para a prefeitura sobre o buraco enorme na rua enquanto escrevesse um texto e tiraria dúvidas sobre qual o melhor tipo de ração para seu cãozinho enquanto estivesse mexendo no computador à noite. Fisicamente isso não seria possível, óbvio. A operadora não pode montar um quiosque no prédio, a montadora não pode mandar um técnico andar de carro com o cliente, a prefeitura não tem como adivinhar que o cidadão precisa agora de alguém ao seu lado para reclamar do buraco, nem o fabricante de rações está na casa do cliente toda noite.*
>
> *Mas pela Internet tudo isso é possível. Um* site *corporativo já abastece o consumidor com informações e provavelmente resolve muitos dos seus problemas só dessa forma. No entanto, toda pessoa que usa a Internet está mal acostumada. Acostumada a não só ler o conteúdo, mas a alterá-lo, recomendá-lo a alguém, tirar dúvidas com um amigo, bater papo sobre isso etc. Seria ótimo que nessas interações pudéssemos encontrar as empresas que fornecem produtos e serviços para também interagir com elas. Gostaria muito de que, onde eu estivesse, essas empresas me acompanhassem. Portanto, não basta só ouvir, sua empresa tem que reagir".*

4.4 As PMEs e as mídias sociais

É fato que as mídias sociais vieram para ficar, o que fez com que profissionais de marketing e agências de propaganda de grandes empresas se adequassem para entender essa nova realidade, criando ações capazes de encontrar e encantar seus consumidores na rede. Agora é a vez de as PMEs também utilizarem essas ferramentas a seu favor.

Segundo pesquisa realizada em 2011 pelo portal Mundo do Marketing e a TNS Research, 67% das empresas, nacionais ou multinacionais, utilizam mídias sociais, e desse total 92% preferem o Twitter como principal ferramenta, 69% estão no Facebook e 58% têm contato com seus clientes através do Orkut. Além disso, o estudo mostra que, além das ações em redes sociais, as ações de SEM e SEO também vêm ganhando mais espaço, embora estratégias mais tradicionais como *email* marketing ainda tenham a preferência de 80% das companhias entrevistadas. Entre as empresas que ainda não estão realizando ações em redes sociais, 64% delas afirmam que iniciarão em 2011. As redes sociais também são o principal canal de monitoramento dos consumidores *online*. No caso de comentários negativos, 51% das empresas afirmam que entram em contato com o internauta que postou a reclamação.

Isso demonstra a grande preocupação das empresas com o que acontece nas redes sociais, mas não quer dizer ainda que estejam conseguindo implantar estratégias efetivamente alinhadas com suas culturas e processos, estabelecendo assim uma relação de fidelização e de engajamento de seus clientes.

Em pesquisa realizada em 2009 nos EUA, aproximadamente 65% das empresas utilizavam as mídias sociais no seu dia a dia para realizar pesquisas, buscar informações relevantes e fazer *benchmarking*. As dez atividades mais comuns são: manter *sites* de mídia social da companhia (70%); monitorar o que é dito sobre a empresa (60%); participar no Twitter (56%); monitorar *ratings* (54%); acompanhar o que é dito sobre os concorrentes (53%); participar de discussões em *sites* de terceiros (51%); divulgação e propaganda (50%); gerir uma comunidade *online* para os consumidores (50%) e participar de sessões de perguntas e respostas em *sites* de terceiros (50%). As redes mais usadas pelas empresas são Facebook, Twitter, LinkedIn e YouTube.

No Brasil essa realidade é bem diferente, principalmente quando falamos de PMEs. Esse monitoramento, em geral, é feito por equipes próprias, ainda com pouca ou nenhuma utilização de recursos mais profissionalizados. Isso reflete que há preocupação com o mundo das redes sociais, embora não haja ainda muitas ações relacionadas a isso, principalmente porque, como se sabe, elas não dispõem de equipes focadas no assunto, nem de investimentos exclusivos para esse tipo de atividade.

De qualquer forma, há muitas companhias que saíram na frente e têm utilizado esses mecanismos, principalmente para executar atividades como: relacionamento com seus clientes; levantamento de críticas e sugestões – o que funciona como uma "pesquisa" *online* e gratuita; divulgação de promoções de produtos e também um uso para a área de RH (recursos humanos) com divulgação gratuita de vagas para contratação de novos funcionários, pois a vinda do candidato por esses meios já é uma forma de pré-seleção.

4.5 Monitorando o mercado nas mídias sociais – Brasil e América Latina

Em termos nacionais, outra pesquisa realizada em 2010 pelo Instituto Brasileiro de Inteligência de Mercado (Ibramerc) revelou que 65% das empresas brasileiras (não apenas PMEs) já estão presentes nas redes sociais. Apesar da alta adesão, apenas 7% consideram sua utilização imprescindível. Isso porque esses canais ainda são vistos como um meio complementar. As redes sociais de maior destaque entre as empresas são: Twitter (84%), YouTube (62%) e Facebook (61%). Para os entrevistados, o Twitter é a bola da vez e foi apontado como a rede mais relevante para 42% das organizações.

Para 45% dos pesquisados, o fortalecimento da marca foi apontado como o maior benefício trazido pelas redes sociais. Esse número se coloca em oposição aos 44% que alegam que as redes ainda não trouxeram nenhum benefício. O restante divide-se entre os que tiram proveito das vantagens através da geração de vendas (5%) e fidelização (6%). As redes sociais também têm sido aproveitadas pelas empresas para ações de coleta e análise de informações e principalmente para saber o que a concorrência está fazendo. As práticas mais comuns são: monitorar o mercado (46%), o comportamento dos clientes (45%) e a concorrência (39%).

Na América Latina um estudo da Burson-Marsteller mostrou que apenas 49% das empresas estão usando pelo menos uma das plataformas digitais mais populares: Twitter, Facebook, YouTube e *blog* corporativo – número muito inferior aos 75% da média global. A maior proporção foi encontrada no México (80%) e Venezuela (75%), e a menor em Porto Rico (5%) e Argentina (25%). O estudo "Latin America Corporate Social Media Study 2010" mapeou a presença das 160 maiores companhias da América Latina, distribuídas em oito países: Argentina, Brasil, Chile, Colômbia, Peru, Porto Rico, México e Venezuela. Os resultados foram comparados aos obtidos em "The Global Social Media Check-up", lançado pela Burson-Marsteller em fevereiro de 2010.

O estudo latino-americano constatou que o Facebook foi a ferramenta de mídia social mais utilizada na região, com 39% das empresas mantendo uma ou mais páginas nessa rede de relacionamento. México e Venezuela figuram como os países com o maior número de empresas com perfis nessa mídia social. O Twitter ficou em segundo lugar, sendo utilizado por 32% das organizações latino-americanas. Apesar disso, mais da metade delas é comentada no microblog. A Colômbia é o país com a proporção mais discrepante: apenas 29% das empresas possuem uma conta, mas 86% são mencionadas.

Mesmo apresentando menor número de contas no Twitter em comparação a outros países do mundo, as empresas latino-americanas possuem, em média, o dobro de seguidores e mantêm uma presença mais ativa, com atualizações frequentes. A presença no YouTube é mais tímida, sendo que apenas 25% das empresas da América Latina possuem uma conta. Chile, Brasil e México são os países com maior índice. Em geral, as marcas mais conhecidas da região hospedam em seus canais vídeos publicitários. As empresas brasileiras ganham em audiência, com média impulsionada pela Petrobras (com mais de 25 mil *views*), que tem vídeos sociais, ambientais e sobre trabalhos comunitários.

Os *blogs* corporativos são os menos populares tanto na América Latina (11%), quanto nas empresas globais (33%). Somente o Brasil (37%) e o Chile (29%) têm uma proporção significativa das empresas com *blogs* patrocinados pela marca.

O estudo também mostrou que o Brasil é o terceiro país na América Latina que conta com mais empresas em pelo menos uma mídia social (63%), ficando atrás de México e Venezuela; 53% das empresas brasileiras estudadas estão presentes no Twitter sendo que, em média, cada empresa brasileira possui 4.206 seguidores, enquanto que a média global é de 1.489 e a latino-americana, de 2.626.

Embora apenas 16% das empresas brasileiras estejam presentes no Facebook, as que estão se mostraram como as mais ativas da rede, com 5,7 *posts* por semana, somente atrás de Porto Rico, que tem média de 18 *posts* por semana. No YouTube, as empresas brasileiras lideram na visualização dos vídeos de empresas latino-americanas, com 45.259 visualizações, e apenas o Brasil e o México possuem uma média significativa de *blogs* corporativos (37% e 29% respectivamente).

4.6 As redes sociais no mundo

Outro estudo feito pela Digital Life em conjunto com a TNS Research International investigou cerca de 90% da população *online* em 46 países, para avaliar atitudes e comportamentos do consumidor na *web* e mostrou que os brasileiros ocupam o segundo posto entre os países que mais utilizam a Internet para o relacionamento social, mantendo, em média, 231 contatos. Os mais populares são os malaios, com uma média de 233 pessoas conectadas em suas páginas pessoais. No outro extremo estão os japoneses e tanzanianos, com 29 e 38 contatos, respectivamente. Os chineses aparecem com apenas 68 pessoas, em média, em sua rede de contatos, apesar de serem usuários assíduos desses *sites*, o que indica uma cultura de relacionamento menor, em quantidade, porém com maior intensidade.

Outra conclusão do estudo foi que os mercados emergentes superam os desenvolvidos em relação ao envolvimento das pessoas com atividades digitais. Ao comparar o comportamento *online* desses mercados, a pesquisa detectou que países emergentes, como Egito (56%) e China (54%), apresentam um nível muito maior de engajamento *online* do que os desenvolvidos no Japão (20%), Dinamarca (25%) e Finlândia (26%). O Brasil segue tendência semelhante, com 48% dos consumidores com esse nível de envolvimento. A investigação detectou, ainda, que *blogs* e redes de relacionamento social também são mais populares em países emergentes. A maioria (88%) dos usuários chineses e mais da metade dos brasileiros (51%) já criaram os próprios *blogs* ou participaram de fóruns virtuais, contra apenas 32% dos norte-americanos. A Internet também já se consolidou como a principal opção para o compartilhamento de imagens entre usuários nos mercados emergentes, principalmente na Ásia. O número de consumidores *online* que já realizou o *upload* de fotos em redes de relacionamento social é de 80% no Brasil, 92% na Tailândia e 88% na Malásia, enquanto em mercados desenvolvidos o número é bem menor – 48% na Alemanha e 28% no Japão.

No mundo todo, os consumidores estão passando mais tempo em *sites* de relacionamento social, como Facebook ou Linkedln, do que utilizando o *e-mail*. Em mercados emergentes, os internautas passam 5,2 horas por semana nessas redes, contra 4 horas na troca de mensagens pelo correio eletrônico. Nos países desenvolvidos, os usuários gastam 5,1 horas para trocas de *e-mail* contra 3,8 horas em redes de relacionamento social. Os países com maior tempo de uso dessas redes são Malásia (9 horas por semana) e Rússia (8,1 horas por semana), enquanto os brasileiros gastam 6,5 horas em média.

Isso nos leva a concluir que, por diferentes motivos, sejam eles culturais, socioeconômicos ou mesmo psicológicos, o uso de mídias sociais para ampliação dos relacionamentos tem sido um movimento crescente, principalmente nos países emergentes. Isso pode estar relacionado a um desejo de inclusão, ou de participação maior na globalização, ou simplesmente ser um fator de comportamento e perfil. Sem dúvida os seres humanos encontraram uma nova forma de se fazer ouvir. De qualquer maneira, o que não podemos fazer é ignorar essa revolução no comportamento humano, trazida pela *web*, pois ela impacta a maneira como as pessoas se relacionam umas com as outras, ou com as empresas, e mesmo como se relacionam com o consumo.

5 A Visão das Agências

O crescimento do uso das mídias sociais trouxe impactos não apenas para os empresários, industriais, profissionais e prestadores de serviços, como também para as agências de comunicação (relações públicas – RPs – e de assessoria de imprensa – AIs) que precisaram repensar suas estratégias de atuação para atender melhor seus clientes corporativos nessa nova era em que a colaboração passou a ser a palavra de ordem. Grande parte dessas agências ainda está confusa, sem saber ao certo qual o seu papel nesse novo cenário, o que fazer para auxiliar seus clientes (as empresas) a eleger as redes sociais que se mostram mais interessantes para ingressar e quais as formas de estabelecer a comunicação direta com o público.

Tanto as grandes agências, que atendem grandes contas, como as de menor porte, mais voltadas para atendimentos de nicho, encontram-se equiparadas no sentido de que estão buscando um modelo adequado para atuarem no ambiente da *web* 2.0. Na prática, é um mercado muito novo e todas, igualmente, estão em fase de aprendizagem, assim como seus clientes. Não há verdades, conceitos e processos absolutos e consolidados, até porque tudo muda muito rapidamente. Em 2010 o Facebook passou a ocupar a maior parte do noticiário e apresentou crescimento avassalador. Amanhã, no entanto, poderemos nos deparar com outra rede inovadora. Isso é uma demonstração de que as regras do jogo mudam constantemente e saem na frente aqueles que conseguem ser ágeis o bastante para acompanhar esse ritmo.

Uma das questões a ser considerada, na opinião de Nino Carvalho, professor e consultor especializado em marketing digital, é que dentro da área de comunicação há, de um lado, jornalistas que desconhecem completamente o conceito de cliente, público, estratégia, planejamento, competição etc., e de outro, publicitários que propagam a eterna cultura egocêntrica e com foco em prêmios em festivais, ao invés de se preocuparem em obter resultados para os clientes. Ele destaca:

> *"Com a chegada forte da chamada Comunicação 2.0, quem despontou e lidera de longe, em termos de competências necessárias e preparação para o mercado, é o RP (Relações Públicas), que aprende desde cedo que deve exercer um papel-chave na organização: nutrir e gerenciar o relacionamento da empresa com seus diversos públicos, fazendo a ponte entre os lados, planejando estratégias de comunicação que vão desde a promoção de determinado produto, até planos de gestão de e-crises. Por algum motivo, desde sempre no Brasil, a área acadêmica e o mercado insistem em alocar a função de RP dentro da área de Comunicação. Pior: o RP é tratado como sinônimo de Assessoria de Imprensa. Na verdade, a função Relações Públicas está dentro do guarda-chuva de marketing e deve ser desempenhada por um profissional qualificado nos fundamentos de marketing. Seu papel, dentro de uma organização, é zelar pela imagem da empresa frente a seus diferentes públicos. Um desses públicos é a imprensa (outros, por exemplo, seriam investidores, fornecedores, funcionários etc) e, dentro de uma assessoria de imprensa (do ponto de vista de marketing) deveria haver um profissional de relações públicas para implementar e operacionalizar os planos e táticas de comunicação."*

Evidente que, em certos aspectos, as grandes agências de comunicação levam alguma vantagem porque possuem maior número de profissionais, capital e melhor infraestrutura – algumas até contam com departamentos especializados em PR Digital (Public Relation Digital) que intensificam estudos e práticas relacionados à *web* 2.0 que como em qualquer mercado, conseguem facilmente incorporar esse tipo de serviço aos demais que já realizam para seus clientes. Mas é preciso também levar em conta que as de menor porte, de sua parte, conseguem apresentar preços extremamente competitivos nesse nicho e entregar um trabalho profissional com grande capacidade técnica e de ótima qualidade.

Na verdade, o trabalho de comunicação na Internet, na essência, não difere do que já é feito pelas agências no meio físico e requer diagnóstico (avaliação do que o cliente deseja e precisa), planejamento, estratégia, escolha da linguagem, ferramentas, monitoramento, análise e mensuração. No entanto, cada um desses canais virtuais possui peculiaridades e por isso é cada vez mais comum as agências realizarem treinamentos internos para capacitar seus profissionais de forma a que possam operar nas diversas esferas da comunicação 2.0. E há também as que optam por contratar um profissional já experiente no universo digital para coordenar as ações e treinar a equipe. Tudo depende, essencialmente, do quanto uma empresa está disposta a investir na comunicação 2.0 e de como enxerga esse processo.

No sentido de ter uma visão mais precisa sobre como os profissionais de comunicação estão, de fato, utilizando as redes sociais, o Grupo de Estudos de Relações Públicas Digitais da **Abracom** (Associação Brasileira das Agências de Comunicação) realizou uma pesquisa por meio de um questionário que foi desenvolvido e distribuído apenas no ambiente digital (a pesquisa na íntegra está disponível no endereço <http://groups.google.com.br/group/rpdigital?hl=pt-BR&pli=1>. Responderam 197 profissionais (entre liberais e de 114 agências – 47% das quais de pequeno porte), a maioria do estado de São Paulo (57%) e graduados em Jornalismo e Relações Públicas (71%). Coordenado pelo jornalista Eduardo Vasques (@evasques), responsável pelo planejamento de mídias sociais da TV1 RP, e divulgado em outubro de 2010, o estudo revelou que a maior parte dos participantes (59%) tem entre 18 e 30 anos, o que demonstra um público bastante jovem (veja o perfil dos participantes nas Figuras 5.1 e 5.2).

Da totalidade, 97% dos entrevistados alegaram que seu grau de conhecimento sobre redes sociais varia de 'regular' a 'muito'. Entre as redes mais utilizadas, as principais são: Twitter (92%), Facebook (81%), YouTube (76%), Orkut (69%), Blog (53%) e LinkedIn (53%).

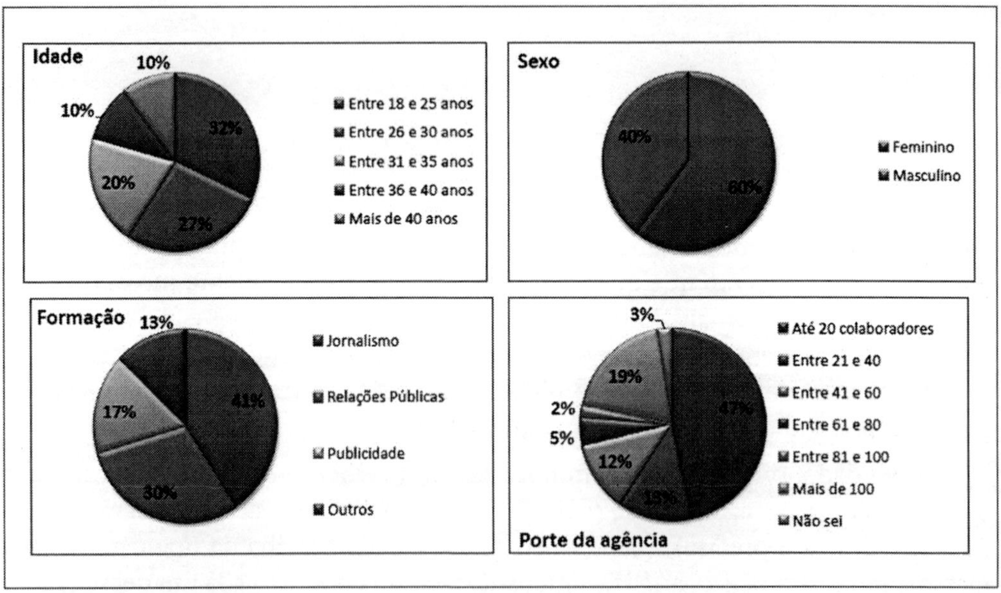

Fonte: Abracom.

Figura 5.1 *Perfil dos participantes da pesquisa.*

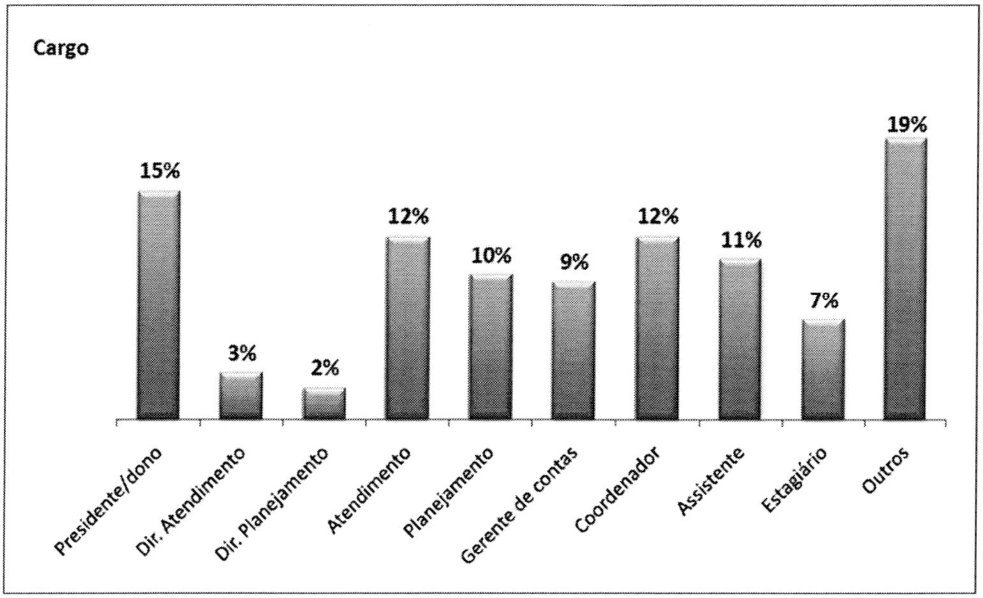

Fonte: Abracom.

Figura 5.2 *Perfil dos participantes da pesquisa.*

O levantamento mostrou que 24% das agências têm apenas um profissional dedicado a este nicho e 32% contam com uma equipe formada por um número que varia entre 3 e 5 profissionais. Os cinco serviços mais oferecidos pelas agências são (veja Figura 5.3):

- gestão de conteúdo de redes sociais (69%);
- monitoramento/auditoria (57%);
- gestão de *blogs* corporativos (55%);
- ativação de campanhas promocionais (53%);
- consultoria em mídias sociais (47%).

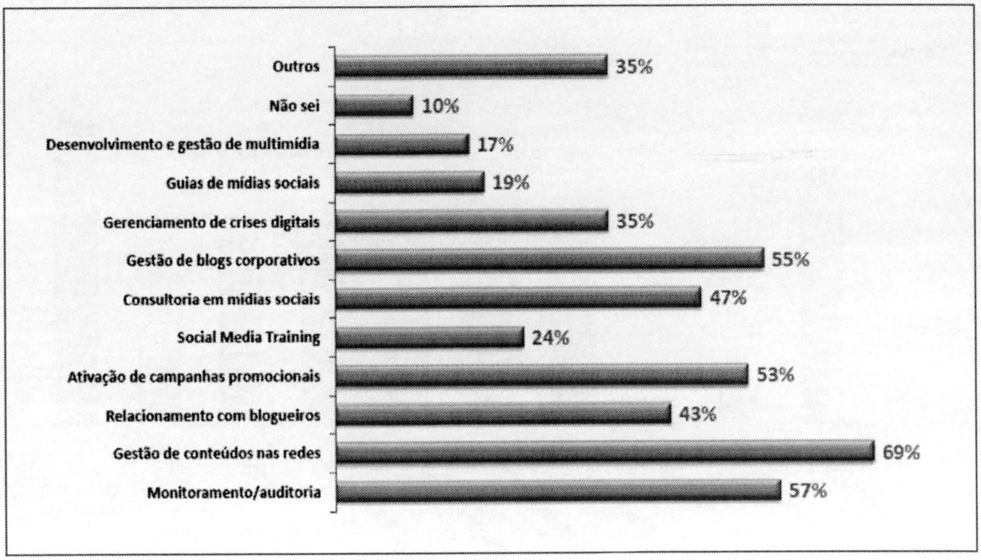

Fonte: Abracom.

Figura 5.3 *Principais serviços que as agências oferecem ao mercado.*

Da parte do cliente, os serviços mais requisitados às agências de comunicação são (veja Figura 5.4):

- gestão de conteúdo nas redes (51%);
- monitoramento/auditoria (42%);
- ativação de campanhas promocionais (33%);
- gestão de *blogs* corporativos (31%);
- consultoria em mídias sociais (29%).

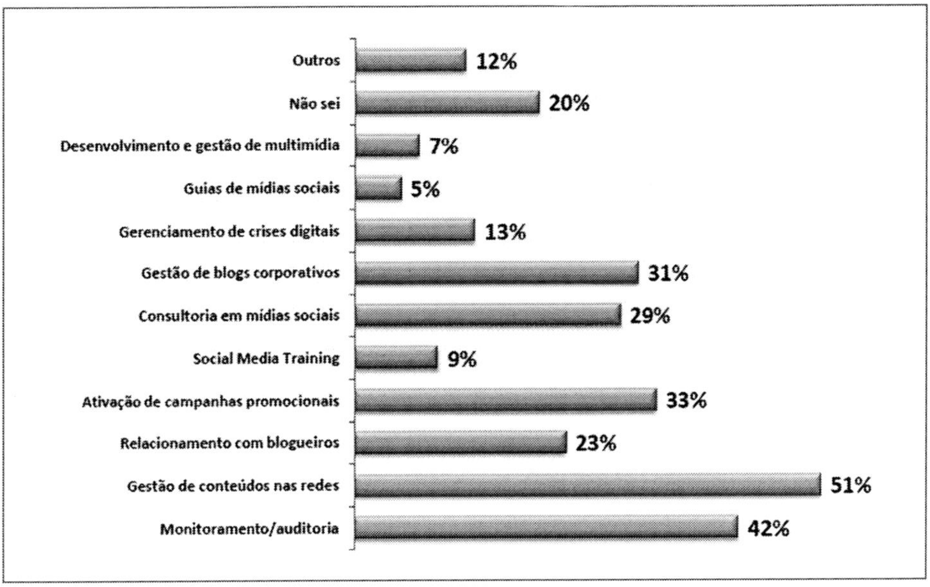

Fonte: Abracom.

Figura 5.4 *Serviços mais procurados pelos clientes.*

Os dados acima demonstram que houve um cruzamento interessante entre os serviços mais oferecidos pelas agências e os mais procurados pelos clientes, o que significa que ou a demanda está sendo muito bem atendida pelo mercado ou há uma limitação das agências em termos de produtos e serviços oferecidos, ou seja, elas não conseguem inovar e atuar em novos nichos do ambiente de comunicação digital.

A maioria (61%) dos entrevistados acredita que os clientes não conhecem quase nada sobre mídias sociais, além de investirem pouco e não valorizarem as ações nesses meios. Apesar de se divulgar amplamente que tudo no mercado de Internet pode ser mapeado e mensurado, o estudo mostrou que para 64% dos entrevistados a maior dificuldade é comprovar o valor do trabalho de comunicação digital e o retorno do investimento (ROI – *Return on investment)* para os clientes, principalmente para aqueles (cerca de 30%) que não acreditam que ações em mídias sociais podem trazer resultados para sua companhia (veja Figura 5.5).

Fonte: Abracom.

Figura 5.5 *Maiores dificuldades em demonstrar o valor das mídias sociais para os clientes.*

Como bem defende Eduardo Vasques:

> *"Se até mesmo os profissionais de comunicação estão aprendendo com os novos meios, os gestores das empresas também não teriam a obrigação de saber lidar com esses novos canais, diriam alguns. Não é bem assim. Eles deveriam, sim, conhecer. Afinal, como exigirão uma postura profissional e competente de uma empresa de comunicação se não sabem o que desejam, se não conhecem ou, ao menos, experimentaram estes novos canais digitais para cobrarem um serviço proativo, um gerenciamento da reputação da companhia? Colocar a marca/produto/serviço de uma empresa nas mãos de uma agência é uma responsabilidade e tanto."*

Outro ponto interessante levantado pela pesquisa é quanto à percepção que as agências têm com relação a como as mídias sociais contribuem para as marcas, veja o resultado na Figura 5.6:

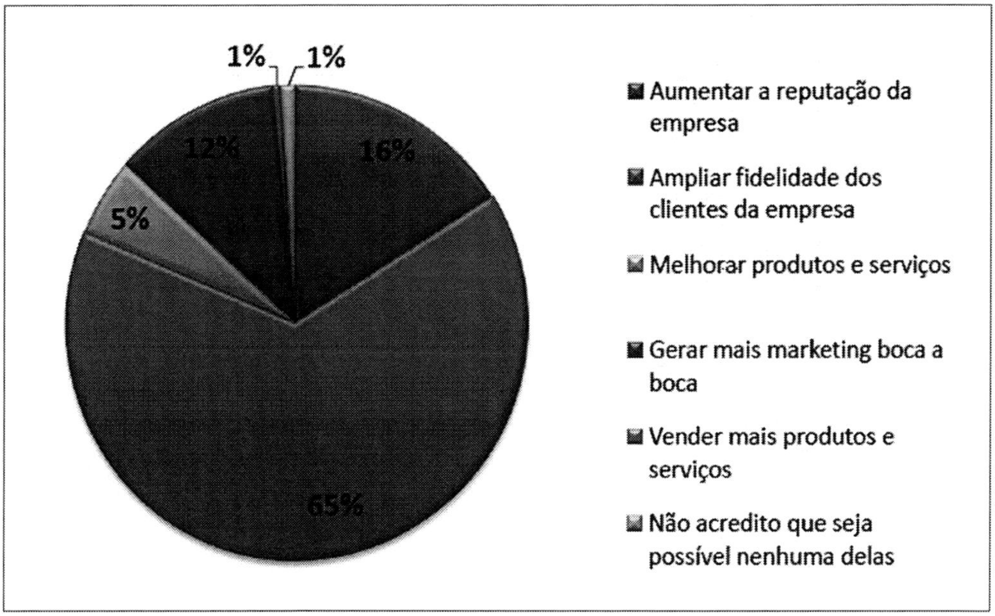

Fonte: Abracom.

Figura 5.6 *Como as mídias sociais contribuem para as marcas.*

5.1 Ações na *web* 2.0

Por conta da falta de familiaridade com as novas mídias, grande parte das empresas ainda sente um pouco de dificuldade para estabelecer um *briefing* sobre o que exatamente quer e quais seus reais objetivos. Para isso, muitas delas recebem o suporte das agências de comunicação, que conseguem auxiliá-las a definir um caminho. Nos últimos tempos foi possível perceber que as mídias sociais também são canais complementares de iniciativas de comunicação, especialmente em campanhas publicitárias e lançamentos de produtos e serviços. E a escolha dos canais dependerá do propósito da iniciativa. Em muitos casos, apenas um deles, como o Twitter, por exemplo, usado para divulgar uma promoção, pode dar conta do recado. Em outros, a gama de redes pode ser maior. Nesse momento o Facebook e o Twitter vêm ganhando força entre os planejamentos digitais, mas nada impede que o Orkut, o Flickr, Slideshare e mesmo os *blogs* segmentados sejam considerados para a comunicação com o público.

Rodrigo Capella, assessor de imprensa da First Comunicação, autor do *blog* PR Interview (<http://printerview.wordpress.com/>) e professor de cursos do Comunique-se, sugere que o primeiro passo deve ser a criação de um QG (quartel general) digital para só depois utilizar as outras redes.

"Vamos supor que o QG seja um site *para esclarecer dúvidas sobre diversos temas e com foco no consumidor final. No Facebook pode-se criar uma* fan page *com vídeos de bastidores e com profissionais tirando dúvidas. Já, no Twitter, pode-se fazer entrevistas com profissionais que dominam os temas abordados no QG e ainda postar* links *para o* site *e criar campanhas para gerar acesso para o portal. Há ainda o Robo.to, uma excelente ferramenta de áudio, vídeo e texto, na qual podemos propiciar uma experiência positiva de uso ao internauta. Em suma, os canais variam conforme as necessidades, foco, atitude da marca e objetivos, entre outros pontos."*

Fernanda Domingues, jornalista, RP e sócia-diretora da FD Comunicação, defende uma postura semelhante:

"Mais que assessores de imprensa ou relações públicas, nós somos comunicadores. E estamos sempre atentos às notícias, mudanças e inovações, o que nos faz perceber que nos últimos 15 anos, com o aparecimento da Internet, o mundo da informação mudou mais rápido que nas décadas anteriores. Uma pesquisa realizada pela Burson-Marsteller comprova que uma notícia divulgada no Twitter demora cerca de uma hora para aparecer em uma publicação online, *e pelo menos duas horas para sair nas emissoras de rádio. A mesma reportagem pode levar mais de duas horas e meia para ser divulgada na TV, e oito horas para sair na mídia impressa. Apesar da rapidez espantosa com que se espalha uma mensagem através desses novos canais, o mais interessante do fenômeno das mídias sociais é que agora não são necessários intermediários: uma empresa ou pessoa pode comunicar-se diretamente com sua massa de seguidores. E os consumidores ganharam voz ativa.*

Diante desses fenômenos da comunicação, cabe aos assessores de imprensa e de relações públicas estudarem cases, *olhar para o público-alvo de seus planos de comunicação e criar as estratégias mais adequadas, sem medo de ousar, tendo em mente que um novo mundo requer uma nova forma de pensar. Social Media é mais do que simplesmente integrar um* blog *ou uma rede social ao plano de comunicação de um cliente. É a oportunidade de envolver diretamente os consumidores dos produtos da empresa-cliente que queiram comprar ou recomendar produtos e serviços à sua rede de contatos. Engajar e inspirar esses indivíduos exige novas técnicas, metodologias e uma inegável compreensão dos usuários de* blogs *e redes sociais para entender porque eles se interessariam pelo produto que sua assessoria representa. Cabe a nós, comunicadores, conhecer a fundo o gosto dos leitores/consumidores com quem queremos falar, para que nossa notícia seja bem-vinda. Estamos todos aprendendo, no dia a dia do trabalho, e temos a vantagem de saber que o ser humano é um ser sociável."*

O consultor Nino Carvalho observa que uma das principais evoluções necessárias para o profissional de relações públicas e assessores de imprensa é aceitar a mudança no conceito de imprensa.

"No mundo digital, com a nova dinâmica de mercado impressa pelo advento e crescimento da Internet, os disseminadores da informação não estão mais restritos à im-

> *prensa tradicional. Hoje, blogueiros, tuiteiros, colunistas de* sites *hipersegmentados, autores de* podcasts, *entre outros, são influenciadores-chave, ou seja, são tão ou mais importantes no processo de transmissão e consumo de informações corporativas quanto outrora foi a mídia tradicional, como a TV, jornal ou rádio. Portanto, não é mais suficiente ampliar o leque de* mailing de imprensa *da organização para as versões* online *de veículos tradicionais. É essencial que a empresa tenha processos sistemáticos de identificação, contato e gestão de relacionamento com outros influenciadores pois, em boa parte das ocasiões, o impacto de ter seu* release *exposto em um* blog *segmentado vale muito mais do que uma nota em um jornal impresso de grande expressão."*

Um ponto importante a ser considerado é que boa parte das empresas ainda tem dúvida e certo receio em experimentar ações interativas. Por isso, faz parte das atribuições dos profissionais das agências de comunicação agir como consultores incumbidos de apresentar esse novo ambiente e suas ferramentas para seus clientes, mostrando a eles que se trata de mais uma ação de comunicação e relacionamento que exige um plano de ação, objetivos, metas e indicadores para acompanhamento.

Há vários exemplos de ações propostas para esses novos canais, como alguns trabalhos realizados pela LVBA Comunicação para seus clientes. Para a Nokia, a agência assumiu a gestão de conteúdo do Blog Nokia e utilizou novos recursos, como vídeo e outros canais sociais, obtendo como resultado a triplicação do tráfego de internautas (veja Figura 5.7). Para outro cliente, a Pedigree (marca de produtos para animais), a LVBA desenvolveu o projeto *Pedigree Adotar é tudo de bom*, para o qual, entre outras ações, foi feita a divulgação do vídeo *Ajude-nos a Ajudá-los* na imprensa e em redes sociais. Para cada *view* do filme, que foi postado no YouTube, a Pedigree doou um prato de alimento para os cães que vivem em abrigos. Apenas em quatro dias o vídeo superou a marca de 100 mil *views*.

Fonte: Disponível em: <www.blognokia.com.br>. Acesso em: 18 mar. 2011.
Figura 5.7 Blog *Nokia, exemplo de ação da agência LVBA Comunicação.*

Para a Abrapp – Associação Brasileira das Entidades Fechadas de Previdência Complementar, a LVBA desenvolveu um *blog* e um perfil no Twitter para trabalhar, junto aos formadores de opinião, governantes e executivos das fundações, um tema de extrema importância para o sistema e que estava parado na Câmara dos Deputados por um período considerável: a aprovação do projeto de criação da Superintendência Nacional de Previdência Complementar, a PREVIC, utilizando uma estratégia de engajamento no espaço público. Depois da criação destes perfis, em aproximadamente um mês e meio, o projeto caminhou na Câmara, foi aprovado e seguiu para o Senado. Em 23 de dezembro de 2009 a Previc foi sancionada pelo Presidente da República e instalada em 26 de janeiro de 2010. Para o *blog* foram coletados depoimentos por telefone, *e-mail* e também em vídeos, principalmente com o Secretário de Previdência Complementar, Ricardo Pena, um dos maiores defensores da criação da autarquia. Somente no mês de maio de 2009, data na qual o *blog* foi colocado no ar, foram registradas 1.379 visitas, todas qualificadas (jornalistas, gestores de fundos de pensão, políticos). Este mesmo nível de visitação foi registrado no mês de janeiro de 2010, período que representou a instalação da Previc e a posse de sua diretoria: foram 1.298 visitações únicas ao *blog*. De maio de 2009 a janeiro de 2010 o *blog* da Previc foi visitado 7.205 vezes, com uma média mensal de 800 acessos qualificados.

Gisele Lorenzetti, diretora de capacitação da Abracom e diretora executiva da LVBA Comunicação, destaca que um dos maiores desafios do mundo digital está no *timing*, no tempo de resposta. "*A* web *interativa demanda respostas rápidas, praticamente imediatas, e as empresas, juntamente com suas agências, precisam se adequar a esse novo cenário.*"

5.2 *Releases*, *podcasts* e outros recursos

Além do *press-release* tradicional (informações sobre o cliente em formato de notícia) enviado por *e-mail* para o *mailing* de jornalistas dos veículos de comunicação, os assessores de imprensa contam com novas formas e ferramentas para divulgar as ações de seus clientes e para capturar a atenção dos seus colegas que estão do outro lado do balcão. Um dos novos recursos é o **Social Media Press Release (SMPR)**, que embute diversos recursos multimídia, além de *links* para vídeos. Com isso, o jornalista, além de ter acesso aos contatos gerais do cliente, como telefone, *e-mail* e *site*, e informações também da assessoria de imprensa, semelhante ao que é oferecido no *press release* convencional, os profissionais de redação podem ter acesso direto à fonte (ao porta-voz da empresa), sem precisar ligar para as agências de comunicação para isso.

Mas como bem lembra Rodrigo Capella:

> "*É lógico que colocar os contatos do porta-voz no SMPR exige um trabalho prévio e muito bem planejado, principalmente relacionado à consciência organizacional. Processos devem ser criados, rotinas precisam ser estabelecidas e o mais importante: as assessorias precisam entender que o seu trabalho não se limita somente ao agendamento de encontros e entrevistas. Cada vez mais os assessores de imprensa são consultores e devem agir estrategicamente, adquirindo a confiança do cliente. Este é um ponto importante. Com o fator confiança estabelecido, um porta-voz não dará entrevista a um veículo sem comunicar para a assessoria de imprensa e, desta forma, o assessor não será extinto do processo.*"

Em outros espaços do SMPR, podem ser incluídas declarações de executivos da empresa, fotos, MP3, *podcast*, *video release* e *links* para RSS, *Digg* e *Delicious*, entre outros ambientes virtuais, além de disponibilizar notícias do setor ao jornalista, oferecendo dados de mercado para os profissionais de redação contextualizarem com mais elementos a matéria final. No entanto, o SMPR deverá levar certo tempo para se consolidar devido aos custos e tecnologia necessária. Um dos exemplos desse novo formato pode ser visualizado no endereço: <http://www.shiftcomm.com/downloads/smprtemplate.pdf>.

Outra opção para a comunicação no ambiente 2.0 é o *vídeo release*, uma das ferramentas voltadas para consolidar marcas, reforçar conceitos e estreitar o relacionamento das empresas com os diversos públicos. Um exemplo é o *video release* feito para divulgar o Glow, o perfume da atriz Jennifer Lopez, que foi protagonizado por ela, destacando-a como uma mulher latina e eleita pela revista *People* como uma das mais bonitas do mundo. Calcada no novo tripé jornalístico: entretenimento, prestação de serviço e informação, a iniciativa obteve boa repercussão e ganhou destaque em diversos canais, como E!, Extra e VH1 em um período curto. Para visualizá-lo, acesse o endereço: <http://www.youtube.com/watch?v=oW-D-cA1It4>.

Outra opção interessante é utilizar o *podcast*, um formato de arquivo padronizado mundialmente para distribuição automática de áudio. Apesar de ter sido criado a partir da popularização dos iPods, não é preciso ter um tocador de MP3 para ouvir um *podcast*; também é possível ouvi-lo por meio de qualquer computador, da mesma forma como se faz com qualquer arquivo MP3. Um dos exemplos de boa utilização desse tipo de recurso é o projeto da Amil, em que médicos conceituados falam sobre temas de saúde, como autismo, doenças respiratórias, depressão, entre outros (<http://www.podtersaude.com.br/>).

Atribuições das AIs e RPs

As empresas de assessoria de imprensa e de relações públicas têm a tarefa de descobrir qual é a ferramenta digital mais adequada para atingir os objetivos de seus clientes, bem como a de desenvolver e monitorar conteúdo, comentários e acessos. É delas a incumbência de criar relacionamentos *online* e ajudar as empresas a enfrentar, de forma estratégica, os desafios desse mundo sem fronteiras.

Entre as atribuições que podem caber a essas agências (RP e AI), incluem-se:

1. Monitoramento *online*: monitorar *sites*, comunidades e *blogs* que tenham relação com as atividades dos clientes;
2. Relacionamento na Internet: identificar *sites*, comunidades e *blogs* que são importantes para uma empresa, marca ou pessoa de forma que estas possam se relacionar e transmitir mensagens. Manter a conversação constante com os canais identificados como relevantes;
3. *Blog*: criar uma plataforma na Internet, com conteúdo e *design* para transmitir uma mensagem. Os textos escritos dentro de um *blog* podem ser feitos pelo presidente ou pelo porta-voz da empresa. A escolha da pessoa, ou pessoas, deve estar alinhada com o objetivo da ação;
4. Redes de relacionamento: criar um canal para que o público determinado pela empresa se relacione e discuta ideias relacionadas ao tema proposto;
5. *Podcast* e *Webcast*: realizar gravações em áudio ou vídeo para transmitir uma mensagem;
6. Vídeos virais: produzir vídeos adequados que tenham como objetivo espalhar mensagens específicas para o público-alvo;
7. Criação de *sites* e *hotsites*: páginas na Internet que apresentam as empresas/pessoas, ou alguma ação da empresa.

5.3 Gerenciamento de crises

Uma questão relevante, que em geral ganha uma amplitude maior no meio digital por se propagar mais rapidamente e atingir maior contingente de pessoas do que no mundo físico, refere-se às crises, ou seja, situações negativas que podem trazer grandes prejuízos para a imagem das empresas, suas marcas, produtos e serviços. Mas é importante entender que existem diferentes tipos de crise que acontecem sempre nos dois ambientes e cabe ao profissional de relações públicas e, muitas vezes, ao assessor de imprensa (embora este esteja mais voltado a difundir notícias fidedignas sobre seus clientes e fazer a ponte com a imprensa), encontrar alternativas que contribuam para reverter os danos. Afinal, estamos falando de pessoas e não de máquinas. E são as pessoas responsáveis por disseminar uma crise.

Os processos de gestão de crises virtuais são muito parecidos com aqueles usados para tratar um problema nos meios tradicionais de comunicação. A diferença está na utilização de diversos recursos, também digitais, para minimizar o estrago na imagem da companhia. Pode-se, por exemplo, criar um *blog* emergencial para esclarecer os fatos, ou usar os canais digitais já existentes para expor a versão oficial da companhia, e assim por diante. Mas o processo interno da organização, para esses casos, segue a mesma linha.

Há casos que são mais complexos para serem solucionados, como, por exemplo, o de uma determinada celebridade ou artista bastante conhecido e que divulga no seu Twitter, em seu *blog* ou em alguma rede social que está insatisfeito com determinado produto ou empresa. Isso é uma questão de gosto, de opinião, e não se pode contestar. Afinal, cada pessoa tem liberdade para expressar aquilo que a agrada e a desagrada. No entanto, esse simples comentário pode gerar uma crise para a empresa que fabrica aquele produto porque, certamente, aquilo irá aparecer nas primeiras posições das páginas de busca, ou até quem sabe, pode vir a aparecer nos *trending topics* do Twitter. Uma forma de reverter essa situação é criar uma quantidade maior de conteúdos interessantes e que destacam o lado positivo da empresa ou do produto em questão que, igualmente, aparecerá nos resultados de busca.

Nos casos em que ocorre insatisfação dos clientes quanto à qualidade de um produto ou serviço, ou mesmo sobre um mau atendimento, e essa queixa figurar em *sites* específicos, como o *Reclame Aqui*, ou o *e-bit*, por exemplo, a ação da empresa deve ser imediata – tanto no que se refere a dar ao reclamante uma resposta sobre como irá solucionar o problema, quanto em solucioná-lo de fato, por meio da melhoria efetiva do produto ou serviço. Como bem ensina Martha Gabriel, que além de realizar cursos e palestras que abordam esse tema, também dirige uma empresa (New Media Developers) especializada em consultoria e treinamento em marketing digital, *"se o produto ou serviço é ruim, não há ação de mídia social que dê jeito; é preciso solucionar o problema de fato"*. Um dos exemplos mais emblemáticos foi o da Telefonica, que teve problemas em fornecer o sinal do Speedy (conexão banda larga) em São Paulo. A queda do serviço não prejudicou apenas pessoas físicas, mas também grandes empresas, o que causou uma série de movimentos na provedora, que, inclusive, chegou a utilizar um perfil com proposta de RP Digital. Outra ação foi comprar *links* patrocinados de palavras importantes no Google para expor a sua versão dos fatos e mostrar as mudanças que vinha realizando para normalizar o serviço.

Outro caso fantástico, que conta com farto material para pesquisa na Internet, é o da Petrobras, que criou o *blog* Fatos e Dados, que ganhou em 2010 o prêmio Gold Quill, da IABC (International Association of Business Communication), voltado a contrapor as distorções a respeito da companhia que são publicadas pelos veículos de comunicação da mídia tradicional. Naquele espaço, a Petrobras posta, na íntegra, as entrevistas e informações que cedeu a jornalistas, para que o público possa comparar o que foi dito pela empresa e o que foi publicado (veja Figura 5.8).

Fonte: Disponível em: <http://petrobrasfatosedados.wordpress.com/>. Acesso em: 25 set. 2011.
Figura 5.8 Blog *Fatos e Dados da Petrobras*.

Para qualquer crise, seja no ambiente físico ou no virtual, as empresas precisam estar preparadas, dispondo de processos estruturados e ferramentas adequadas. E esta, talvez, seja a maior dificuldade de hoje, porque muitas organizações ainda não pararam para inserir as mídias sociais em seus processos de gestão de crise, o que precisa ser feito com urgência. Na verdade, para qualquer empresa, é preciso, antes de tudo, se organizar internamente para se expor nesses meios. Não adianta criar vários canais se, antes, não for feito um bom planejamento sobre o que se pretende fazer neles em termos de conteúdo, que tipos de respostas serão fornecidas, qual o público que se pretende atingir, entre outros fatores. Caso contrário, a empresa corre o sério risco de amplificar problemas, ou até de oferecer apenas mais um canal (além do SAC e do *e-mail*) para que clientes manifestem sua insatisfação.

Como bem ressalta Eduardo Vasques:

> *"A nova comunicação exige, de quem atua no ramo, uma enorme predisposição para estudar e renovar o conhecimento. Acreditar que é possível reverter situações críticas, problemas variados com o público, falhas operacionais com campanhas em mídias diversas, inclusive digitais, apenas com a utilização das redes sociais é inocência. Comunicação não resolve problema de gestão. Investir nestes novos canais significa complementar uma estratégia muito maior e integrada de comunicação. Os recursos proporcionados pela evolução das plataformas eletrônicas e do processamento de informações trouxeram uma avalanche de dúvidas e deixou bastante nebulosa a missão de quem coordena e cuida da imagem, marca e reputação de uma instituição – seja ela pública, privada ou simplesmente uma pessoa – diante de seu público.*
>
> *Na prática, é importante ressaltar, porém, que a transparência, a ética, a essência e os princípios da comunicação corporativa continuam a valer. O que se altera neste novo universo é o meio. E não podemos afirmar que isso seja uma questão simples de ser solucionada. Cada um possui características intrínsecas, modelos de utilização, recursos socioeconômicos para o acesso. E tudo isso faz uma grande diferença na rotina diária da construção e propagação de informações nas redações, nas agências de comunicação e, especialmente, nas empresas. Por mais que haja interferência de máquinas, o relacionamento é construído por gente.*
>
> *As redes sociais sempre existiram. Elas já se faziam presentes nas rodas ou no churrasco com os amigos, no almoço de domingo com a família, nos encontros religiosos, na hora do cafezinho com os colegas no escritório. Eram, e continuam sendo, impulsionadas a partir de vínculos afetivos ou pelo grau de interesse pelo tema ou assunto. E mais do que dominar tecnologia ou teorias consagradas de marketing, para integrar este novo e complexo ambiente, as organizações devem ter como meta entender muito mais de relacionamento e de pessoas. As ferramentas – e são centenas as chamadas mídias sociais – vêm e vão, mas a necessidade de comunicação e diálogo entre as pessoas jamais será substituída. Até porque as redes sociais, como são conhecidas hoje não passam de meios e, por essa razão, não influenciam opiniões.*
>
> *Pessoas influenciam opiniões. Participar desse ambiente da maneira adequada não é mais algo que pode ser definido somente no departamento de marketing ou de comunicação. Os muros destes feudos foram abaixo. Principalmente se considerarmos que os colaboradores de uma empresa também são formadores de opinião e que qualquer pessoa minimamente instruída e com poucos recursos financeiros pode ter acesso ao mundo inteiro quando usa a* web. *A força e o crescimento das* lan houses *estão aí para comprovar estas teorias."*

5.4 Agências digitais

O desafio para as agências de comunicação não é diferente daquele enfrentado por todas as agências especializadas em prestar serviços de publicidade / marketing e de criação e gerenciamento de *websites* e de *e-commerce*: o de desenvolver a capacidade de reconhecer e priorizar os canais de maior importância, aliada à aptidão para conectar os principais pontos entre as marcas, os consumidores e os indivíduos que influenciam as tendências e a tomada de decisões.

A principal tarefa dessas agências é auxiliar seus clientes a ter foco nas redes que sejam, de fato, relevantes para eles e nas quais possam inserir conteúdos interessantes para seu público-alvo, caracterizando uma participação não apenas destacada, mas necessária. Além disso, elas devem concentrar seus esforços e recursos nas redes em que sua presença contribui para a movimentação da comunidade. No entanto, a participação é apenas parte da equação. Valores, finalidade, recompensa, reconhecimento e responsabilidade requerem esforços concentrados dentro e fora das redes sociais, inspirando atividades *online* e *off-line*.

Como destaca Brian Solis, norte-americano especialista em *Social Media*, autor do livro *Engaged* e o primeiro a cunhar a expressão PR 2.0, apenas ações pontuais não fazem uma empresa ter presença marcante nas mídias sociais. É preciso continuidade. No B2B ou no B2C, as pessoas igualmente querem saber como as empresas se posicionam e também ficam atentas à sua interatividade. A mídia social dá às empresas a capacidade de ouvir os consumidores e de se engajarem em tempo real. E a tarefa de cativar os consumidores nas redes sociais não é simples porque reputação, confiança e relacionamento são estabelecidos não só por palavras, mas principalmente por ações.

Na avaliação de Solis, o mundo está cada vez menor, pois se antes éramos todos afastados por seis graus de separação, agora, graças às mídias sociais, são apenas quatro os laços de amizade que separam uma pessoa de qualquer outra. E o desafio para as agências de RP e AI é muito grande porque hoje, qualquer um, munido de ideias e de uma conexão de Internet, pode criar seu próprio veículo de mídia e de informação.

Reclamações, antes restritas a um bate-papo entre amigos e familiares, hoje ficam registradas por escrito e ao alcance de uma pesquisa básica do Google. É cada vez mais difícil controlar a troca constante de impressões e informações disseminadas por *posts*, *tweets* e fóruns de discussões. Do mesmo modo, não devemos pensar exclusivamente em conteúdo, mas também analisar em qual contexto cada informação deve ser veiculada. Um bom texto publicado em um jornal não necessariamente serve para ser postado em um *blog* corporativo ou em redes de relacionamento, assim como um comercial de TV nem sempre terá o mesmo efeito no YouTube.

E como todas as empresas, na era da *web* 2.0, são de mídia, cada vez se faz mais necessário designar uma equipe multidisciplinar de profissionais para cuidar exclusivamente de mídias sociais, tendo também a responsabilidade pela criação de conteúdos relevantes para pessoas que buscam informações interessantes – devidamente contextualizadas e integradas com a imagem e os valores que a empresa deseja mostrar para o mundo externo –, capazes de ganhar reverberação espontânea nas mídias sociais.

Essa função também contempla verificar continuamente os vários canais e não apenas para saber o que as pessoas estão falando da sua empresa na *web*, mas também para ter *insights* sobre ações que poderiam ser feitas, e até contribuir com comentários e artigos em *blogs* de terceiros. Esses profissionais tanto podem ser contratados pelas empresas, como pelas agências de RP e AI, ou ainda pelas agências digitais para atender o cliente.

O mais importante nesses novos canais não é, necessariamente, arregimentar grande quantidade de seguidores, mas sim estabelecer um relacionamento com aqueles que realmente importam para a empresa. E esta, de sua parte, deve desenvolver a habilidade de empatia, procurando compreender os anseios e interesses das pessoas com as quais deseja se conectar. E, a partir daí, fazer com que suas mensagens ganhem ressonância, buscando ir além de *Trending Topics* do Twitter, por exemplo, que não duram mais do que uma hora e logo são esquecidos.

Nesta era em que cada indivíduo é potencialmente capaz de fazer alguma diferença na Internet por meio de toda informação que produz e compartilha, uma empresa precisa estar sempre produzindo conteúdos, dando continuidade perene às suas conversações na rede. E este é um caminho sem volta.

5.5 Maior foco nas PMEs

É cada vez mais comum as companhias recorrerem às agências digitais, especializadas em criar e gerenciar *sites* institucionais, *sites* de *e-commerce*, além de cuidar de toda a parte de publicidade e de marketing na *web*, entre outras atribuições. O problema é que também é igualmente recorrente as empresas, em especial, as de menor porte, se decepcionarem com o atendimento que lhes é prestado. Por terem menos conhecimento e recursos – de capital e humano –, as PMEs acabam não recebendo a mesma atenção que as agências dedicam às grandes companhias, que sempre demandam quantidade maior de serviços e precisam que várias ações pontuais sejam feitas com maior rapidez.

Situação que foi vivenciada por Natan Sztamfater ao criar a empresa PortCasa – uma loja física sediada na capital de São Paulo com foco em artigos para casa e decoração (jogos de cama, mesa e banho etc.) para públicos das classes B e C – e, simultaneamente, a versão virtual da loja na *web*. O empresário contratou uma das agências digitais mais conceituadas para cuidar do marketing e publicidade, mas como na época (2008) seu negócio era de pequeno porte e, portanto, tinha pouco capital para investir, os resultados obtidos não foram satisfatórios. Natan trabalhou com outras três agências, mas constatou que elas não tinham profissionais com experiência na área de marketing digital em número suficiente para atender a demanda, que na *web* 2.0 cresce muito rápido. Com base nisso, além de tocar suas lojas física e *online*, o empresário decidiu investir na criação da Cookie Web, uma agência digital para cuidar do marketing digital da PortCasa e também para prestar serviços para outras empresas de pequeno porte que enfrentavam as mesmas dificuldades já vivenciadas por ele.

O foco principal da Cookie Web são as empresas que já atuam no mundo físico e querem levar seu *know how* para o ambiente digital, mas não possuem conhecimento para isso e nem têm condições de contratar profissionais experientes para gerenciar a operação *online* porque, devido ao crescimento da demanda, falta mão de obra qualificada no mercado, o que também contribui para elevar o salário desses executivos. São custos que as PMEs não têm condições de bancar. Segundo Natan, boa parcela das PMEs ainda apresenta resistência em investir na Internet por não acreditar que terá bons resultados. De outro lado, outra boa parcela de empresas, mesmo não gostando de tecnologia, se ve obrigada a entrar no mundo *online* por entender que se trata de mais um canal de venda com custos menores que os de uma loja física e também por ser uma forma de concorrer inclusive com as empresas de maior porte, porque na Internet há oportunidades para todos. Basta saber explorá-las adequadamente.

Em termos de marketing e publicidade é possível obter ótimos resultados utilizando ferramentas do Google gratuitas e pagas, conforme exemplifica Natan:

> *"Para a PortCasa, essas ferramentas permitiram gerar um fluxo qualificado de clientes. Junto com o Google fizemos uma campanha em que dávamos um crédito de R$ 15 para o cliente comprar na nossa loja virtual e tivemos um resultado altamente satisfatório. Atualmente estamos utilizando outra ferramenta do Google batizada de Remarketing (veja boxe). Por meio dela, todo internauta que visitou o* site *da PortCasa, ao entrar em qualquer outro* site *irá visualizar uma propaganda da nossa empresa com uma abordagem atraente que o levará a voltar ao nosso* site *e até efetuar uma compra. Com isso tivemos uma taxa de reconversão 400% maior que a obtida na rede de pesquisa e no período de um mês saltamos de 70 mil visitantes cadastrados para 140 mil."*

Nova ferramenta

O *Remarketing* é uma nova ferramenta do Google que gera uma etiqueta (um pequeno código) que é incorporado na página do *website* e que diz ao AdWords para guardar os visitantes na sua lista da página inicial. Quando as pessoas visitam essa página, o respectivo ID do *cookie* é adicionado à lista do *Remarketing*. Em seguida, pode-se criar uma campanha do AdWords que segmente mensagens apenas para pessoas que estejam na lista quando elas navegam pela *web*. As mensagens de *remarketing* não serão mostradas a pessoas que não estejam na "Lista da página inicial".

Em pouco tempo a PortCasa cresceu, passando a ser uma empresa de médio porte, e inaugurou no final de 2010 mais três lojas físicas (nos *Shoppings* Boa Vista, Frei Caneca e Plaza Sul, em São Paulo), com planos de chegar a 30 lojas até 2013. A agência Cookie Web também apresentou crescimento expressivo em pouco tempo e fechou 2010 com mais de 20 empresas clientes. Para atrair também empresas de maior porte, Natan associou-se a Marcel Werdesheim, profissional com grande *expertise* nesse segmento. A agência presta serviços de consultoria (estudo de mercado), seleção de plataformas de *e-commerce* de acordo com a característica de negócio do cliente, planejamento e estratégia de marketing digital, e gerenciamento de redes sociais.

Para gerar uma aproximação maior com os clientes da PortCasa, a Cookie Web criou o *blog* <www.dicasparaminhacasa.com.br>, em que é apresentado diariamente material exclusivo por meio de três personagens virtuais que formam um "time de especialistas": Fábio Fabuloso – decorador que dá dicas para deixar os ambientes mais harmoniosos; Gerard Genial – um *chef* de cozinha francês que fornece macetes para facilitar o dia a dia na cozinha; e Lia Simpatia – uma dona de casa que fala sobre soluções para os problemas caseiros, veja Figura 5.9. Além dos *posts* diários no *blog*, os personagens têm seus perfis no Twitter e Facebook para uma interação ainda maior com os internautas. Essa foi a fórmula encontrada para trabalhar o *branding* e adquirir credibilidade e confiança por parte do público.

Fonte: Disponível em: <www.dicasparaminhacasa.com.br>. Acesso em: 25 set. 2011.

Figura 5.9 Blog *da PortCasa.*

Tradição e modernidade

Outra empresa que optou por criar uma agência digital para inicialmente atender suas necessidades de marketing para a própria loja *online* e, numa fase posterior, prestar serviços para o mercado foi a Eletrônica Santana. A loja física, criada em 1964 para vender peças e componentes eletrônicos de eletrodomésticos (de aparelhos de TV e de rádio) para técnicos e oficinas de consertos principalmente da região da zona norte da capital de São Paulo, passando a vender aparelhos novos nas décadas de 1970 e 1980, continua em plena atividade até hoje, depois de ter sobrevivido a várias crises ao longo dos anos – a principal delas causada pelo governo de Fernando Collor de Mello, que literalmente confiscou o dinheiro da população como um todo e abriu o mercado para as importações, o que incentivou as pessoas a adquirir produtos novos ao invés de consertar os que tinham. Para se manter em atividade, a Eletrônica Santana apostou em novos nichos: as áreas de telefonia e de segurança, passando a vender produtos para o mercado corporativo.

Na tentativa de impulsionar mais uma vez os negócios, a empresa decidiu investir no comércio eletrônico em 2003, que se mostrava promissor e cujos custos de implantação eram bem inferiores aos de instalar outra loja física. Mas a tarefa foi árdua, segundo revela Rubens Branchini Martins, diretor comercial e de marketing da empresa e filho do seu fundador:

> *"Naquela época não havia especialistas, nem cursos de* e-commerce *e nós mesmos desenvolvemos o* site *com base em muita leitura de livros e pesquisas. Foi um trabalho complexo e tivemos que enfrentar vários problemas relacionados às formas de pagamento, ao* lay out *e à plataforma de* e-commerce *que não tinha boa arquitetura, o que tornava a navegação difícil para o internauta e também dificultava a nossa gestão. Outro desafio foi a publicidade* online *até que decidimos utilizar as ferramentas do Google, como o AdWords e links patrocinados, o que nos deu um gás tremendo.*
>
> *Fomos uma das primeiras empresas a anunciar no Google e nos tornamos até um* case *de sucesso daquela companhia apresentado em diversos eventos voltados para PMEs (veja em <http://www.pukis.com.br/servicos/google/caseeletronicasantanagoogle)/>. A parceria se mantém até hoje. Com isso ganhamos maior visibilidade e muitas empresas de pequeno porte passaram a nos procurar para saber o que e como fizemos."*

De acordo com o freguês

Também apostando no nicho das PME's, a Orange Design, criada entre 2003 e 2004, usa uma estratégia diferenciada com seus clientes. "*Somos uma agência focada em auxiliar as empresas, especialmente as de menor porte, a estreitarem o relacionamento com seu público por meio da Internet*", define seu fundador, Renato Nascimento. Nesse sentido, o primeiro passo é analisar a capacidade de investimento do cliente e a partir daí montar um plano de comunicação de curto, médio e longo prazo. A Orange Design, como o próprio nome diz, é bastante voltada para *design* (Figura 5.10).

"Hoje boa parte das empresas quer estar nas redes sociais, mas não sabe como. O primeiro ponto é avaliar, junto com elas, se estão preparadas para estabelecer esse relacionamento com os internautas – seja em seu site *de* e-commerce *ou nas redes sociais – porque a comunicação é um ciclo. E estar na Internet não é tão fácil como parece. Há muitas ferramentas disponíveis, mas falta informação sobre como usá-las corretamente para trazer valor para o negócio. A Internet abre inúmeros perfis de um mesmo internauta e é preciso saber captar tudo isso para criar campanhas que o incentivem a efetuar a compra de produtos e serviços."*

Fonte: Disponível em: <www.orangedesign.com.br>. Acesso em: 25 set. 2011.

Figura 5.10 Site *da agência Orange design.*

Como se pode observar, há ainda pouca estrutura e padronização, tanto quando o assunto são as agências de Assessoria de Imprensa e Relações Públicas, como no caso das agências de marketing digital. De qualquer forma, as empresas e agências estão buscando soluções que viabilizem a participação de seus clientes corporativos no universo digital e nas redes sociais.

5.6 Transformações nas relações com o mercado

Não resta dúvida de que as empresas cada vez mais precisam se familiarizar com os temas do mundo digital, como *web* 2.0, *web* 3.0, comunidades, *e-commerce*, *games* etc. e pensar em novas formas para se comunicarem com seus públicos, tanto interno como externo, pois disso poderá depender o futuro dos seus negócios. O público, os clientes e consumidores já estão *online*, por isso não é mais possível ficar de fora. A Internet há muito tempo deixou de ser apenas um meio de diversão para se tornar uma importante plataforma de informação e colaboração.

A era da *web* 2.0, marcada pela interação e pela participação, impacta diretamente as empresas e o consumo porque o internauta tem o poder de influenciar tanto na formatação de novos produtos, como pode determinar a ruína de uma marca, dependendo de suas ações e do seu poder de influência.

A *web* 3.0, também chamada de Web Semântica, por sua vez, se caracteriza como a Internet inteligente, que transforma o conteúdo desorganizado da *web* em informação relevante para a tomada de decisão, através do cruzamento de dados. Isso evitará que cada pessoa receba uma enorme quantidade de páginas inúteis a cada busca realizada. Ao mesmo tempo, haverá cada vez maior sintonia entre o perfil de quem realiza uma busca de algum tipo de informação e os resultados a ele apresentados.

Se por um lado esse futuro se mostra fascinante em termos de oportunidades de novos negócios e de agilidade na obtenção de informações, por outro, tem trazido à tona questionamentos sobre privacidade das informações e ética. Para as empresas, o que se torna imperativo é acompanhar e participar dessa evolução, para que não sejam pegas de surpresa.

Diante desse novo cenário, é importante criar estratégias para aproveitar ao máximo todos os benefícios que essa comunicação pode proporcionar, como destaca Emerson Calegaretti, CEO da CerejaPRN:

> *"Um movimento recente transformou o usuário da Internet, de ator passivo para protagonista, de mero consumidor de conteúdo para gerador desse conteúdo. Com o surgimento e a evolução de ferramentas de comunicação instantâneas, compartilhamento de fotos e vídeos,* blogs *e* microblogs *e finalmente as redes sociais, esse movimento se acelerou. Agora o conteúdo presente na* web *não é relato de poucas pessoas sobre o que acontece no mundo; ele agora é um reflexo de mim, de você e de nossas opiniões.*
>
> *Todas essas ferramentas sociais na* web *nos permitem interagir e mudar o rumo desse conteúdo dando voz a nossas ideias. Essa é uma fantástica evolução do ponto de vista social, mas criou um inferno para os profissionais responsáveis por gerenciar a relação com seus clientes. Agora o consumidor tem voz em um sem-número de canais, tanto para mostrar seu amor, como seu ódio, por uma marca, um produto, um serviço, uma empresa. Muitas empresas encaram essa nova fase no mundo das comunicações como um desafio intransponível.*
>
> *Com muitas novidades, a tendência natural do ser humano é se fechar, aguardar um movimento mais claro das multidões e só então agir. As corporações não são diferentes. Todos aguardam "o que os outros vão fazer" para só então tomarem um passo adiante. Infelizmente, quando acordarem poderão perceber que seu concorrente não só*

já deu um passo adiante, como também criou uma relação sólida e benéfica com seus consumidores. As empresas podem querer apenas estender os canais de feedback *dos consumidores, mas existem outras oportunidades nessa operação.*

É possível melhorar a reputação e imagem da sua empresa, gerar novas oportunidades através de negócios continuados e diminuir custos de atendimento, entre outros. Se optar por apenas estender seus canais, minha recomendação é que você crie uma interconexão dos canais de web *(*email, *comentários feitos no* blog *corporativo, formulários no seu* site *etc.) aos sistemas atuais de gerenciamento de relacionamento. Sua única preocupação, de fato, é que esse tipo de comunicação seja apenas reativa, você apenas passa a dizer que "está aberto para reclamações pela Internet". Isso é o mínimo que qualquer empresa séria pode fazer, mas não vai mudar a imagem de seus produtos ou de sua empresa e nem vai gerar novos negócios.*

O objetivo de toda empresa é tornar qualquer interação com um atual ou futuro consumidor uma oportunidade de encantar essa pessoa. Portanto, não basta ouvir e reagir de maneira formal e burocrática. Para esse novo consumidor, acostumado a interagir profundamente através da web, *é necessário dar um passo a mais e se antecipar às suas necessidades, estando mais presente na sua vida enquanto ele usa a Internet."*

É preciso ter consciência de que a comunicação entre as empresas e o consumidor se transformou em uma avenida de mão dupla e por isso as corporações precisam aprender a ouvir mais do que falar. Também é fundamental entender que cada rede social é distinta. Existem redes profissionais, como LinkedIn e Plaxo; redes de fotos, como Photobucket e Flickr; redes de vídeo, como YouTube, Videoblog, Vimeo e DailyMotion; e tantas outras.

Cada uma delas requer uma comunicação que seja adequada às suas características e ao público que as compõe. Vale lembrar ainda a importância de divulgar em todas as ações de marketing os canais de que a empresa dispõe, como *blogs, e-mail, chats, website,* telefones, Twitter etc., que é uma forma de mostrar uma postura aberta e de que existe disposição de atender bem ao cliente.

6 Inclusão Digital

A sociedade está passando por grandes e profundas transformações, alavancadas, principalmente, pela globalização e pela rápida evolução da tecnologia no mundo moderno. O consumidor deixou de ser apenas um espectador dos fatos, para passar a assumir o papel de protagonista da história. Sabemos que cada vez mais ele interage e participa do processo de criação de um produto, do seu lançamento e até do seu sucesso ou fracasso. Isso passa pela grande interação proporcionada pela Internet e pelas mídias sociais. Porém, temos que nos lembrar de que para a maioria da população mundial, especialmente dos países emergentes, isso tudo ainda é muito novo. Apenas 25% da população mundial têm acesso à navegação na *web*, sendo que aproximadamente 20 países concentram quase 80% de todos os usuários.

Tratando de número de internautas, o Brasil está em 5º lugar, atrás apenas dos EUA, China, Japão e Índia. No Brasil, a venda de computadores nos últimos anos teve um crescimento espantoso, principalmente a partir de 2007, ano em que foram comercializados mais de 10 milhões de equipamentos, correspondendo a um faturamento superior a R$ 24 bilhões e representando crescimento de 25% sobre 2006.

Desse total estima-se que praticamente a metade tenha sido destinada às classes de baixa renda – um público ainda pouco acostumado à tecnologia e que busca soluções mais simples, em todos os sentidos, o que exigiu da indústria e do varejo uma readaptação, tanto em termos de produtos, como de serviços, para permitir seu acesso. Isso pode esclarecer o enorme crescimento da marca fabricante de computadores Positivo, que hoje figura entre uma das mais importantes do cenário de tecnologia do país, porque soube como atender a esse novo consumidor.

Em 2010 foram vendidos cerca de 14 milhões de computadores, segundo estimativa da Abinee (Associação Brasileira da Indústria Eletro e Eletrônica), representando crescimento de 17% sobre 2009. As classes de baixa renda são igualmente responsáveis pelo grande crescimento recente do *e-commerce* no país, onde 50% dos *e*-consumidores compraram nos últimos três anos, ou seja, é uma experiência totalmente nova para muitos.

Há que se destacar igualmente o crescimento da venda de aparelhos celulares que, juntamente com o maior acesso aos computadores, demonstra claramente as mudanças no perfil do consumo e dos consumidores. Os *smartphones*, por sua vez, são também fator de inclusão social, pois aproximadamente 40% da classe C já acessa a *web* via *mobile*.

Além disso, não podemos esquecer a crescente influência na construção das marcas, devido a essa maior interação dos compradores, que cada vez mais percebe seu poder. Alguns começam a navegar muito singelamente, apenas para tentar localizar velhos amigos na rede social mais famosa do país, pois sentem que já não podem ficar de fora; depois começam enviando *e-mails* com aquelas correntes e logo passam a usar a *web* para realizar pesquisas informais, discutir, elogiar ou rejeitar alguma marca ou produto, seja porque não gostou, ou porque não foi bem atendido em uma determinada rede de hipermercados, por exemplo.

Isso demonstra que essa situação é bastante real e está ocorrendo em grande parte das famílias, na casa do vizinho, em muitas empresas, nas *lan houses* e nos *cybercafes*. Com isso, pode-se afirmar que as marcas que continuarão progredindo e se consolidando serão aquelas que mudarem suas atitudes para se conectarem mais efetivamente com esses consumidores, criando vínculos e experiências que sejam reais e autênticas, inclusive utilizando o mundo virtual para atingir seu objetivo.

6.1 A verdadeira democracia

Não há nada mais democrático do que a Internet, no sentido de que cada vez mais ela está presente em todos os lares, em todas as empresas, contagiando um número crescente de pessoas – dos mais jovens, pela facilidade que estes têm com as inovações, às pessoas de mais idade, pelo desafio que representa e pela dificuldade em entender como funciona. E, além de não haver restrições por idade, observa-se um crescimento vertiginoso no acesso vindo de todas as classes sociais.

Outro ponto é a acessibilidade gerada pela popularização do celular, com o qual se pode navegar de qualquer lugar, a qualquer hora. Se por um lado isso é fabuloso, por outro nos traz uma sensação de total dependência, pois quando esquecemos esse aparelho em algum lugar, logo surge uma perturbação, como se tivéssemos nos esquecido de alguém, ou como se faltasse uma parte de nós. A verdade é que ficamos com a percepção de que se perde alguma informação, só pelo fato de não estarmos conectados por alguns momentos. O celular virou quase uma extensão do nosso corpo e ocupa cada vez mais um espaço importante por viabilizar muitas atividades como acessar vídeos na *web*, *email*, consultar mapas, temperatura, checar a cotação da bolsa de valores, fotografar e, obviamente, até para falar.

Outra ferramenta, ainda mais veloz e de grande poder de disseminação, o Twitter, aumenta essa democracia, pois ele pode ser considerado um medidor de tendências, ou um termômetro útil para as empresas acompanharem suas marcas, ou suas crises. No mundo empresarial, algumas companhias que já fazem acompanhamento sobre o que as comunidades falam a respeito dos seus produtos ou serviços, hoje incluíram também esse *microblog* nessas análises.

Voltando a falar na democracia gerada pela Internet, o principal ponto a ser observado é a possibilidade de cada ser humano publicar aquilo que bem entende e disseminar esse conteúdo. A *web* trouxe um poder às mãos dos consumidores nunca antes visto, dada a possibilidade de influenciar outras pessoas e, portanto, seu consumo, suas opiniões, seus interesses. E isso é para o bem e para o mal, ou seja, tanto pode ser utilizada de forma positiva como negativa também.

Levando isso para o contexto político, já que estamos falando sobre democracia, percebe-se que mesmo alguns governos querendo proibir ou monitorar o uso da *web* e de redes sociais, isso se mostra completamente inviável, visto que a liberdade é inerente ao funcionamento da Internet. Tanto as empresas como os políticos não podem mais se esquivar ou ficar distantes desse meio de comunicação. O que deve ser feito, em se tratando de consumidores e de eleitores, é usar esse caminho como uma plataforma para interagir com total transparência com cada um desses públicos e, com isso, atingir seu objetivo, seja ele qual for.

6.2 Novo alvo: público de baixa renda

Muito se tem discutido sobre como alcançar o público de baixa renda nas ações de marketing, mas ainda há um longo percurso a ser traçado para se entender sua dinâmica. Há inúmeras empresas se preocupando em criar itens diferenciados, com quantidades menores, novas embalagens, para assim reduzir o preço dos produtos. Há muitos acadêmicos pesquisando e teorizando sobre o assunto, definindo perfis, criando modelos etc. Mas isso ainda é pouco, se considerarmos que continua existindo uma distância enorme entre essas ações e a realidade que cerca essas pessoas. Na verdade existe um grande abismo entre aqueles que desenham as estratégias e os alvos das mesmas.

Apesar da realização de inúmeras pesquisas, voltadas para compreender esse mundo, por meio de quaisquer métodos, sejam entrevistas ou por uma convivência com as famílias de baixa renda, a distância quilométrica ainda permanece. Esse abismo se reflete em diversos pontos de 'não contato', como a cultura, o vestuário, o gosto musical, a estética, os lugares frequentados, enfim, quase tudo é diferente em comparação às classes mais abastadas. E obviamente isso interfere na forma como consomem produtos, crédito, serviços e cultura.

Basta observar as construções das casas na periferia das grandes cidades para se perceber uma estética completamente diferente, com pouca preocupação com o visual, até mesmo porque não há dinheiro disponível para se preocupar em melhorar seu acabamento, por exemplo. Ou verificar, ainda, o vestuário dessas pessoas, o que levam nas bolsas, ou sacolas, como se alimentam, como falam e como se comportam. Enfim, é preciso colocar o olhar muito mais próximo da realidade da vida delas, do que apenas ler relatórios ou ver apresentações de pesquisas.

Um olhar mais atento poderá perceber que existe um ponto em comum entre o público consumidor de baixa renda e as pequenas e médias empresas (PMEs): todos querem ser tratados com objetividade e simplicidade. Por isso, a comunicação dirigida a eles precisa levar em consideração esses pontos, que são fundamentais, mas por razões diferentes.

No caso do pequeno e médio empresário, em geral, ele "não dispõe" de tempo para tentar entender o que alguns consultores querem dizer e, além disso, muitos não possuem formação em outro idioma ou mesmo em outras disciplinas, como tecnologia da informação, por exemplo, para conseguir captar rapidamente certos textos, ou mesmo palestras, o que torna o vício de alguns comunicadores de se utilizarem de diversos termos em inglês um total desperdício, pois fazem com que o empresário simplesmente desista de compreender o conjunto de siglas que muitos desses consultores têm predileção em utilizar, tais como ERP, CRM, entre outras. Costumo dizer que nós, comunicadores, educadores e consultores, temos a missão de ligar uma tecla de tradução, para que todos consigam assimilar de forma rápida o que se deseja ensinar ou compartilhar.

O público de baixa renda, por seu lado, possui dificuldade em assimilar o que certos anúncios de propaganda significam. Isso foi verificado em uma pesquisa recente, realizada por uma agência especializada em comunicação com esse perfil de público, a Avenida Brasil, de São Paulo, juntamente com o Instituto de Pesquisas Data Popular.

Foram apresentados alguns anúncios de café e entrevistadas, primeiramente, pessoas no Campus da Universidade de São Paulo (USP), as quais não tinham nenhuma dificuldade em captar a mensagem dos respectivos anúncios (que o café era forte, por exemplo). Em outro momento também foram entrevistados alguns visitantes de um *shopping* da periferia de São Paulo e ficou absolutamente nítido que eles não assimilaram, de forma clara, que atributos os mesmos anúncios tentavam transmitir e, por vezes, tiraram conclusões muito diferentes do que era buscado pela campanha em questão. Eles entenderam que o café deixava as pessoas mais fortes, e não que o café era forte, por exemplo.

Por outro lado é também fascinante verificar que o acesso a esse novo mundo tem trazido melhorias para a vida de muita gente. Em reportagem recente de um grande veículo de comunicação foram apresentados casos de pessoas de locais remotos do Brasil, com acesso extremamente rudimentar e que, mesmo assim, se beneficiavam do universo digital, como a garota indígena do Pará que comprava livros e aguardava duas semanas pela sua chegada, pois era o único meio, visto que não há livrarias nem bibliotecas na sua cidade. Ou então a agricultora pernambucana que usa a *web* para obter informações sobre previsão do tempo, para saber quando é a melhor época para plantar, bem como fazer coleta de água da chuva.

Há o caso de novos empreendedores investindo na criação de *lan houses* (veja boxe) e que veem seu faturamento crescer, como a cabeleireira que comprou computadores para suas clientes navegarem enquanto aguardam o efeito da tintura para cabelo. Não estamos falando de inovações num bairro nobre de São Paulo, e sim da maior favela da capital paulista. Há também o caso de um rapaz, Bruno Barreto, que criou sozinho um sistema chamado SACSP, para a cidade de SP, captando diversas reclamações postadas por cidadãos paulistanos sobre problemas da cidade e gerando, através de uma profunda análise, um novo olhar para essas reclamações, com interpretações que antes ficavam invisíveis. O *site* chamou a atenção da prefeitura e hoje Bruno dá consultoria para novos projetos de dados públicos. Esses são apenas alguns sinais dos novos tempos que vêm por aí.

Portão de embarque para a *web*

Apesar da grande expansão do uso da Internet que ocorreu nos últimos anos, boa parcela da população brasileira ainda encontra-se à margem dessa realidade. Para contornar essa situação, o governo federal criou os chamados telecentros – centros públicos de acesso à Internet – voltados a atender as pessoas das classes C, D e E, e das regiões rurais, nas quais a iniciativa privada não tem interesse ou condições de explorar.

Segundo a Pesquisa sobre o Uso das Tecnologias da Informação e da Comunicação no Brasil – TIC Domicílios – realizada pelo Centro de Estudos sobre as Tecnologias da Informação e da Comunicação (CETIC.br), do Núcleo de Informação e Coordenação do Ponto BR (NIC.br) – braço executivo do Comitê Gestor da Internet no Brasil (CGI.br), especialmente na zona rural os telecentros do governo são ainda mais importantes do que nas áreas urbanas, e em 2009, a proporção de usuários que navegaram pela *web* foi de 6% da população, número 62% maior que os da área urbana.

O mesmo ocorreu com relação aos centros públicos pagos: as *lan houses* nas áreas rurais registraram expressivos 54%, alcançando 10 pontos percentuais acima desse indicador em área urbana (44%). O papel desempenhado pelos centros públicos de acesso pago e gratuito como agentes de inclusão digital é, na área rural, ainda mais significativo do que o observado na área urbana. O número total de usuários desses locais chegou a 2,3 milhões. Devemos considerar que muitos desses telecentros estão em áreas remotas, onde o acesso à Internet é ainda precário, o que faz com que eles sejam, muitas vezes, a única alternativa para conseguir uma conexão à rede.

A estimativa da Associação Brasileira de Centros de Inclusão Digital (Abcid) é de que existiam, em 2010, aproximadamente 110 mil *lan houses* no Brasil que respondem por mais de

50% das conexões à *web*. O problema é que a maioria desses centros pagos vive na informalidade. Apenas 15 mil são cadastrados como empresas, 3.400 têm alvará das prefeituras e menos de 300 têm autorização para receber menores de idade.

Mas já existe uma proposta, tramitando no Congresso Nacional, para regulamentar essa atividade, e fazer com que as *lan houses* passem a ser definidas como Centros de Inclusão Digital (CIDs). Para isso, esses estabelecimentos deverão ter *hardware* e *software* que permitam inibir o acesso a conteúdos inapropriados aos menores de 18 anos. O objetivo é transformar esses locais em empresas prestadoras de serviços que propiciem o desenvolvimento educacional e cultural das populações de baixa renda. O Sebrae também possui um projeto que está em andamento desde maio de 2010 que visa reforçar a legalização e profissionalização do segmento.

Embora o acesso domiciliar à Internet tenha registrado crescimento significativo também nas classes menos favorecidas da população, principalmente em 2010 – aproximadamente 38 milhões de pessoas acessam de suas casas, o que representa em torno de 57% do volume de acessos, e 50% destes com banda larga –, grande parte ainda não consegue pagar pela banda larga, o que torna a *lan house* uma alternativa atraente.

Um grupo que tem merecido a atenção dos analistas é o dos jovens pertencentes às classes C, D e E. Hoje, esses jovens, mais sintonizados do que os das gerações anteriores, devido à facilidade de acesso via celulares e Internet, não se limitam mais ao universo do seu bairro e dos seus amigos. Eles começam a ter um consumo similar ao da classe média alta. Para isso, utilizam-se, assim como os adultos, das facilidades trazidas pelo crédito. Com isso, podem comprar o mesmo tênis de marca que o jovem da elite também usa.

De qualquer forma, os hábitos das classes populares ainda diferem bastante se comparados aos da elite, por serem mais conservadores, mais religiosos e por serem também mais solidários, pois costumam compartilhar mais suas vidas com membros da sua comunidade. O que diferencia mais fortemente o consumo do grupo de baixa renda é que ele é voltado para a inclusão; o jovem cidadão deseja "fazer parte", enquanto o da alta renda busca exclusividade e "quer ser diferente", como cita Renato Meirelles, diretor geral do Instituto de pesquisas DataPopular, especializado em público de baixa renda:

> *"Que o mercado de baixa renda é um fato, ninguém duvida mais. Sejam no mundo real ou no mundo virtual, as classes C, D e E vieram para ficar. Com a democratização do consumo e uma sólida política de Estado que incentiva a inclusão digital, os menos favorecidos também passaram a ter acesso às novas tecnologias e puderam, finalmente, se lançar no mundo virtual. O computador deixou de ser um bem restrito e passou a fazer parte do cotidiano das pessoas de baixa renda.*
>
> *Subiu os morros, aterrissou nas favelas. Virou renda para o empreendedor que investiu nas populares* lan houses *– as casas que democratizam o uso do computador por meio do aluguel. E elas se proliferam, como rastilho de pólvora, pelos mais diferentes lugares e bairros do país. O uso é amplo: vai da diversão, com destaque para os* sites

de relacionamento social, como o Orkut; passando pela pesquisa para trabalho ou estudo, às compras pela Internet e pagamentos de contas.

Em uma das pesquisas que o Instituto Data Popular fez para identificar as razões da compra do primeiro computador, percebemos uma relação direta entre a ascensão social da família e a preocupação com o futuro profissional dos filhos. Os pais acreditam que o computador é uma ferramenta que vai complementar a educação. Por isso, cada vez mais essas máquinas invadem as casas das classes C, D e E.

Em 2011, 75% das residências que possuíam computador pertenciam aos consumidores emergentes. O aumento da posse de computadores, juntamente com o fato de que sete em cada dez cartões de crédito pertencem ao consumidor emergente passou a ter um impacto inevitável no e-commerce. *Com computador em casa e cartão na mão, essa parcela dos consumidores passou a responder por 53% das transações* online. *E continua crescendo.*

Como a utilização dos computadores é mais recente nas classes C e D, virá daí a grande massa dos novos webshoppers. *Para conquistá-los, o maior desafio do* e-commerce *é superar o medo da compra virtual, visto que mais da metade das pessoas de classe C, D e E concorda com a afirmação de que comprar pela Internet nunca é seguro, contra um terço das classes A e B.*

Em pesquisa de 2011 foi constatado que 60% do mercado de celulares pós-pagos e 87% dos pré-pagos estão nas mãos das classes C, D e E. A maioria dos internautas emergentes é de mulheres, e o público é mais jovem do que a média de internautas. A Internet é o meio mais utilizado pelos jovens dessas classes e 48 milhões estão nas redes sociais.

Outro desafio é mostrar claramente quais são as oportunidades oferecidas pelo e-commerce *e quais são as vantagens em relação ao varejo tradicional. As vantagens devem superar a principal limitação do canal de compras: a intangibilidade (a impossibilidade de ver, manusear e testar o produto). O fato é que os consumidores da base da pirâmide estão entrando no mundo digital e, assim como no varejo tradicional, só serão líderes de mercado as empresas que forem líderes nas classes C, D e E."*

6.3 Inclusão digital das PMEs

Uma pesquisa realizada pelo Sebrae Nacional em 2010 com as PMEs mostrou que as empresas estão mantendo sua disposição em aumentar investimentos e contratações. Entre os principais investimentos programados incluem-se os voltados à realização de negócios via *web*, seja num mercado B2B (*business to business*), B2C (*business to consumer*), B2G (*business to government*), entre outros. Para iniciar qualquer atividade visando negócios na *web*, o empresário deve contar com bons parceiros para apoiá-lo em seu processo de adaptação e para que possa avançar com maior velocidade, visto que, dada a enorme quantidade de atividades que ele, empresário, já exerce, não conseguiria evoluir sozinho e também porque não possui equipes dedicadas a cada atividade, como marketing, TI (tecnologia da informação) etc. Sendo assim, o único caminho viável é buscar boas parcerias.

Se o empresário quiser se lançar em um projeto de *e-commerce*, por exemplo, pode contar inicialmente com organizações como as Associações Comerciais de suas cidades, a Camara-e.net (Câmara Brasileira de Comércio Eletrônico), o Sebrae, entre outros. A ACSP (Associação Comercial de SP), por meio de um acordo com a Camara-e.net nos anos de 2008 a 2010, criou um programa para levar maior conhecimento sobre o tema aos microempresários paulistanos chamado Ciclo PME.net (ciclo de seminários sobre *e-commerce* para pequenas e médias empresas), no qual são disseminadas as melhores práticas do setor, por meio de palestras de empresas que são *experts* em cada área de atuação.

Para o empresário iniciar seu projeto é necessário que tenha conhecimentos sobre registro de domínio da sua empresa virtual; tem que saber como proceder com relação à segurança do *site* e das transações financeiras que serão realizadas; precisa ter conhecimento sobre *web* marketing, ou seja, como divulgar seus produtos nesse novo espaço que ele ainda não domina. Precisa, ainda, ter acesso a soluções de logística para entrega dos produtos aos clientes e aprender sobre todos os pontos que são fundamentais para o bom funcionamento do seu negócio na *web*, além de uma certificação digital.

Esses são apenas alguns pontos relacionados à vasta discussão que teremos pela frente com relação à inclusão digital no Brasil, visto que ainda há muito investimento a ser realizado ainda pelo governo.

7 Desafios para os Profissionais

Neste capítulo trataremos sobre as imensas transformações provocadas pela Internet nos últimos 20 anos, que também trouxeram grandes desafios a todos, mas principalmente para os profissionais de marketing e comunicação, que sempre tiveram que buscar soluções inovadoras e que agora precisam acrescer às suas atividades uma busca por conhecimento quase frenética, pois aqueles que não conseguem acompanhar esse universo em mutação se sentem profundamente angustiados.

Para ter uma ideia, vamos resgatar alguns números: a cada minuto são postadas mais de 20 horas de novos vídeos no YouTube, o que nos faz repensar as dimensões do que é real e do que é virtual, pois esse "um minuto" pertence ao que chamamos de mundo real, sendo que essas 20 horas pertencem ao que conhecemos como mundo virtual. A cada segundo é criado um novo *blog* e o Brasil aparece como o quarto país em termos de números mundiais de blogueiros, segundo pesquisa do Sysomos, empresa especializada em análises e pesquisas de mídias sociais. De acordo com o estudo, o Brasil responde por 4,19% do total, logo à frente do Canadá, que vem em quinto com 3,93%, e atrás do Japão, com 4,88%. Em primeiro lugar, isolado, estão os Estados Unidos, com 29,22%. O Reino Unido vem em segundo, com 6,75%.

Mais de um bilhão de pessoas navegam em redes sociais no mundo. Esse cenário obriga empresas e agências de publicidade a se readequarem diante da necessidade urgente de trazerem resultados efetivos e com investimentos cada vez mais ajustados, além de terem que aprender a utilizar as novas métricas disponíveis no mundo digital.

O Brasil é o quinto país no mundo em número de internautas, com algo em torno de 80 milhões de pessoas conectadas. Mesmo que grande parte desse público navegue em *lan houses* e *cybercafés*, eles estão observando a comunicação das empresas e seus produtos, estão trocando informações, jogando, 'blogando', pesquisando e colaborando. Aproximadamente 50% das pessoas acessam a *web* das suas casas e 50% delas tem banda larga, o que tende a crescer muito mais nos próximos anos, dadas as recentes definições governamentais a esse respeito.

No território nacional, a penetração da Internet como mídia já é maior do que a de TV por assinatura e é igual à de revistas, com 40% de audiência, ficando atrás apenas de TV aberta, jornal e rádio. Na Europa a Internet já está em 3º lugar. A estimativa é de que em 2012 quatro em cada cinco internautas irão assistir vídeos pela *web*.

É importante ressaltar que há diferentes estratégias a serem aplicadas a cada negócio. Isso implica em refletirmos sobre alguns pontos cruciais para as estratégias de marketing e comunicação. Em primeiro lugar, existe a necessidade de maior assertividade na definição do público-alvo que se deseja atingir, o *target* pois, para identificar quem são os consumidores da sua marca e localizá-los, será imprescindível utilizar aspectos que vão além da forma tradicional e simplista de análise por perfil sociodemográfico.

Hoje, mais do que nunca, é necessário usar metodologias baseadas em avaliação de aspectos comportamentais, em hábitos culturais, entre outros. Isso significa que o grau de dificuldade aumentou, e muito. Para se certificar disso, basta analisar de perto um exemplo, que é o do público jovem ou adolescente, pois, como se sabe, eles conseguem se conectar a diversas alternativas de mídia ao mesmo tempo, fazendo com que seja quase impossível saber qual é o tempo exato gasto em cada uma, quais suas preferências, entre outros aspectos.

A fragmentação dos veículos de comunicação é outro fator que impõe aos profissionais uma investigação e um conhecimento muito maiores para que possam propor estratégias de mídia mais adequadas a cada perfil de cliente, pois hoje revistas concorrem com *sites*, *blogs* concorrem com jornais, *podcasts* com rádios, TV com gravadores de vídeos, celular com MSN, e assim por diante. Esse aumento na complexidade amplia o tempo que deve ser investido na etapa de planejamento das campanhas, mais do que em qualquer outra dentre as atividades de marketing e comunicação.

Os resultados serão proporcionais à elaboração da estratégia. Muitas vezes observa-se um fracasso no uso de ferramentas de marketing digital, mas quando se aprofunda a análise percebe-se que não foi feita uma etapa anterior de planejamento adequada, conforme citado em capítulo anterior, considerando o perfil do negócio e seu público-alvo. Quanto mais jovem, por exemplo, maior deverá ser o espaço para uso da Internet, pois 67% dos jovens, na faixa etária entre 10 e 17 anos, estão navegando, o que significa que para falar com esse *target* deve-se elaborar uma campanha que, obrigatoriamente, inclua o mundo digital.

Usar ferramentas de mensuração eficazes é outro ponto importante, visto que é a única forma de se aperfeiçoar e redirecionar campanhas, ainda durante sua execução, se necessário. Hoje existem diversos *softwares* que favorecem essa etapa, fazendo com que seja possível saber quase tudo sobre a navegação do cliente no seu *site*, desde quando ele acessa, quanto tempo dedica a ele, que páginas ele mais visita, em que momento deixa o *site*, o que está procurando, se finalizou ou abandonou um processo de compras, enfim, depende apenas de quais são os objetivos de cada estratégia para se buscar as respostas que suportem futuras decisões. Esse processo deve ser contínuo; a empresa deve investir em um profissional ou equipe para fazer esse tipo de estudo permanentemente.

Conhecer de perto o *e-commerce* tornou-se primordial, principalmente se o negócio da empresa é o varejo. As estratégias de marketing digital têm se mostrado eficazes em muitos negócios, tanto para aqueles totalmente *online*, como para os que se utilizam de múltiplas plataformas de atendimento, cruzando o varejo físico com a loja virtual. Há casos em que a Internet colabora no esclarecimento de dúvidas na etapa pré-venda, como no caso de automóveis, em que quase 80% das compras passam antes pela *web*, embora muitas vendas sejam fechadas nas lojas ou concessionárias, pois o cliente chega definido sobre o que deseja e isso acelera o processo de atendimento. O mesmo vem ocorrendo com eletrodomésticos, apartamentos, informática, eletrônicos; enfim, quanto mais o produto em questão envolver uma compra comparada, mais o universo digital se mostra eficaz.

Igualmente imprescindível é aprender a utilizar as redes sociais a favor da empresa e analisar o que está sendo dito sobre o seu produto ou sua marca, pois mesmo que sua empresa ainda não esteja fazendo nada a esse respeito, algo já está acontecendo com ela e impactando seus negócios. E isso no Brasil tem um toque especial, pois os brasileiros aderiram fortemente a esse convívio em comunidades virtuais, permanecendo muito do seu tempo navegando nas redes, buscando informações e também recomendando produtos e serviços, segundo suas próprias avaliações.

Outro cuidado é entender as principais diferenças entre a mídia digital e a tradicional, já que a mídia digital é o melhor canal para atingir as pessoas no horário comercial, permite ao consumidor "saber mais sobre o produto/serviço", permite comprar na hora, indicar a um amigo e trazer o cliente facilmente para o banco de dados. Permite também oferecer outros serviços agregados simultaneamente, como simulações de crédito, bem como a personalização de campanhas, por exemplo.

E, finalmente, estabelecer estratégias de relacionamento com seu *prospect*, que poderão envolver *mobile* marketing, *advergames*, ou mesmo um simples envio de *e-mail* marketing com *link* para esclarecer dúvidas, ou mesmo uma *newsletter* mensal.

Obviamente a Internet não é solução para todos os problemas, nem veio para suplantar as outras mídias. Mas, para as empresas, o melhor a fazer é passar a usar esses novos meios e aprender mais sobre o comportamento humano, levantar mais informações sobre seus consumidores e aplicar as ferramentas colaborativas também para se comunicar melhor, inclusive com suas próprias equipes, criando redes sociais corporativas, por exemplo.

A cada dia surgem novas oportunidades, com novas profissões sendo criadas, e novos profissionais sendo requisitados pelo mercado que até então não existiam, como os criadores de *ringtones*, gerentes de conteúdo, diretores de redes sociais, e assim por diante. Esse momento tem provocado uma enorme renovação no perfil que se espera dos profissionais, e mais especificamente nos perfis das áreas de marketing e comunicação, pois quem não tiver a habilidade e capacidade para se reinventar, provavelmente não superará esses desafios.

Se por um lado esse futuro se mostra fascinante em termos de oportunidades de novos negócios e de agilidade na obtenção de informações, por outro, tem trazido à tona questionamentos sobre privacidade das informações e ética. Para as empresas, o que se torna imperativo é acompanhar e participar dessa evolução.

7.1 Novos desafios: geração Y, classes de baixa renda e mulheres

Sabemos que cada vez mais os consumidores estão presentes em diversos canais de compra e conectados em várias alternativas de mídia. Então, como alcançá-los de forma eficaz? De acordo com dados apresentados pela empresa Acxiom Brasil, apenas 32% dos gestores de marketing sabem lidar com esse cliente multicanal, que, por sinal, é quase cinco vezes mais rentável do que o comprador tradicional, segundo a empresa.

Temos ainda que aprender a lidar com a geração Y, considerada a mais otimista de todos os tempos, mas que não perde tempo com empresas ou pessoas que não são verdadeiras em suas relações. É um grupo que exige ainda mais transparência e autenticidade. É preciso estar presente onde eles estão e saber como agir. Para isso, a empresa deverá criar conexões mais emocionais, lançar campanhas que tenham identificação e que, com isso, tenham maior chance de "viralizar". Aliado a isso, é importante lembrar que 80% da mídia *online* alcança seu público-alvo, ou seja, com ela há menor dispersão.

Não é tarefa das mais simples. Precisamos deixar muito claro, como diz o professor Silvio Meira, pesquisador especializado em engenharia de *software*, que ninguém sabe ao certo o que deve ser feito e se alguma empresa disser que tem uma fórmula mágica, que sabe exatamente o que fazer e quais resultados essas ações trarão, provavelmente ela esteja mentindo. Estamos todos vivendo em "beta". Não está tudo pronto, nada é definitivo. Existem, sim, a possibilidade e a necessidade de criar junto, de testar e de aprender o que trará maior retorno para cada perfil de negócio.

Analisando pelo lado da oferta de serviços, não há, por exemplo, tabelas de preços pré-formatadas nessa área, como existem para a criação de peças publicitárias ou campanhas de marketing direto, já com seus padrões de descontos também estabelecidos. Cada agência, nesse universo digital, propõe valores distintos por serviços similares prestados, o que torna o desafio de selecionar um fornecedor ainda maior.

Porém, mesmo tudo isso sendo muito novo, há experiências já testadas, histórias já contadas, que fazem com que não tenhamos que sair do zero. Ou seja, é possível aprender com os erros dos outros e buscar indicações e parceiros para acelerar o processo de aprendizado. Entre as ações já testadas e que demonstraram boa aceitação está, por exemplo, no caso de *blogs* de relacionamento criados pelas empresas, a aplicação eficaz da criação de conteúdo "fresco", inovador e direcionado aos interesses do seu *target*, conteúdo este que agregue valor imediato. Outro ponto também importante é prover *feedback* frequente aos seus clientes e seus públicos de interesse, bem como mostrar que sua empresa está acompanhando as mudanças do mercado.

7.2 *Crowdsourcing* – a sabedoria das multidões

A necessidade do ser humano de buscar algo novo é observada ao longo da história. E quando falamos do mundo corporativo então isso se torna, muitas vezes, uma questão de vida ou morte. O que traz mais um desafio aos profissionais estratégicos nas empresas.

Com o advento da Internet muitas coisas têm mudado e a forma de buscar inovação é uma delas. Talvez seja apenas mais um modismo, porém o fato é que muitas companhias já estão utilizando esse novo caminho colaborativo, ou o *crowdsourcing* que, segundo a Wikipedia, significa utilizar a inteligência e os conhecimentos coletivos, e voluntários, para resolver problemas, criar conteúdo ou desenvolver novas tecnologias.

No *crowdsource*, uma organização faz um convite aberto para execução de uma tarefa específica, e geralmente paga por isso. Os projetos costumam ser organizados no formato de concurso. Mas como isso funciona? Muitas vezes a empresa consulta a "nuvem", onde anuncia seu problema e estabelece um preço. Nesse caso, os participantes propõem soluções e a empresa seleciona a melhor. As propostas podem vir de profissionais ou não. Embora isso seja bem difundido nos EUA, no Brasil ainda é pouco utilizado.

Porém, existem outras formas de organizar um projeto participativo, como a Open Innovation e a Open Source, como veremos a seguir. Em comum, elas têm a abertura à participação como fonte de criatividade e diversidade.

Na Open Innovation a organização adota propostas externas de inovação e as desenvolve, aumentando seu portfólio de inovação. Ou então a organização cede suas propostas de inovação para que outros as desenvolvam, gerando negócios a partir de propriedade intelectual que ficaria "na gaveta".

No modelo Open Source, um grupo aberto de voluntários se auto-organiza e desenvolve um projeto que não é propriedade de ninguém. Há diversos exemplos de produtos obtidos através do Open Source, como os sistemas operacionais Linux e Android, do Google, que foram criados por voluntários ao redor do mundo, o que demonstra que muitos internautas podem fornecer informações mais precisas do que peritos individualmente, ou seja, por trás disso está a ideia de que muitas cabeças pensam melhor que uma.

O maior exemplo de criação coletiva é a própria biblioteca virtual Wikipedia, que é tão precisa nas suas definições como uma enciclopédia tradicional. Outro caso que demonstra claramente como isso funciona é o das comunidades voltadas à criação de aplicativos para aparelhos móveis, como para IPhone e Ipad.

Isso é bem utilizado no mundo da tecnologia, como descrito acima, mas não apenas nesses casos. Na moda essa tendência tem se ampliado, como nos exemplos da Nike e Ked's, em que os internautas criam seus próprios modelos. E o mais interessante não é a venda desses itens pelas companhias, e sim a repercussão gerada nas redes sociais, quando essas pessoas postam as respectivas criações em suas próprias páginas.

Um dos maiores casos de sucesso no Brasil foi a criação do carro 'Fiat Mio', lançado no salão do automóvel em 2010 em São Paulo (como já citado). Esse projeto obteve mais de 10,6 mil ideias enviadas e mais de 17 mil participantes.

O Zoopa é um exemplo ligado à publicidade e usado por marcas como Microsoft, Sony, Google e Nike, no qual empresas publicam seus *briefings* e publicitários apresentam peças e campanhas criativas, sendo que as melhores são premiadas.

Vale ressaltar a experiência de um portal holandês, chamado "Battle of concepts", cujo representante no Brasil é a empresa TerraForum. Nesse espaço, desafios são propostos a estudantes e o foco é a busca de novas soluções, produtos ou processos mais eficientes. As empresas oferecem 15 mil reais em prêmios, distribuídos para as melhores ideias. Em um ano, doze empresas lançaram batalhas, entre Philips, Ambev, Natura e Tecnisa.

Falando em Tecnisa, sua experiência foi tão positiva – nos últimos dois anos, mais de dez processos foram remodelados – que a empresa decidiu lançar seu próprio portal de inovação em 2010, o 'Tecnisa Ideias', sendo que o seu principal interesse é se aproximar de grandes talentos.

Como a própria história nos mostra, a busca pela inovação não tem caminhos precisos, exatos. Ela deve ser vista, muito mais, como algo sem regras definidas, sem verdades absolutas e sem preconceitos estabelecidos. Isso lembra muito como os antigos navegadores se lançavam ao mar em busca de novas terras.

iStockphoto: o *case* da maior comunidade criativa do mundo: 100% feita de Conteúdo Gerado pelo Usuário.

Poucos conhecem a história da iStockphoto, que nasceu no ano 2000, justamente durante a bolha da Internet. Enquanto todas as 'ponto.com' estavam entrando em crise, fechando suas operações e a Nasdaq em queda vertical, um fotógrafo canadense, Bruce Livingstone, criava a Stockphoto, com um novo modelo de se fazer negócios na Internet, e mal sabia ele que seu negócio se transformaria em um dos maiores *cases* de *crowdsourcing* do mundo!

Bruce começou a fazer *upload* de seus trabalhos em um servidor para poder trocar artes com amigos. Era um verdadeiro escambo: a troca de peças criativas era algo inovador para este público. Uns trocavam fotos por ilustrações, outros buscavam referências artísticas. Um novo mercado de trocas criativas entre amigos, diretores de arte e fotógrafos tomava forma.

Primeiro dirigido ao mercado de língua inglesa: canadenses, americanos, depois ingleses e australianos, assim o negócio foi se expandindo e de boca em boca ganhou o mundo! Em 2002 foi necessário criar um valor para as trocas – nasceu a moeda crédito. Depois os créditos passaram a ter um valor em dólar: 1 crédito, 1 dólar. O *e-commerce* foi a consequência natural do processo. Uma imagem, um dólar.

Surgiu o conceito de micropagamento, invenção legítima da Stockphoto, que a partir daí teve seu nome mudado para iStockphoto. A letra " i "foi somada como referência ao "eu" – eu crio meu conteúdo, faço *upload* e compartilho com meus colegas.

Essa é a essência da iStockphoto, com 11 anos de vida, hoje o maior banco de arquivos multimídia colaborativo com um acervo de mais de nove milhões de fotos (70% do seu acervo), vídeos, músicas, animações em *flash* e vetor. E este conteúdo é hoje compartilhado entre os diversos continentes e vem crescendo de forma vertiginosa.

Com tamanho sucesso, logo passou a ameaçar outros bancos de imagens, como o líder global do segmento, Getty Images, que em 2006 incorporou as operações da iStockphoto, com uma clara condição colocada pela iStock: a de manter sua independência criativa, sua autonomia e originalidade para que pudesse seguir o caminho de sucesso que vinha traçando nos últimos anos.

A fusão das duas empresas somou vantagens expressivas para a iStock. Um bom exemplo é o mecanismo de busca ultrassofisticado desenvolvido pela Getty Images e levado para a iStock.

Todos os arquivos são "uploadados" espontaneamente por artistas, que hoje já somam mais de 100 mil contribuidores de mais de 250 países.

E todo conteúdo "uploadado" no *site* deve seguir critérios de seleção e qualidade rigorosos.

Uma vez por ano, a iStockphoto elege 100 artistas inspetores que trabalham voluntariamente para avaliar novos *uploads*, julgando estética e tecnicamente o *design* e qualidade das obras para estarem presentes no acervo da iStock.

A iStockphoto é de uma verdadeira "democracia criativa", pois promove, de verdade, uma via de mão dupla. De um lado, artistas tendo a oportunidade de estar em um mercado de trabalho incrível ao qual muitos deles talvez nunca tivessem acesso. Apresentando e contribuindo para uma diversidade cultural fantástica, estes artistas podem expor seus trabalhos em um *market place* que só com a iStockphoto se tornou possível, ou melhor, foi criado para tal.

Um *designer* do sul da África, um fotógrafo na Rússia, um ilustrador na Lituânia podem compartilhar seus trabalhos, mostrar seu talento e obter sucesso como profissional criativo. Quanto mais os seus trabalhos são vendidos, mais espaço ele vai adquirindo na comunidade e consequentemente ganha mais *royalties* por isto.

Na outra ponta, o preço é acessível, seja para uma pessoa física que necessite fazer um *power point*, uma micro, média ou grande empresa que precisa de materiais para sua comunicação, *site* etc. Então quando falamos de *crowdsourcing*, conteúdo gerado pelo usuário, poucas pessoas sabem que o maior exemplo vivo hoje, econômico, sustentável e ético é a iStockphoto.

Ana Cenamo – psicóloga e publicitária, é *country manager* da iStockphoto no Brasil.

7.3 A Internet no universo político

Assim como vimos, muita coisa mudou para as empresas e, da mesma forma, para os políticos também fica evidente que utilizar os canais virtuais não é mais uma opção, pois a decisão já foi tomada. Os políticos – especialmente em tempo de eleições – que ignorarem como lidar com esse público de mais de 80 milhões de brasileiros conectados, correm sérios riscos de deixarem de existir no panorama de opções dos eleitores, lembrando que esse contingente *online* já é maior do que a população total de muitos países, como França e Espanha, por exemplo, e é o dobro da população do Canadá.

Essa "massa" está constantemente navegando, informando-se, comunicando-se, trocando dados e ideias, comparando antes de comprar, e o mesmo ocorre antes de votar, ou seja, buscam sempre informações antes de tomar decisões sérias. Hoje o relacionamento passa obrigatoriamente por esse canal, pois, como pesquisas indicam, as pessoas optam por se relacionar *online*, seja para a busca de informações prévias ao consumo de produtos e serviços, seja simplesmente para manifestar sua satisfação. Os internautas frequentam comunidades como Twitter, Orkut, YouTube e Facebook, entre outras, onde têm o domínio da situação, por vezes produzindo e disseminando vídeos e mensagens, muitas vezes provocando maiores consequências, pois um simples *post* em sua página pode influenciar automaticamente milhares de pessoas.

Há exemplos em que filmes são alterados para produzir uma sátira, ou mesmo uma crítica e acabam sendo muito mais vistos do que o filme original, como já vimos ocorrer recentemente com um fabricante de motocicletas, mas também com a "marca pessoal" de candidatos. E da mesma forma como isso tem a capacidade de destruir a reputação de uma marca, também pode destruir a reputação de um político.

Entretanto, assim como algumas empresas, muitos políticos também ainda não se atentaram para o poder que vem dos internautas que sabem como utilizar as diversas ferramentas digitais. O que se pode perceber é que há muitas personalidades públicas, incluindo-se nesse rol os políticos, que ainda não tratam do assunto como uma prioridade, pois acreditam que a Internet impacta somente uma pequena camada da população. Em parte, isso é verdade, pois há ainda restrições financeiras para que boa parte da população esteja *online*; mas devemos nos lembrar de que quase 50% dos que navegam costuma utilizar caminhos alternativos, como *cybers cafés*, *lan houses*, locais de trabalho, escola e casa de amigos.

O recomendável é unir ferramentas digitais às tradicionais para ampliar o contato com seus diferentes públicos. Essa integração pode ser feita, por exemplo, mantendo opções para aqueles que desejam ter um contato pessoal e direto, bem como um espaço para aqueles que preferem a *web*, via *chats online*, *blogs* e mesmo via criação e ou participação de comunidades virtuais. No campo político, o caso recente que se tornou muito popular foi a campanha que levou à eleição do presidente dos Estados Unidos, Barack Obama, que se apoiou, quase que totalmente, na Internet e no uso maciço das mídias sociais para difundir sua plataforma, bem como criou e se aproximou de diferentes comunidades, falando diretamente com cada uma delas para discutir suas necessidades específicas.

O sucesso, no caso da campanha do presidente Obama, se deve muito mais à sua visão estratégica do que apenas ao uso das ferramentas. O que isso quer dizer? Nesse caso, Obama já articulava o uso de sua comunicação via *web* muito tempo antes do período de campanha eleitoral. Ele já estava na rede dialogando há alguns anos. Sua estratégia foi primorosa ao criar comunidades para debater assuntos específicos, como, por exemplo uma comunidade voltada para as questões dos negros e suas necessidades; outra para discutir ações pertinentes aos grupos religiosos e suas distintas demandas; outra para os latinos, e assim por diante. Obama se fez presente, obviamente, por meio de sua estrutura de assessores, em diferentes frentes, dando a impressão de estar em todos os locais ao mesmo tempo. E isso só foi possível graças à Internet.

Outro ponto fundamental de sua campanha foi a captação de recursos via *web*, fazendo com que conseguisse doações espetaculares. Primeiro porque a estrutura da campanha tinha realmente um apelo que falou fundo aos americanos que buscavam mudanças, com o *slogan* "Yes, we can", mas, além disso, há uma questão cultural de maior participação da população, e de maior engajamento.

No Brasil, em 2010 os candidatos à presidência da República, como José Serra, Dilma Roussef e Marina Silva, também usaram as mídias sociais, principalmente o Twitter para falar ao público sobre suas plataformas e agenda de atividades. Isso demonstra como é viável, e necessária, a transposição do relacionamento para o universo digital, seja qual for o objetivo.

Mas, se compararmos ao caso Obama, nossos políticos cometeram algumas falhas graves, entre elas o fato de somente se interessarem por esse canal pouco tempo antes das eleições. No caso da presidente Dilma, em particular, houve até mesmo a contratação dos mesmos estrategistas da campanha do Obama nos EUA. Porém, por questões de estratégia, como dito acima, tudo foi feito somente visando a campanha eleitoral, e também por parte de uma questão cultural, visto que no Brasil os eleitores tradicionalmente têm menor participação e interesse político em sua grande maioria.

Outro exemplo de tentativa de importação do modelo Obama foi visto na campanha de Marina Silva, com relação à captação de recursos, que nos EUA foi altamente representativo e aqui acabou sendo um retumbante fiasco, principalmente por fatores culturais, visto que o eleitor brasileiro nunca foi acostumado a subsidiar campanhas, mesmo dos candidatos que apoia.

7.4 Como atuar nesse novo cenário

Esse momento traz grandes desafios para todos os envolvidos com marketing e comunicação. Há muito tempo não se viam tantas mudanças em tão pouco tempo. E isso tem feito muitos profissionais buscarem se atualizar, o que é muito positivo.

Falando especificamente sobre a questão de relacionamento empresa-cliente e da necessidade de criação de conteúdo, podemos ilustrar com o caso de uma empresa da área de crédito e cobrança, por exemplo, que poderia criar conteúdos relevantes sobre esse setor e disseminá-los na rede, tais como dicas de como utilizar o crédito da forma adequada, como não se endividar em excesso, ou como obter uma melhor negociação com seu credor; se a empresa for do setor de seguros, poderá criar material útil, dando dicas úteis sobre como prevenir problemas com a manutenção da casa ou veículo ou fornecer um guia prático e, depois, disseminar isso nas redes sociais nas quais a empresa está presente.

Para isso, o ideal é selecionar somente redes que façam sentido para o setor em que a empresa atua. Pesquisar e identificar comunidades que tratem de assuntos relativos àquela área de atuação, ou que tenham interesses nesses temas também é recomendável. Dessa forma, a empresa não atingirá milhões de pessoas, mas, com certeza, alcançará os potenciais clientes que são o foco do seu negócio. Mas acima de tudo isso, ela precisa ter ou treinar profissionais hábeis para gerir esses canais e seus conteúdos. E aí está uma das grandes oportunidades para o desenvolvimento de novas profissões.

Além desse tipo de oportunidade, as corporações, em geral, e os profissionais de marketing, em particular, também precisam considerar outra necessidade que cresce cada vez mais, que é saber lidar com um público que apresenta grande potencial de expansão: o das classes de baixa renda, como dito nos capítulos anteriores. Seja pelos canais físicos ou digitais, ainda há um bom caminho a ser percorrido para atender a essa camada que não está acostumada com certos anglicismos e neologismos utilizados e que acabam desistindo de interagir com aqueles que não se preocupam em entendê-la, como foi dito no Capítulo 6.

Com o intuito de aproveitar oportunidades, muitas empresas têm buscado institutos especializados para compreender como essa população vive, pensa, age e consome. Para isso, contratam pesquisas em que seus gerentes passam dias na casa de famílias de baixa renda para poder "assimilar" as diferenças entre o "seu" e "aquele" cotidiano. Isso é ótimo, mas é fundamental que isso tudo seja revertido em ações de adequação de produtos e serviços, bem como em novas alternativas de pagamento, no caso de financiamentos.

Um bom exemplo de mudança nesse sentido é o início da aceitação de cheques pré-datados para voos, implantado pela Azul Linhas Aéreas. Esse público também está se familiarizando com o uso de cartões de crédito, pois muitas pessoas, no início da popularização desse meio de pagamento, foram pouco ou mal instruídas e acabaram por se endividar, porque entendiam que bastava pagar a parcela mínima que constava na sua fatura; com isso, seu saldo devedor crescia a taxas absurdas de 15% ao mês, cobradas por aquele banco que lhe concedeu o cartão. Depois desse susto inicial elas passaram a compreender melhor esses mecanismos financeiros e têm se adaptado. Outra novidade crescente, para esse público, é o uso do transporte aéreo, até bem pouco tempo inviável para seu poder aquisitivo.

Também nessa direção estamos observando casos interessantes de orientação ao consumidor, como o recém-lançado *site* da Febraban, <www.meubolsoemdia.com.br>, criado pela agência de Comunicação Fábrica, com base em pesquisas feitas pelo Instituto Data Popular, que traz informações sobre o funcionamento dos bancos, as modalidades financeiras, investimentos, dívidas etc.

Quando falamos em fazer divulgação destinada a impactar essa parcela da população, a sugestão aos publicitários é para que mantenham sua criatividade, mas não abram mão da clareza e objetividade, visto que esse público não compreende a linguagem, muitas vezes, utilizada em campanhas mais complexas, ou que tentam ser muito divertidas, mas acabam fazendo com que ele rejeite essa comunicação, ou que acabam por provocar efeitos exatamente inversos ao almejado.

Outra tendência é a forma de adequar os equipamentos e a tecnologia a esses novos usuários, pertencentes às classes de baixa renda, responsáveis por mais de 30% das compras de computadores no país. Tem se tornado um desafio interessante compreender qual é a melhor linguagem e os serviços que agregam mais valores a serem percebidos por esse público que, de forma alguma, poderá ser ignorado.

Um público especial: mulheres na web

Hoje, as pessoas se sentem cada vez mais livres e muito à vontade no mundo virtual. É o caso das donas de casa que até pouco tempo eram um público ausente desse cenário, e, no entanto, grande parte delas já navega diariamente na *web*, mesmo que seja apenas para enviar alguns *e-mails* para seus familiares, ou buscar novas receitas de culinária. Uma pesquisa com 50 mulheres da classe C que navegam pela Internet, realizada pela agência Predicta, em parceria com o instituto Multifocus, revelou que o Orkut é um importante canal para compra e venda, estabelecido entre as usuárias, sendo também o meio utilizado para sanar dúvidas e disponibilizar serviços.

O estudo mostrou que 96% dessas mulheres costumam fazer comparações de preços pela *web*, mas apenas 4% disseram que fazer compras é sua maior motivação para acessar a rede; 31% afirmaram que não fazem compras *online* porque não conseguem analisar bem o produto; 19% receiam não receber o item adquirido e 25% não conseguem finalizar a compra porque não possuem cartão de crédito. A pesquisa revelou ainda que 35% das mulheres consultadas já criaram uma comunidade no Orkut e são ativas no que se refere a fazer comentários sobre empresas e marcas. Mais da metade clica em propaganda *online* e mais de 30% afirmou que presta atenção ao que está sendo comunicado no ato da compra.

Para finalizar esse capítulo eu diria que o mais importante é que os profissionais, empreendedores e empresários não devem se descuidar da busca por conhecimento e não pensar em deixar para mais tarde, ou para amanhã, tentar entender e utilizar cada novidade que surge, pois a cada postergação pode estar se arriscando a perder, simplesmente, o bonde da história, dada a enorme velocidade com que tudo tem mudado. Um exemplo do que estou dizendo é o que tenho visto todos os dias.

Por falta de tempo, as pessoas, e os executivos em geral, simplesmente adiam sua decisão de se cadastrar no Twitter, ou de entrar num novo portal ou *site* de informações, dizendo para si mesmos: isso não vai agregar nada para minha vida ou carreira, ou eu não gosto dessa coisa de redes sociais, e assim por diante. Mas o principal ponto por trás disso está o fato de esses indivíduos estarem adiando um novo contato com essa realidade, estarem adiando a compreensão de para onde as coisas estão caminhando, e aí reside um grande risco.

Portanto, meu humilde conselho é: não deixe de ler uma matéria sobre esses assuntos, não deixe para amanhã seu cadastramento numa nova rede, mesmo que você não seja adepto. Em outras palavras, não adie o conhecimento. Esse é o ponto.

Conclusão

Este livro nasceu do interesse em consolidar diversos conteúdos sobre *e-commerce* e estratégias de marketing digital que eu já vinha construindo e disseminando na *web*, usando, para isso, as próprias mídias sociais, tão citadas aqui, além de portais especializados e na mídia tradicional, tais como revistas, jornais etc.

A ideia era apresentar as transformações que o marketing, o varejo, as PMEs, as agências entre outros negócios têm vivido com a expansão do uso da Internet.

Quero reforçar que, para as empresas e pessoas não correrem riscos de atuar incorretamente, ou de simplesmente não atuar nesse universo, que tenham em mente sua estratégia global, bem como sua estratégia de marketing, e só depois disso estabeleçam uma estratégia de presença digital, de forma ampla e planejada. Elejam seus porta-vozes, bem como uma equipe de apoio, que será a responsável por implantar essa estratégia na rede; monitorem consistentemente os resultados de suas ações e interajam de forma transparente com seu público-alvo.

Somente assim poderão começar a colher bons frutos desse novo relacionamento com o cliente, viabilizado pela *web* e, principalmente, pelas mídias sociais. Para aqueles que não têm ideia de como começar, sugiro a contratação de consultores ou agências especializadas, para que o início seja de forma mais adequada e assertiva. Deve haver, antes de tudo, busca por aprendizado e ampliação de conhecimentos.

Meu objetivo com esse livro é contribuir para a expansão dos horizontes daqueles que atuam no mundo corporativo, como profissionais de marketing e publicidade, como empresários ou empreendedores, levando-os a uma reflexão. Se isso foi alcançado, sinto que a minha missão está cumprida.

Até breve!

Referências bibliográficas

ANDERSON, C. *A cauda longa*. São Paulo: Campus, 2006.

ADOLPHO, Conrado. *Google marketing*. 3. ed. São Paulo: Novatec, 2010.

CAVALLINI, Ricardo; XAVIER, Léo; SOCHACZEWSKI, Alon. *#Mobilize*. São Paulo: Edição dos autores, 2010.

DANTAS, Vera; AGUIAR, Sonia. *Memórias do computador*. São Paulo: IDG, 2005.

GABRIEL, Martha. *SEM e SEO dominando o marketing de busca*. São Paulo: Novatec, 2009.

__________. *Marketing de otimização de buscas na web*. São Paulo: Esfera, 2008.

__________. *Marketing na era digital*. São Paulo: Novatec, 2010.

GODIN, Seth. *Permission marketing*: turning strangers into friends and friends into customers. Nova Iorque: Simon & Schuster, 1999.

GOUVEA DE SOUZA, Marcos. *Neoconsumidor digital, multicanal & global*. São Paulo: GS&D/Ebeltoft, 2009.

KALAKOTA, Ravi; ROBINSON, Marcia. *E-business*. Porto Alegre: Bookman, 2002.

MELO DE SOUZA, Edson; GIURLIANI, Silvia. *Mídias sociais para pequenas e médias empresas*. São Paulo: Germinal, 2011.

SALVADOR, Maurício. *Como abrir uma loja virtual de sucesso*. Rio de Janeiro: Gramma, 2010.

SANTOS, Marcelo L.; FRANCO, Carlos E.; TERRA, J. C. *Gestão de conteúdo 360º*. São Paulo: Saraiva, 2009.

SHETH, Jagdish; ESHGHI, Abdolreza; KRISHNAN, Balaji C. *Marketing na internet*. Porto Alegre: Bookman, 2002.

SOLIS, Brian; KUTCHER, Ashton. *The complete guide for brands and businesses to build, cultivate, and measure success in the new web*. Nova York: Wiley, 2010.

TELLES, André. *A revolução das mídias sociais*. São Paulo: M.Books, 2010.

TERRA, José Cláudio. *Gestão 2.0*. São Paulo: Campus Elsevier, 2010.

TERRA, J.C. (Org.). *Inovação*: quebrando paradigmas para vencer. São Paulo: Saraiva, 2007.

Sites e portais:

ALVES, Victor Hugo Cardoso. *Tecnisa e Pepsico obtêm sucesso com campanhas em redes sociais*. Disponível em: <http://www.tiinside.com.br/19/03/2010/tecnisa-e-pepsico-obtem-sucesso-com-campanhas-em-redes-socias/ti/172255/news.aspx#ir>. Acesso em: 19 mar. 2010.

CLIENTE SA. Da Redação. *E-commerce fatura R$ 14,8 bi em 2010*. Disponível em: <http://www.clientesa.com.br/ebusiness/41881/e-commerce-fatura-r-148-bi-em-2010/ler.aspx>. Acesso em: 22 mar. 2011.

________. Da Redação. *Ibope Mídia traça perfil do e-commerce*. Disponível em: <http://www.clientesa.com.br/ebusiness/41110/ibope-midia-traca-perfil-do-e-commerce-/ler.aspx>. Acesso em: 10 dez. 2010.

________. Da Redação. *Aumenta a confiança do e-consumidor*. Disponível em: <http://www.clientesa.com.br/ebusiness/40517/aumenta-confianca-do-e-consumidor/ler.aspx>. Acesso em: 6 out. 2010.

COMPUTERWORLD, Da Redação. *Empresas devem investir na inteligência coletiva, diz Gartner*. Disponível em: <http://computerworld.uol.com.br/negocios/2011/03/01/empresas-devem-investir-na-inteligencia-coletiva-diz-gartner/#ir>. Acesso em: 2 mar. 2011.

FERNANDES, Alinne. *A importância da Internet e do uso das redes sociais nas eleições 2010*. Disponível em: <http://www.midiassociais.net/2010/02/a-importancia-da-internet-e-do-uso-das-redes-sociais-nas-eleicoes-2010/>. Acesso em: 25 fev. 2010.

FERREIRA, Cláudio. *A montagem da rede social de negócios*. Disponível em: <http://www.tiinside.com.br/12/05/2010/a-montagem-da-rede-social-de-negocios/ti/180848/revista.aspx#ir>. Acesso em: março 2010.

________. *Links que se transformam em negócios*. Disponível em: <http://www.tiinside.com.br/18/08/2010/links-que-se-transformam-em-negocios/ti/195805/revista.aspx#ir>. Acesso em: junho 2010.

FILADORO, Adriano. *Experiência proporcionada ao cliente é o grande desafio do m-commerce*. Disponível em: <http://itweb.com.br/voce-informa/experiencia-proporcionada-ao-cliente-e-o-grande-desafio-do-m-commerce/>. Acesso em: 10 fev. 2011.

FOITINHO, Felipe. *Redes sociais não são para propaganda*. Disponível em: <http://webinsider.uol.com.br/2011/01/26/oportunidade-das-redes-sociais-nao-e-para-propaganda/>. Acesso em: 26 jan. 2011.

INDICADORES DE MERCADO – Publicidade online: Disponível em: <http://www.iabbrasil.org.br/arquivos/doc/Indicadores/Indicadores-de-Mercado-IAB-Brasil.pdf>. Acesso em: jun. 2011.

JUNIOR, Alfeo Pozza. *Pesquisa aponta crescimento do uso de e-marketing por empresas brasileiras*. Disponível em: <http://minhanoticia.ig.com.br/editoria/Economia/2010/06/09/pesquisa+aponta+crescimento+no+uso+do+e+mail+marketing+por+empresas+brasileiras+9506715.html>. Acesso em: 9 jun. 2010.

JUNIOR, Eduardo Luis Prange. *Cinco dicas para o monitoramento das marcas*. Disponível em: <http://webinsider.uol.com.br/2010/11/19/cinco-dicas-para-o-monitoramento-de-marcas/>. Acesso em: 19 nov. 2010.

KAWANAMI, Marcelo. *Shopping virtual*: do e-commerce às redes virtuais. Disponível em: <http://itweb.com.br/blogs/shopping-virtual-do-e-commerce-as-redes-sociais/#ir>. Acesso em: 23 jul. 2010.

LEVINE, Sheldon. *Looking back at social media in 2010*. Disponível em: <http://blog.sysomos.com/2010/12/30/looking-back-at-social-media-in-2010/>. Acesso em: 30 dez. 2010.

LIDA, Oded. *A evolução do marketing digital na América Latina*. Disponível em: <http://webinsider.uol.com.br/2011/02/21/a-evolucao-do-marketing-digital-na-america-latina/>. Acesso em: 21 fev. 2011.

LYNN, Jonathan. *Número de usuários da Internet passará de 2 bilhões este ano*. Disponível em: <http://www.brasileconomico.com.br/noticias/numero-de-usuarios-da-internet-passara-de-2-bilhoes-este-ano_93032.html>. Acesso em 19 out. 2010.

OLIVEIRA, Marecelo. *Marketing de permissão*. Disponível em: <http://webinsider.uol.com.br/2011/03/02/marketing-de-permissao-para-leigos/>. Acesso em: 2 mar. 2011.

PAULA, Ricardo de. *Entrevista com Edney Souza*. Disponível em: <http://www.midiassociais.net/2010/03/entrevista-com-edney-souza/>. Acesso em: 11 mar. 2010.

RAMOS, Ricardo. *Os novos desafios do e-mail marketing*. Disponível em: <http://www.tiinside.com.br/23/04/2010/os-novos-desafios-do-e-mail marketing/ti/177156/news.aspx#ir>. Acesso em: 23 abril 2010.

REALIDADE AUMENTADA – Disponível em: <http://pt.wikipedia.org/wiki/Realidade_aumentada>. Acesso em: 23 set. 2011.

RODRIGUES, Nando. *Pão de Açúcar quer faturar R$ 2 bi com Nova PontoCom*. Disponível em: <http://computerworld.uol.com.br/negocios/2009/12/04/fusao-pao-de-acucar-e-casas-bahia-cria-nova-empresa-de-e-commerce/#ir>. Acesso em: 4 dez. 2009.

ROSA, Rodrigo. *Mobile marketing e os desejos da geração Y*. Disponível em: <http://webinsider.uol.com.br/2010/03/24/mobile-marketing-e-os-desejos-da-geracao-y/>. Acesso em: 24 mar. 2010.

SAGES, Alexandria. *Gastos online nos EUA crescem 9% no 3º trimestre*. Disponível em: <http://www.brasileconomico.com.br/noticias/gastos-online-nos-eua-crescem-9-no-3-trimestre_93721.html>. Acesso em: 1 nov. 2010.

SALVADOR, Maurício. *Os dados do e-commerce e redes sociais no Brasil em 2010*. Disponível em: <http://www.midiassociais.net/2010/08/os-dados-de-ecommerce-e-redes-sociais-no-brasil-em-2010/>. Acesso em: 11 ago. 2010.

SANTOS, Robinson dos. *Empresas de TI são as que mais investem em marketing digital*. Disponível em: <http://computerworld.uol.com.br/negocios/2010/08/18/empresas-de-ti-sao-as-que-mais-investem-em-marketing-digital/>. Acesso em: 18 ago. 2010.

TANOUE, André. *SEO*: dicas para melhorar sua marca na web. Disponível em: <http://itweb.com.br/voce-informa/seo-dicas-para-melhorar-sua-marca-na-web/>. Acesso em: 12 mar. 2010.

VALLS, Cláudia. *Mobile marketing cresce em constante mutação*. Disponível em: <http://webinsider.uol.com.br/2010/10/31/mobile-marketing-cresce-em-constante-mutacao/>. Acesso em: 31 out. 2010.

Índice Remissivo

A

B

C

AM PRODUÇÕES

2017
10 1 2 3 4 5 6 7 8 9